中华现代学术名著丛书

第四种国家的出路

吴景超 著

商务印书馆
创于1897 The Commercial Press

图书在版编目(CIP)数据

第四种国家的出路/吴景超著.—北京:商务印书馆,2010(2025.9 重印)
(中华现代学术名著丛书)
ISBN 978-7-100-07427-8

Ⅰ.①第… Ⅱ.①吴… Ⅲ.①社会—中国—民国②经济—中国—民国 Ⅳ.①F129.6-53②D693.092-53

中国版本图书馆 CIP 数据核字(2010)第 193679 号

《第四种国家的出路》
据商务印书馆 1937 年版排印

中华现代学术名著丛书
第四种国家的出路
吴景超 著

商 务 印 书 馆 出 版
(北京王府井大街 36 号 邮政编码 100710)
商 务 印 书 馆 发 行
三河市春园印刷有限公司印刷
ISBN 978-7-100-07427-8

2010 年 12 月第 1 版 开本 880×1240 1/32
2025 年 9 月第 3 次印刷 印张 9 插页 1
定价:45.00 元

吴景超

(1901—1968)

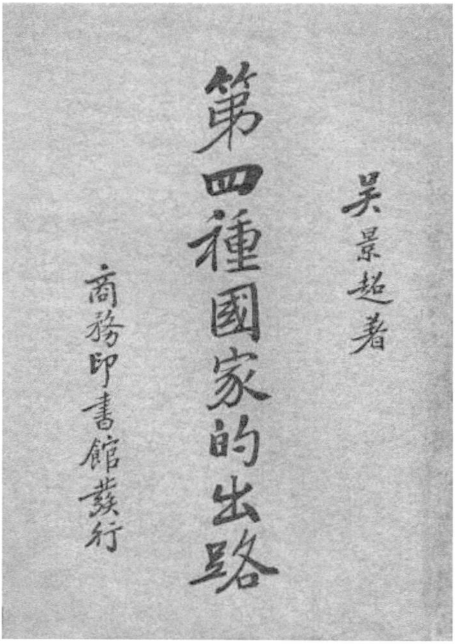

商务印书馆1937年版
《第四种国家的出路》封面

艺文研究会1938年版
《中国工业化的途径》封面

出版说明

百年前，张之洞尝劝学曰："世运之明晦，人才之盛衰，其表在政，其里在学。"是时，国势颓危，列强环伺，传统频遭质疑，西学新知亟亟而入。一时间，中西学并立，文史哲分家，经济、政治、社会等新学科勃兴，令国人乱花迷眼。然而，淆乱之中，自有元气淋漓之象。中华现代学术之转型正是完成于这一混沌时期，于切磋琢磨、交锋碰撞中不断前行，涌现了一大批学术名家与经典之作。而学术与思想之新变，亦带动了社会各领域的全面转型，为中华复兴奠定了坚实基础。

时至今日，中华现代学术已走过百余年，其间百家林立、论辩蜂起，沉浮消长瞬息万变，情势之复杂自不待言。温故而知新，述往事而思来者。"中华现代学术名著丛书"之编纂，其意正在于此，冀辨章学术，考镜源流，收纳各学科学派名家名作，以展现中华传统文化之新变，探求中华现代学术之根基。

"中华现代学术名著丛书"收录上自晚清下至20世纪80年代末中国大陆及港澳台地区、海外华人学者的原创学术名著(包括外文著作)，以人文社会科学为主体兼及其他，涵盖文学、历史、哲学、政治、经济、法律和社会学等众多学科。

出版“中华现代学术名著丛书”，为本馆一大夙愿。自 1897 年始创起，本馆以“昌明教育，开启民智”为己任，有幸首刊了中华现代学术史上诸多开山之著、扛鼎之作；于中华现代学术之建立与变迁而言，既为参与者，也是见证者。作为对前人出版成绩与文化理念的承续，本馆倾力谋划，经学界通人擘画，并得国家出版基金支持，终以此丛书呈现于读者面前。唯望无论多少年，皆能傲立于书架，并希冀其能与“汉译世界学术名著丛书”共相辉映。如此宏愿，难免汲深绠短之忧，诚盼专家学者和广大读者共襄助之。

商务印书馆编辑部

2010 年 12 月

凡　　例

一、“中华现代学术名著丛书”收录晚清以迄20世纪80年代末，为中华学人所著，成就斐然、泽被学林之学术著作。入选著作以名著为主，酌量选录名篇合集。

二、入选著作内容、编次一仍其旧，唯各书卷首冠以作者照片、手迹等。卷末附作者学术年表和题解文章，诚邀专家学者撰写而成，意在介绍作者学术成就，著作成书背景、学术价值及版本流变等情况。

三、入选著作率以原刊或作者修订、校阅本为底本，参校他本，正其讹误。前人引书，时有省略更改，倘不失原意，则不以原书文字改动引文；如确需校改，则出脚注说明版本依据，以“编者注”或“校者注”形式说明。

四、作者自有其文字风格，各时代均有其语言习惯，故不按现行用法、写法及表现手法改动原文；原书专名（人名、地名、术语）及译名与今不统一者，亦不作改动。如确系作者笔误、排印舛误、数据计算与外文拼写错误等，则予径改。

五、原书为直（横）排繁体者，除个别特殊情况，均改作横排简体。其中原书无标点或仅有简单断句者，一律改为新式标点，专名号从略。

六、除特殊情况外，原书篇后注移作脚注，双行夹注改为单行夹注。文献著录则从其原貌，稍加统一。

七、原书因年代久远而字迹模糊或纸页残缺者，据所缺字数用“□”表示；字数难以确定者，则用“（下缺）”表示。

目　　录

上　篇

第四种国家的出路

自　　序

本书收集了十六篇文章，都是我于过去数年内，在《新月》《清华学报》《社会科学》《大公报》及《独立评论》中发表过的。

书名似乎有点新奇，但也无需解释，因为在本书第一篇文章里，已经把第四种国家的意义，讲得很清楚了，中国不幸，就是第四种国家，如何改变这种不幸的境遇，就是本书所要讨论的。全书共分四章，第一章是导言，全书的要义，已在于此，以后三章，不过发挥这些要义，但每章都有一个中心主张：第二章提倡机械化的生产方法，第三章提倡节制人口，第四章提倡公平的分配，这几件事都做到了，是否中国便有出路，还请读者指正。

这些文章是在不同的时期写的，所以文中所用的统计，前后偶不能一致，因为与书中的主旨无关，所以未加修改。

吴景超

民国二十五年十一月四日

第一章　导言

一　世界上的四种国家

国家分类的方法很多,我们可以从政治的观点去分类,也可以从经济组织的观点去分类;从宗教的观点去分类,也可从教育的观点去分类。但这些分类,都不是我这篇文章中所要讨论的。我这儿所说的世界上四种国家,乃是根据人口密度及职业分派两点所分析的结果。

先概括地说一下这四种国家的特点。

第一种国家,人口密度颇高,但在农业中谋生的人,其百分数比较的低。

第二种国家,人口密度颇低,但在农业中谋生的人,其百分数也比较的低。

第三种国家,人口密度颇低,但在农业中谋生的人,其百分数比较的高。

第四种国家,人口密度颇高,但在农业中谋生的人,其百分数也比较的高。

这四种国家的生活程度,以及他们在生活中所遇到的问题,都不相同的。我们愿意把每种国家举一两个例来讨论一下,同时也要看看中国在这四种国家中，是属于哪一类。

第一类的国家，可以拿英、德两国来做代表。英国的人口密度，每一方公里是181.2，世界各国，除却比利时、荷兰两国外，就要算英国的人口密度最高了。德国的人口密度，每一方公里是133.1。我们如知道世界各国的人口密度，每一方公里在100以上的，只有七个国家（除却上面提到的四个国家以外，还有日本、意大利、捷克斯拉夫），就可知道英德两国的人口密度，是比较高的了。英国人在农业中谋生的，比较最低，只占有职业的人6.8%。德国人在农业中谋生的，也不到有职业的人三分之一，只占30.5%。概括地说，这一类的国家，本国的农产物，大都不能维持本国人的生活，所以不得不于农业之外，发展别的实业，特别是工业。他们便以工业的制造品，卖给别国，以赚来的钱，再从他国买进粮食，来维持本国过剩人口的生活。据哈佛大学易司特教授的估计，英国的农产，只能维持本国人口41%的生活。其他各国的农产物，如俄国，只能维持本国人口72%，意大利只能维持本国人口64%，比利时只能维持本国人口37%。又如日本，人口总计有6000余万人，但本国的粮食，只能养活4000余万人。所以这些人口密度过高的国家，许多都靠别国土地的生产，来维持其生活。这些农业不能自给的国家，既然要靠自己的工业品，去换别人的农业品，所以他们在国际贸易上的商场，如给别人占去了，本国人的生活，便要起很大的恐慌。我们可以拿英国近年来的情形，做一个例子。英国的纺绩工业，在各种工业中是最发达的。他们纺绩出来的货物，有五分之四要运到外国去，本国的市场，只能销去五分之一。这些运往外国的纺绩品，在英国的出口货上，占一个极重要的位置，他的价值，要占出口货全体价值20%，有时或达30%。这些纺绩品，假如在国外的市场上，销得出去，以所赚来的钱，换得粮食归来，那自然是很好的。不过英国的海外市场，并不是颠扑不破的。在1890年，英国的纺绩品，有40%，销在印度，近来只能销30%了。以前有11%，销在中国，近年只能销8%了。东方的市场，在1910年，要销英国出口的纺绩品56.4%，1920年，便降低至43.6%。在1913年，英国出口的布匹，长达70万万码，近来只有45万万码。英国在东方的纺绩品市场，所以衰落的重要原因，一因印度与中国的纺绩业，日有进步，二因有日本与之竞争。这两种势力，不是英国工业的能力所能打破的。所以英国纺绩品商场在东方的丧失，不是暂时的现象，而带有永久的性质。英国的失业问题，有一部分未始不是由于这个重要的原因造成，所以专靠国外的商场，来维持国内的工业，乃是很危险的。

不过这些农业不能自给的国家，其危险还不只此。我们还是以英国来做例子。英国现在粮食不能自给，所以要向外国买进粮食。现在供给英国粮食的主要国家，有澳大利亚，有加拿大，有印度，有阿根廷。印度的人口密度，比较是高的，所生产的粮食，大部分自己消耗，只有一小部分运出。这一小部分能够运出，乃是因为印度人的生活程度太低，正如中国近年有鸡蛋输出，并非因为中国人自己吃了还有得多，乃是因为中国大多数的人民，还没有达到吃鸡蛋的生活程度所致。假如印度的生活程度，略为提高一点，便没有余多的粮食运出的。其余的国家，所以有食物运出，乃是因为本国的人口稀少，农产品用之有余所致。但是这些国家的人口，还在那儿膨胀的。有一个学者估计，以为加拿大与澳大利亚，在30年之后，便不能有食物输出，因为在这30年内加增的人口，要把余下来的食品都消耗了。这个估计，也许是不对的，不过这些国家，将来或无食品输出，并不是不可能的事，只看美国在19世纪，输出的食品，数量甚巨，近来因为本国的人口加增，输出的数量，便减少了。假如现在有食物输出的国家，将来停止或减少食物的输出，那么这些农业不能自给的国家，又要遇到一个严重的问题。由此看来，本国的农业，不能自给，想靠别种实业，来维持过剩的人口，虽然是一个普通的办法，虽然是一个为许多强国所采用的方法，却也是一个带有危险性的方法。

第二类的国家，可以北美的加拿大、美国，南美的阿根廷，海洋洲的澳大利亚、新西兰等国为例，这一些国家，除去美国之外，其余四国的人口密度，每方公里都不到5人，美国的人口密度，每方公里也只有15.6人。除开加拿大不算，其余的国家，从事农业的人口，都不到30%；从事工业的人，都比从事农业的人还多。加拿大国中从事农业的人，也不过35%。他们从事于农业的人甚少，乃是与第一类的国家如英德等相仿佛的。但有一点与他们却大不相同，便是这些人口密度较低的国家，从事于农业的人虽少，但农产品却可自给。不但是可以自给，还有余多，可以出售。这些国家的生活方法，是最可羡慕的。他们国中从事农业的人，大都用机器生产，所以每家的农场很大，每人的效率极高。美国从事于农业的人，不过1000万左右，但美国在1926年所产的小麦，要占全世界所产的22.8%；所产的玉米，要占全世界的60.9%；所产的棉花，要占全世界的62.2%。他们以少数的人，在农场上工作，便可供给全国人民的衣食而有余。其余人口的时间与精力，便可用在别的上面，来加增国内人口的福利。那些在工业中谋生的，也是用机器来制造物品，所以他们的效率，也较别国的工人为高。1927年，李德教授曾在《大西洋月刊》中发表了一篇文章，比较各国的工人效率，以中国为最低，美国为最高，如下表：

国名	工作效率	国名	工作效率
中国	1	印度	1.25
俄罗斯	2.5	意大利	2.75
日本	3.5	波兰	6
荷兰	7	法国	8.25
澳大利亚	8.5	捷克斯拉夫	9.5
德国	12	比利时	16
英国	18	加拿大	20
美国	30		

换句话说，美国1个工人的生产力，能抵得过30个中国工人，这并不是因为美国的工人，有天生的神力，为中国人所不及，乃是因为他们有机器帮助的缘故。他们工作的效率既高，所以工资也高。工资既高，购买力便大。购买力大，生活程度自然便提高了。现在世界上的国家，没有一国人民的生活程度，可与美国相颉颃的。美国所以能做到这一步，从我们的观点看来，一因人口与土地的比例，保持得很适当，既不过多，也不太少。二因他们在各职业中的分派，甚为得法，所以能够做到农业既足自给，工业也很发达。各业中的人民，彼此交易货品及服务，因而可使全国人的生活程度，得到平均的提高。我们于此又须注意的一点，便是美国工业品的出路，与英国不同。英国的海外贸易，极其重要。美国本国有一万万以上的人口，所以国内市场，较之海外市场，尤为重要。这种建筑在国内商场上的工业，其基础自较稳固，其危险自然较低。加拿大与阿根廷等国，现在是向美国那条路上走，将来人口加增一些，能够充分的利用本国的富源时，也许可以步美国的后尘，与美国人享受类似的生活程度。不过我们虽然赞美这些国家的人口密度及职业分派，并不就说这些国家中的人民，生活已无问题。近年

美国各业的衰落，以及失业人数的众多，表示他们的生活里，还有很严重而急待解决的问题。但是解决他们的问题，须从经济制度上着手，不是改良人口密度及职业分派所能救济的，所以不在本题讨论之内。

第三类的国家，可以俄国为代表。俄国的人口密度，每方公里不过6.9，与第二类的国家相仿佛。但俄国的职业分派，根据1926年的统计，却与第二类的国家大异。他们在农业中谋生的，占有职业的人86.7%，在工业中谋生的，只占7.7%。由此可见俄国在实行五年计划以前，还是一个农业的国家，一个人口密度很低的农业国家。与俄国的情形相仿佛的，世界上大约还有，不过这一类的国家，文化比较落后，统计每不完全，我们很难引证来作参考就是了。俄国的问题，不在人口与土地的比例，而在职业上的分派。他们从事于农业的很多，但他的农业，在五年计划以前，与美国有一点是大不同的，便是用机械的地方很少。现在他们的计划，一方面想法使农业机械化，一方面设法发展农业以外的实业，如工业交通业之类。假如有一天，俄国能使在农业中的人民，降低到30%以下，同时在农业以外谋生的人，也能加增到相当的程度，那么俄国人的生活程度，一定比现在要提高许多，远非欧亚诸国所可及了。不过那一天如果来到，俄国便不是我这儿所说的第三类国家，而成为第二类国家了。他在人口密度上，将与美国相仿，在职业分派上，也将与美国相仿。这两个国家，都有一万万以上的人口，都有伟大的富源，所不同的只在经济制度一点。那时我们比较两国的生活程度，便可发现到底资本主义的国家中人民的享受，是否比得上社会主义的国家。

除却上面所说的三类国家之外，还有第四类的国家，其特点有二。第一,他们的人口密度,比较的高,每一方公里,人口在50以上。第二,他们的谋生方法,以农业为主体。在农业中的人口,要占70%以上。换句话说,他们的人口密度,有点像第一类的国家,但职业分派,却像第三类的国家。他们与第二类的国家,刚处相反的地位,毫无相同之点。这一类的国家,可以亚洲的印度,欧洲的布加利亚,罗马利亚为例。我们中国,也属于这个团体。这些国家的人口,有一共同之点,便是贫穷。他们主要的谋生方法,既然是农业,但以国内人口繁密的缘故,所以每家分得的农场平均便不很大。他们辛辛苦苦,靠自己的劳力,在农场上做工,一年的收入,最多只有做到温饱两字。一遇凶年及灾乱,便有冻馁之忧。他们的收入既然不多,所以除却衣食住的消费之外,便没有别种享用可言。他们终年碌碌,所为何来,无非为自己要吃饭,一家人要吃饭而已。吃饭这一件事,在生活程度高的国家,虽然也占一个重要的位置,但他们除去吃饭之外,还有别种享乐。据1913年的调查,澳大利亚工人的费用,平均花在食物上面的,只占34.8%。又据1918年的调查,美国12096个劳工家庭,平均用在食物上的款项,占全体用款38.2%。1922至1924年之间,美国劳工局调查了2886个农民家庭,发现他们用在食物上的款项,占全体用款41.2%。他们余多的金钱,便用在别的上面,以满足他们生活上的欲望。但是像印度、中国这些国家,情形便大不同。根据1913至1914年的调查,印度孟买的工人,全年的消费,用在食物上的,要占81.7%。中国各地人民的生活程度不一,但大多数的农工阶级,全年金钱消耗在食品上面的,要在60%以上,高的要达80%以上。他们在食物上面,所花的钱,其百分数虽如此之高,但从营养方面看去,还远不如欧美的工人。别的享受,更不能比较了。这种悲惨的现象,一方面表示这些国家里人口过多的压迫,一方面也表示人力的未尽,不知在农业以外，去开生财之源。为提高这些国家中的人民生活程度起见，人口密度与职业分派两点都需要改良的。

总括起来，我们可以说，从我们的观点看去，第一类的国家，人口密度需要改良。第二类的国家，人口密度与职业分派皆颇合式，可为模范。第三类的国家，职业分派，需要改良。第四类的国家，人口密度与职业分派，都有改良的余地。中国既然属于第四类的国家，所以中国人的问题最为艰难，而中国人对于改良的工作，也应当特别努力。

二　提高生活程度的途径

生活程度这个名词，在普通人的口中，每每是用错的。譬如在谈话的时候，我们常听见人说，今年的日子真难过，生活程度一天比一天高了。其实他所指的，乃是生活费用，并非生活程度。生活程度，是指我们所享受的东西，而生活费用，乃是这些享受的代价。譬如去年我们每月吃一次肉，今年每月要吃四次。这是生活程度提高了，乃是一件可以庆贺的事情。假如今年每月还只吃一次肉，而去年一斤肉只值二角五分，今年的一斤肉却卖到三角，这便是生活费用提高了，生活程度却依然如旧。明白了这两个名词的意义，就可知道提高生活程度，乃是大家心中愿意的事。我们整天整月的忙，目的虽然不只一端，但有一点是大多数人的心中所共有的，便是提高生活程度，便是想法使我们现在所享受的，比以前要丰富一点。

我现在要讨论的，不是任何个人的生活，如何可以提高。我的对象，乃是社会上的大众，我们要问这许多人的生活，有何法子可以提高。中国大众人民的生活,如与欧美各国人民比较起来,其程度的低下,乃是有目共睹的。近来社会上已经有好些人看清楚这一点,都在那儿设法,来改良这种现象。不过他们的眼光,似乎还嫌狭窄一点,没有从多方面去努力。我们只要把近人努力的途径,分析一下,便可看出这点。

影响一国人民生活程度最要的原素,自然是一国的富源。中国人对于本国的富源,没有充分利用,我们只要听一下经济地理家的报告,就可了然。譬如中国的可耕地,已经利用的,据中外专家的估计,还不到一半。中国的煤藏,不管你采取哪一家的估计,它在世界上的位置,列在前五名,乃是毫无疑义的。中国人有如此丰富的煤藏,可是平均每年每人用煤,不过 140 磅。美国人在 1926 年,平均每人要用煤 12000 磅。在这两个数目字的背后,我们可以看到中国人冬天挨冻,而美国人享受汽炉;中国人坐人力车坐轿,而美国人坐轮船火车的情形来。别的富源,我们也不必细数,归根一句话,中国人并没有充分利用本国的富源。这一点是大家都见到的,也是大家都在那儿设法矫正的,所以我们不必多说。

影响生活程度的第二种原素,便是生产的技术。中国人在这一方面的落后,也是很显然的。就拿农业来说,我们虽然已有四千余年的经验,但生产的成绩,如与欧洲各国比较起来,还是相差很多。就拿小麦来说,中国各地的平均产量,每 1 英亩只有 10.8 蒲式耳(每 1 蒲式耳,等于 60 磅左右)。英国的平均产量,每英亩有 32.9 蒲式耳。所以中国每英亩的产量,还不到英国的三分之一。虽然中国也有些地方,其出产可与英国相颉颃,但平均的情形,比英国落后许多,是专家已经证明的。更拿稻米来说,中国也比不上日本。日本平均每英亩产量,可达 2350 磅,中国只能产 1750 磅。农业中的情形,已然如此,别种实业中的情形,更比不上。譬如煤矿,新式旧式的,在中国已有不少。我们拿用最新方法的开滦煤矿来说,那儿的工人,每天只能采煤800余磅,而美国的矿工,平均每日可采煤9000余磅。美国工人的效率,比中国的工人要超过10倍。这还是拿新式的煤矿来与美国相比,如拿旧式煤矿来较量一下,美国工人的效率,要比中国工人超过20倍。技术的差异如此,难怪美国的矿工,要拿八角一点钟,而中国的矿工,只能拿四角一天了。中国人对于技术落后的觉悟,现在似乎已经普遍。所以在农业方面,近来有许多改良的运动,在中国各地发起。而政府里面的人,现在也有不少在那儿注意工业,想法使中国工业化的。我个人对于发展中国的实业,改良生产的技术,是主张各方面同时并进的。农业固然重要,工业也不可忽视。乡村固然要复兴,都市也应当发展。但近来舆论界中似乎有一种空气,喜欢注重农业而忽视工业,赞美乡村而咒诅都市。假如这种观察是对的,我认为这是一种危险的倾向。我们要知道都市与工业的畸形发展,固然是不足取,但是这种情形,只在英美等国中,才遇得到。至于中国情形刚与英美相反。我们的都市与工业太幼稚了,以致大家都挤在乡下,使乡村与农业,呈一畸形发展的现象。为救济这种现象,我们应当欢迎有志人士来创造新工业,创造新都市,为乡下的过剩农民,另辟一条生路。所以关于改良技术一点,我们主张不但农业的技术要改良,别种实业的技术也要改良,不但农业的生产,要赶上欧美;就是工业、矿业、商业、交通运输等等实业,都要设法去赶上欧美。要各方面的生产技术都有进步,然后中国各界人民的生活,才可平均的提高。

影响生活程度的第三种原素,便是分配的方式。现在各国分配的方式,大多数是不公平的,中国也不是例外。中国对于这方面的统计还没有，我们可以拿英美两国来做例子。英国全国的进款，有14%，为1%的人所占有。在另一方面，62%的民众，只能分享全国进款22%。美国的情形，与此相仿。在富的方面，有1%的人，享受全国入款15%。在穷的方面，有61%的人，分享全国入款34%。假如这种分配的方式，可以改良一下，使有钱的人，少享受一点，而贫穷的人，多享受一点，那么全国人民的生活程度，一定可以平均的提高。我们并不主张把全国的收入，平均的分配。因为那是行不通的事。就是现在的苏俄，各人的所得，也还是极不平均的。工程师可以拿五六百或一千卢布一个月，而粗工有只拿几十个卢布一月的。所以我们现在不提倡平均的分配，但要鼓吹公平的分配。公平的分配，承认各人的收入可以有差异，但不能差异得太大。现在的中国，有衣食无着的穷民，也有在银行中存款几百万或几千万的富翁，这便是公平的分配没有实现的表示。我们如想提高大众的生活程度，决不可逃避这个问题，而应提倡用政府的力量，来实现公平的分配。政府应当实行各种税则，如所得税、遗产税之类，使富翁的一部分财富，可以转移到政府的手中。这样，富人的奢侈生活，当然要受一点损失。但是政府把收来的金钱，兴办各种社会事业，如教育卫生娱乐等等，那么大众的生活程度，便可以平均的提高，所以这种办法，对于少数人有损，而对于大多数人是有利的。关于此点，注意的人很少，不过政府如想为大多数人谋福利，这一点是不可忽略的。假如这一点有一天做到了，不但人民的生活程度可以提高，革命的暗潮也可无形的消灭了。

影响生活程度的第四种原素，便是人口的数量。世界各国人口的问题，是不一样的。像加拿大、阿根廷等国，人口似乎嫌少一点，他们如想发展各种事业，国内的人口，还不够用。但如中国及印度，则人口的数量，无疑的是太多的。太多的人口，便是人民往上挣扎的一个大阻碍。我们可以拿一个家庭来比一个国家。假如一个家庭的生产，每年只有1000元，同时家庭中的人口，却有10个之多。以10个人来分1000块钱，每人只得100块钱。这100块钱，除却衣食住等必需的生活费外，所余是有限的。在这种情形之下，这10个人的生活，很难提高，因为生产有限，而分利者太多。假如这个家庭里面，只有两个人，情形便大不同了。因为两个人分1000块钱，每人所得的，不是100元，而是500元。500元的生活，比100元的生活，是要丰富得多的。以小喻大，中国的情形，便是如此。假如中国的人口不是四万万而是三万万或者二万万，那么中国人的生活，比现在一定要舒服得多。这二万万人，再来利用中国的富源，改良生产的技术，实行公平的分配，那么使中国人的生活，赶上美国人，亦非难事。可是人口数量与生活程度的关系，虽然如此显明，而政府及社会上的人士，从这一方面努力，去提高人民生活程度的，实不多见。减少人口压迫的方法，消极的有移民，积极的有节育。但这两种事业，还没有得到政府与社会上的充分的同情。有时我们在报纸及杂志上，还看见一些人发表文章，鼓励中国人的生育。这种态度，实际等于看见人家跌下井，还从上面摔块石头下去一样。结果只有使中国人的生活，格外走入悲惨的境界。真心为大众谋福利的人，决不可做此种无益而有大害的主张。

总括起来，提高中国人民的生活，第一要充分利用国内的富源，第二要改良生产的技术，第三要实行公平的分配，第四要节制人口的数量。前两点已为多数人所认识，后两点也是同样的重要，但还没有得到社会人士深刻的注意，所以我们愿意大家多来讨论一下。

第二章　经济建设

三　农民生计与农村运动

中国农民生计困难的原因，据我的分析，最要的不外下列数种。第一，他们的农场太小，平均不过24亩左右，还有许多农场，不到这个数目。第二，生产方法落伍，这可从农作物的收获上面看得出来，无论是小麦、米、玉米或棉花，中国农民的成绩，都远不如他国农民。第三，交通不便，以致农民的出产品，在市场上得不到善价。假如农民要把他们的农产物运到价格较高的市场中去贩卖，结果因为旧式交通工具运费的昂贵，恐怕也得不偿失。第四，是副业的衰落，以前这些副业，是农民收入的一个重要来源，现在因为许多副业的出产品，与外国工厂中的出产品或外国农场上的出产品相竞争，受优胜劣败原理的支配而被淘汰，以致农民丧失了一笔重要的收入。这些副业，有的大约是不可挽救，如纺纱织布；有的还可以想法复兴，如丝茶。以上这些原素，都是使农民的收入缩小的。假如这点小小的收入，农民可以完全用在自己的身上，那么他们的生活，也不致如现在那样穷困。他们所以走到现在这种地步的，就是在农民的四周，还有许多剥削他们的人及机关。这些剥削的势力，使农民的生活更加困难的，不外下列数种。第一是地主，中国土地分配的不平均，是研究这个问题的人所公认的事实。一方面有穷无立锥之地的佃户，另一方面有拥田数万亩的地主。如最近农村复兴委员会的调查，便发现江苏的邳县、阜宁、灌云等县，有五六万亩以上的地主。这些人能够不劳而食，便是因为另一方面，有许多苦耕而还免不了冻馁的佃农。第二种剥削的人，便是高利贷者。据中央农业实验所的估计，全国借债的农家，约占56%，年利平均为三分四厘，最高的地方，如陕西，年利平均竟至五分一厘以上。这还是指平均数而言，特别的例子，比平均利率高几倍的，也是常见的事。第三种剥削所表示的形式，便是苛捐杂税，这种情形，各地不一。最坏的地方，农民以一年的辛苦所得，拿来纳税，还是不够，结果非售田产，卖什物，质房屋不可。不过苛捐杂税的剥削，还是有限制的，还有那第四种无限制的剥削，便是股匪与劣兵的骚扰，他可以使原来是小康的农民，不走到倾家荡产的境域不止。等到这些农民倾家荡产之后，他们自己也从农民转变为匪，来剥削那些还是靠耕田过日子的农民。第五种剥削农民的人，便是奸商，他们在售卖日常用品于农民的时候，故意高抬价格，以致农民花了十块钱，还享受不到八块钱的货物。最后一种剥削农民的人，便是农民的子女。有许多农民，假如只有子女一二人，生活也还勉强维持，但因缺乏生育节制的知识，以致在四十左右的时候，不但子女有五六人或八九人，而且因为早婚的习惯，孙儿已有数人绕膝了。中国人每把子孙众多，当作一种幸福，其实在农民的家庭中，这是苦恼的一个最大的来源。

以上这十种原因，造成中国今日的普遍农村破产。于是有一些志士仁人，出来提倡农村运动。现在各地的农村运动，风起云涌，数得出来的，总在数十以上。他们的目标，自然不专为改进农民经济状况，但无论如何，救穷总是他们主要目标之一。经这许多人在各地的努力，对于农民的生计问题，不能说是全无影响。在现在这种农村运动已经成为一种时髦的时候，我愿意诚恳地指出，就是中国农民的生计问题，不是现在各地的农村运动所能解决的。假如现在还有人迷信农村运动，可以解决中国农民的生计问题，将来一定会失望，会悲观。

理由是很简单的，中国的农民，占全人口80%左右，农村运动的力量所能达到的农民，在全体农民中，不过九牛之一毛，即使这些农民得救，对于大局还是无补。这一点还不算重要。最重要的，就是这个问题的性质，太于复杂，牵涉的方面太多，不是几个私人的团体所能解决。譬如我上面所说的兵匪问题、地权问题、交通问题、苛捐杂税问题等等，从事农村运动的人，对着他有什么办法？

中国现在的问题，最急切的一个，无疑的是统一问题。假如统一完成——我们希望他在最近的将来可以完成——之后，那么接着来的主要问题，据我看来，便是国防建设与经济建设。在最近的二三十年之内，全国的聪明才智，应当都集中在这几个大问题上，各人就他的能力所及，在一个或几个问题上，贡献他的所能。所谓农民的生计问题，应当是经济建设这个大问题的一部分。他不能单独的解决，他只能与工业、矿业、运输业、交通业、商业等问题一同解决。因为如此，所以我们应当把农村问题，放在经济建设的大问题之下，同时再把经济建设这个大问题，看作最近的将来，中国政治活动的一个主要目标。我们只能靠政治的力量，集中全国的人才，集中全国的力量，定下一个经济建设的远大计划来，然后大家都朝这个方面去努力，中国各界的生计问题，才可得到一个根本的解决，到那个时候，农民的生计问题，自然也联带地解决了。

四 中国农民的生活程度与农场

(一) 中美农民生活程度之差异

近来研究生活程度的人,每以家庭的零用账为原料。每个家庭的零用,都可归纳作五项:一食品,二衣服,三房租,四燃料,五杂项。我们如参考许多生活程度的研究,可以发现一条原则,就是凡入款愈多的,其出款的百分数,花在前四项上面的亦愈低。换句话说,入款愈多的人,其出款的百分数,花在末一项上面的亦愈高。我们根据这一条原则,便可来判定一个家庭的生活程度之高低。假如有一个家庭,以一年的辛苦,所得不过能解决衣食住的问题,而别种生活,如教育、旅行、娱乐等等,都不能享受,这种家庭的生活程度,一定是很低的。这种生活,都是我们所不愿过的,因为他的状况,与下等动物差不多。假如我们以一年的劳力所得,除却应付全家人口衣食住等必需的款项而外,还有储蓄,还有余资去购买书报,办置优美的家具,听音乐,看电影,坐汽车出外旅行,邀集朋友宴饮,捐助资财于公益事业,那么这种生活,便非下等动物所能比拟了。这才是我们所愿意过的生活,因为这是人的生活,有趣味的生活。

中国农民的生活程度,是属于上面的哪一类呢?他们的生活程度,是低呢还是高呢?欲解决这个问题,最好拿别一国的情形来比较,因为不比较很难看出高低来。我们现在就拿美国农民的情形,来与中国比较罢。

这儿所举的两个中国农民生活程度的研究,一个是金陵大学农科的,包括中国七省十三处2370个农家的生活情形;一个是李景汉的,包括北平郊外挂甲屯农户100家的情形。美国的两个农民生活程度研究,一个包括美国东部402家的情形,一个包括美国南部861家的情形。现在我们把这四个研究的答案,列表于下:

生活项目	研究地点			
	美国东部	美国南部	中国七省	北平郊外
食品	39.5%	44.0%	58.9%	64.3%
衣服	13.7%	17.7%	7.3%	7.7%
房租	11.6%	9.7%	5.3%	4.4%
燃料	7.4%	3.7%	12.3%	7.9%
杂项	27.8%	24.9%	16.2%	15.7%

我们对于上表所要注意的一点,便是美国的农民,每年出款用在杂项上面的,占25%左右;而中国农民,出款用在杂项上面的,只占15%左右。假如用钱来计算,这种差异格外明显。美国东部的农民,出款用在杂项上面的,计美金559.33元;美国南部的农民,出款用在杂项上面的,计美金357.56元。中国七省十三处的农户,每年平均只有38.08元,用在杂项上面;北平郊外的农户,用在杂项上面的钱更少,每年平均只有25.72元。从这些数目字上面,我们便可看出中美两国农民生活程度的高低了。

假如一家农民,每年只有二三十元,用在生活的必需品之外,如教育、娱乐、交际、旅行等等上面,这一家人的生活,不舒服到什么样子,可以不言而喻了。

但是每年有四五百美金用在杂项上面的农家,其生活与中国之农民,便有天渊之隔。上面我所举的统计,也许太抽象了。我们最好跑到美国农民的家中去参观一下,看看他们家中的布置,与我国农民家中的布置,有何不同之点。

我们先看美国东部402家农户的家庭吧。这402家,有295家是自耕农,有107家是佃户。我们看看这些家庭中有些什么东西吧。

家庭设备	自耕农295家有此种设备的	百分数(%)	佃户107家有此种设备的	百分数(%)
自来水	42	14.2	10	9.3
浴室	48	16.3	13	12.1
屋内便室	47	15.9	18	16.8
电灯	27	9.2	11	10.3
煤气灯	55	18.6	8	7.5
洗衣机	50	16.9	19	17.8
电或煤气熨斗	39	13.2	14	13.1
吸灰机	74	25.1	27	25.2
温暖设备	123	41.7	30	28.0
电话	199	67.5	73	68.2
钢琴	166	56.3	50	46.7
汽车	228	77.3	76	71.0
家中的房屋(平均数)	8.9		8.5	
书籍(平均数)	72.8		64.4	
报纸(平均数)	1.0		1.0	
杂志(平均数)	2.4		2.2	

上面所列的这些设备,不但中国的农民办不起,就是中国的上流阶级,也没有多少能与美国的农民比拟的。美国的佃户,照这个表上所列的,有68%的家庭有电话,46%的家庭有钢琴,71%的家庭有汽车,而且平均家庭定报一份,杂志二份以上!这个研究,是1921年举行的,近来有人研究爱乌华省(在美国的西部)212家自耕农,239家

佃户，发现自耕农有92.9%有汽车，而佃户之有汽车的，亦达89.1%。这个研究，还举了两种新的设备，为上表中所无的。一样是留声机器，自耕农有此的，约50.5%；佃户有此的，约35.6%。一样是照相机，自耕农有此的，达45.3%，佃户有此的，达38.9%。

（二）差异之主要原因

中美两国农民生活程度之差异，从上面的统计中，我们可以得到一个大概的观念了。现在我们要研究的，就是中美两国农民的生活程度，何以有此差异。关于这点，原因当然是复杂的。譬如中国的教育不发达，美国的教育则很普遍；中国的交通不方便，美国的交通则极便利；中国的农业，只知贸守成法，美国的农业已受过科学的洗礼；中国农产品的销售方法未改良，农民处处受中间人的剥削，美国的农民多采用贩卖合作，使商人不得从中渔利；中国的农民，日受苛捐杂税的压迫，美国的农民，便没有这种重担——凡此种种，以及我还没有举出来的许多原因，都与中美农民生活程度的差异有关系的。不过在这许多原因之中，我认为最要紧的一个原因，乃是两国农场面积的差异。我们都知道，农民入款的主要来源，便是农作物，而农作物的多少，每视农场大小为转移。农场小的农户，即使在每亩上的收获加到最高的限度，总收入还是有限。农场大的农户，即使在每亩上的收获不如别人，但他的总收入，决非他人所可及。我们如比较每亩的收入，中国农户并不亚于美人，但如比较两国农民的总收入，中国农民便望尘莫及了。主要的原因，便是中国人的农场小，而美国人的农场大。所以中国人的农场，如不设法扩大，那么别的地方，无论如何改良，中国农民的生活程度，也不能加增许多，因为在小的农场上，挤不出大的进款来。进款既不能加增，生活程度自难提高了。

我们现在且把中美的农场来比较一下。

关于中国农场的统计，现在自然还没有，但是估计却有几个。据民国十六年武汉土地委员会之报告：有土地农民拥有1至10亩的，占人数44%；拥有10至30亩的，占人数24%；拥有30至50亩的，占人数16%；拥有50至100亩的，占人数9%；拥有100亩以上的人，占人数5%。别种估计，与此差不多。美国1925年的统计，农场面积在10英亩（每英亩约合华亩6亩半）以下的，只占全国所有农场5.9%；10英亩至19英亩的，占9.2%；20英亩至49英亩的，占22.8%；50至99英亩的，占22.3%；100至499英亩的，占36.5%；500至999英亩的，占2.3%；1000英亩以上的农场，占全国所有农场1%。由此以观，中国最普通的农场，在美国占极少数。中国农场，在10英亩以下的，至少有84%，而美国农场，在10英亩以下的，还不到6%。两国农场面积的差异，于此可见。

我们再换一种统计看看。中国农场的平均面积，各省是不同的，但据刘大钧先生的估计，全国农场的平均面积，为24华亩，金陵大学农科的统计，是根据中国七省十三处的情形立言的，发现中国农场的平均面积，为5英亩左右，约合32华亩。这两个统计，相差不远。此外我们如取麦乐来先生之说，假定中国现有农户6000万家，又取刘大钧先生之说，假定中国已耕之地，为28000万英亩，平均每户所得之耕地，约4.6英亩，合30华亩左右。根据这些数目，我们可以假定中国的农场，平均在30华亩左右。美国农场的平均面积，在1900年，为146.2英亩；1910年，为138.1英亩；1920年，为148.2英亩。换句话说，1920年的美国农场，平均为963.3华亩。所以美国的农场,平均要比中国的农场大32倍。不过美国的农场,有一大部分是没有种植的。我们如以美国播种面积的总数,以所有的农场除之,那么在1909年,美国农场,平均有播种面积50英亩;在1919年,平均有57英亩。57英亩,约合370.5华亩。所以我们即假定中国农场的平均播种面积,有30华亩,美国农场的平均播种面积,有370.5华亩,那么美国的农场,也比中国农场平均要大12倍。

假如有人要问:美国的农夫,何以能耕种那么大的农场,我们的答语便是,因为他们利用机器的缘故。中国的农场上,很少用机器的。我们看海关的报告,民国十四年,农业机器的入口价值,只161288两;民国十五年为511540两;民国十六年,为665976两。历年的价值,虽有加增,但是总数还是有限。美国在1850年以前,农业机器,还不甚发达。在1850年,农业机器的出品,值6842611元,到了1927年,出品的价值,竟达美金202732000元了。这里两个数目的差异,便可表示美国利用农业机器者的加多,以及美国农场上农业机器的普遍了。他们利用机器之后,工作的效率便大大增加。譬如在1829年左右,用人工去种麦并割麦,在一英亩的上面,须费时六十一点零五分。1895年左右,因为利用机器,所以同样的工作,只须三点十九分了。1870年左右,用人工去种稻并割稻,在一英亩地的上面,须费时六十二点零五分。1895年左右,因为利用机器,同样的工作,只须十七点零二分了。易司特教授曾说过,美国的工人,工时比别人短,工资比别人高,就是因为美国人能利用机器的缘故。这句话不但是为工人说的,也可以说是为美国的农民说的。他们做工的时间比别人短,而收获比别人多,就是他们能利用机器的缘故。我国的农民,做工的时日比别人长,而收获比别人少,就是我们不能利用机器的缘故。别人在那儿用机械的奴隶,而我们却在这儿役使我们自己。

我们以一个血肉之身，去与几十个机械的奴隶（利得先生说是美国每一个人有35个机械的奴隶服侍他）竞争，成绩当然要落后。那么我们中国的农民，为什么不利用机器呢？话说转来，还是由于我国农场太小的缘故。用农业机器去耕种30亩田，是不经济的工作。只有在大农场上，用机器才合算。历年来从各海关进口的农业机器，以由大连进口的为最多，便是因为东三省的农场较大，可以利用机器的缘故。所以我国的农民，如想步美国农民的后尘，享受他们那种愉快的生活，非扩大农场利用机器以生产不可。

（三）中国的农场还可扩大吗

现在我们讨论到一个最根本的问题了，就是中国的农场，有无扩大的可能。我以为这是农民生活问题的中心点，假如这个问题解决不了，那么农民的生活程度，即使能够加高，也是极有限的。

解决这个问题的第一步，便是看看中国的可耕地共有多少，以这些土地来分配与中国的农户，每户可得多少。关于中国农户的数目，我们在上面已提到了，可以假定他是6000万户。这个数目，与我们别种的估计，是相吻合的。我们常说中国人口约4万万，其中四分之三是农民，便是3万万。假如农户平均一家5人，以5乘6000万户，亦得3万万。所以6000万农户这个数目，我们可以暂时采用他。关于中国可耕地的数目，美国农业专家贝克耳先生，也替我们估计过了。他说中国面积共有244000万英亩。但在这244000万英亩之内，雨量足的，只有130000万英亩。其中还有温度不足的，须减去5%，只余123500万英亩。在此数的中间，还有40%，因为地形的缘故，不适宜于种植，所以结果只有74100万英亩。其中又须除去5%，是由于土壤不良的。所以雨量足，温度宜，地形合，土壤良的土地，中国只有70000万英亩，以较美国之97500万英亩，反而减少27500万英亩了。

70000万英亩，是中国可耕之地。中国已耕之地，照贝克耳先生的估计，只18000万英亩，未免太低。刘大钧先生估计中国已耕之地为28000万英亩。以中国已耕之地，分配于6000万农户，每户只有4.6英亩。但如以可耕之地、分配于各农户，每户便有11.6英亩，较现在的农场，要大两倍有半。

所以扩大中国农场的第一个方法，便是开垦荒地。

不过11.6英亩的农场，较现在虽然大些，比起美国来，还是太小。所以我们得想第二个办法。第二个方法，便是发展农业以外的实业，如工业、矿业、商业、交通业等等，疏导拥挤在农业中的人口，到别的实业中去。中国的人口，现在大约有75%，在农业中谋生活。意大利人口在农业中谋生活的，只有59.4%，德国只有35.2%，英国只有11.9%，法国只有42.7%；捷克斯拉夫只有41.6%；澳大利亚只有30%，美国只有23%。澳与美不但在农业上可以自给，而且还有余多以济他人。澳国一人耕可供三人之食，美国一人耕可供五人之食，即在法国，一人耕亦可供二人半之食。英国在农业中谋生的人最少，但英国的农业并不能自给，所以不足为法。我们最好能做到美国那一步，至少也要做到法国那一步。假如我们有一天工商业发达了，只有40%的人民在农间，那么现在的6000万农户，可以减至3200万农户。假如工商业的发达再进一步，只留25%的人民在农间，那么现在的6000万农户，可以减至2000万农户。（照全国40000万人，8000万户算）假如务农的只有3200万户，那么以70000万英亩来分配，每户可得地约21.8英亩。假如务农的只有2000万户，每户可得35英亩。

35 英亩的农场，比现在中国的农场，平均只有 5 英亩的，要大 7 倍。

所以扩大中国农场的第二个法子，便是发展农业以外的实业，吸收农场上的过剩人口。

以上这两点，假如都做到了，中国农民的生活程度，比现在要提高许多。虽然比美国还比不上，但是比现在的情形，总要高得多了。不过在实现以上两点的时期中，农民须实行生育制裁，否则人口从四万万，加至六万万，以上所期望的，将来终成泡影。可是生育制裁这个题目，又是复杂的，我们只好等到将来再讨论了。

五　从佃户到自耕农

（一）

关于中国佃户的数目，近来屡被人征引的一个估计，便是张心一先生等在 1930 年所发表的。① 根据那个估计，中国佃户的数目，在各地大有不同。在扬子江流域，自耕农约占所有农户 32%，半自耕农约占 28%，佃户约占 40%。东北的情形，比扬子江流域好些，计自耕农占 50%，半自耕农占 19%，佃户占 30%。黄河流域的状况，又比东北好些，因为自耕农占 69%，半自耕农占 18%，而佃户只占 13%。假如我们把各流域各省的报告平均起来，便可发现中国的自耕农，约占农

① 张心一先生的文章，名“A Statistical Study of Farm Tenancy in China”，见《中国评论周报》1930 年 9 月 25 日出版的三卷第三十九期。英国经济学者 R. H. Tawney 在他的 *Land and Labor in China* 一书中所引用的，以及国联农业专家 C. Dragoni 对于国联报告书中所征引的，都是张先生所发表的材料。

户全体51.7%，半自耕农占22.1%，佃户占26.2%。这个估计，与美国农部在1923年对于中国佃户所下的估计相差无几。[①] 但别的估计，有比这个大的，也有比这个小的。[②] 在没有比较更完善的报告以前，我们只好假定中国的佃户，约占全国农户四分之一。佃户与半自耕农的总和，约占全国农户二分之一。纯粹的自耕农，只有二分之一。

佃户的估计，固然是难，可是比较还算容易解决的题目。比这

① 见L. C. Gray, Charles L. Stewart, Howard A. Turner, J. T. Sanders and W. J. Spillman, "Farm Ownership and Tenancy", *Agriculture Yearbook*, 1923，第508页，该文中关于各国佃户百分数的估计，今亦录下以供参考。美国，38.1；英国，88.9；阿根廷，38.5；爱尔兰36；法国，26.1；德国，25.4；加拿大，7.9；日本，28.5；丹麦，8。各国的情形，大约根据1914年至1920年间的报告为多。Ferd R. Yoder在1929年发行的*Introduction to Agricultural Economics*一书中，引用各国佃户的比例，即根据此文，但美国另一农业经济学者，Wilson Gee在1932年所发行的*The Social Economics of Agriculture*一书中，关于各国佃户的估计，虽然所采取的时期，与上文相差无几，但数目字却不相同，有的相差得很多，今亦录于下面：英格兰，88.4；威尔士，90.3；苏格兰，92.3；爱尔兰，36.0；瑞典，14.2；丹麦，10.1；荷兰，49.1；法国，29.3；德国，25.4；意大利，22.4；奥大利，22.4；匈牙利，2.7；日本，9.7。此种估计，见该书164页。由上以观，中国佃户的百分数，在国际中，站在一个中间的地位。参阅拙著《中国佃户问题的焦点》，见《旁观》第十期。

② 《经济半月刊》二卷十一期中，有《我国之租佃制度》一文，作者说是"全国租种农之百分率，或在50%以上。即以50%计，而假定全国农民之数，为36300万人，则受租佃制度之影响者，已约18150万人，即约当全国人口三分之一矣"。又国联与中国的技术合作委员会，于1934年4月1日给国联的报告书中，引用一位C. K. Ping在德国发表的论文，其中所用的材料，虽然都是根据张心一先生所发表的，但其结论，说中国扬子江流域及珠江流域，佃户占43%，与张说略有不同。总之，现在如假定中国的佃户与半自耕农合计，在50%左右，并不算高，如说佃户一类，便占40%或50%，未免略高。此外也有一些零星的统计或估计，论中国各地佃户的百分数还不到四分之一的。如金陵大学的卜凯(J. L. Buck)教授，根据2866农户的报告，谓中国北部，自耕农占76.5%，半自耕农占13.4%，佃户占10.1%。中国东南部，自耕农占48.2%，半自耕农占21.3%，佃户占30.5%。各地平均的结果，自耕农占63.2%，半自耕农占17.1%；佃户占19.7%。此种统计，见其所著*Chinese Farm Economy*，第146页。又李景汉先生，调查定县农村790家，谓自耕农占70.8%，半自耕农占27.8%，佃户占14%。佃户的百分数，要算这个报告所表示的最低。

个问题还要难于回答的，便是佃户与地主的关系。关于此点，各地的情形，相差得太多了。第一，关于纳租的方法，各地是不同的，有分租，有谷租，有钱租，还有其他不同的制度。第二，租期的长短，也是各地不同的，从一年以至永佃的都有。第三，纳租的数量，也有多少的差异，虽然土地法中规定最高的租额，不得超过375‰，但这条法律，在实际上恐怕是不发生效力的。据许多研究，证明纳租的数量，普通的情形，起码在40%以上。两千年前董仲舒说佃户耕豪民的田地，要以所得的十分之五纳租，①这种情形，在现在还是普遍的。此外如佃户为地主服务，可以不给值，甚至所用仆妇亦由佃农征调的办法，在欧洲已为过去的历史，但在中国的内地，还可以遇到这类的事实。② 在这种复杂的情形之下，如没有做过一种详细的调查，便著书立说，来讲中国佃户与地主的关系，乃是一件不可能的事。

---

① 见《前汉书》二四上，《食货志》。

② 二十一年十二月二日，《大公报》所发表的《赤区视察记》，其中有一段记河南商城县的土地制度云："昔日地主所收之租谷为二分之一，且仅限于水田中所生产之稻。其无水之地中之产物及柴草悉归佃农。押金亦甚微。演至近日，人口日繁，佃农增多，地主乃大事压迫，租期由五年而缩为四年，继复缩为三年。其押金则增加，几与购买之地价相等。且须于押金之外，缴纳随礼一份。押金增多，将来退租时，佃农尚可收回，随礼则由地主没收。故佃农每三年必罄其积蓄献之地主，以求保留其佃地之权。同时，地主所收之租稞，亦复加重。稻稞之外，复有所谓麦稞（地中之麦）、鱼稞（塘中之鱼）、鸭稞油稞、棉稞、柴稞（山中之柴）、草稞等。总之，凡田中所产，家中所畜饲，无一不按五五均分。外此并有所谓人工稞，即地主修房盖屋及一切苦力所用之人工，均出之佃农，而不给值，如地主外出，以轿代步，轿夫即由佃农充之，甚至所用之仆妇，亦由佃农征调。吾人于此，当以为地主对待佃农，已过于苛刻矣，不谓于上述租稞之外，又有所谓白供者，即佃农于春夏秋冬四节，及地主举家之婚嫁生丧以及寿日所送之礼，年有定额，有增无减。如今年春节所送礼物中，鱼之一物，重凡三斤，则明年必相等。或多于三斤，否则遭收田之祸。以故农民终日孜孜，勤苦所获之代价，悉献之于地主，尚有不足。"地主压迫佃户之烈，于此可见一斑。

不过我在这篇文章中所要讨论的，并非中国佃户的实在数目，也非佃户与地主的各种关系。我们即使对于上列的两个问题，不能作详细的描写与解释，但是对于下列数点，我们大约是可以同意的。第一，在农村各种被压迫的阶级中，佃户无疑的是一个主要的阶级。第二，压迫佃户的人虽然很多，如放高利贷的债主，如征收苛捐杂税的污吏，如在乡间为奸作恶的土劣等都是，但主要的压迫者，还是地主，因为佃户一年的勤劳所得，有一半或一半以上，要贡献给那不劳而食，不织而衣的地主。第三，假如我们觉得这种压迫是应当解除的，假如我们愿为那劳苦的佃户谋福利，那么把他从地主的手中解放出来，应当是目前一种急迫的工作。我们当然不能说佃户如变成自耕农，他所受的压迫，便完全取消了；但我们敢说，如果这一层做得到，他所受的压迫，要减轻许多。

由于上列三点的认识，所以我们要求讨论：佃户如何可以变成自耕农。

(二)

佃户如何可以变成自耕农？

回答这个答题的一个方法，便是看看在别个国家里面的佃户，是用什么方法变成自耕农的，然后再斟酌国内的情形，决定哪一国或哪几国的办法，最有采用的价值。

我们先看美国的情形。

美国有许多学者，喜欢谈“农业阶梯”（agricultural ladder）一个名词。这个农业阶梯，普通可以分为四段。第一段是雇工，第二段是佃户,第三段是欠债的地主,第四段是无债的地主。[①] 他们以为一个毫无凭借的农民,只要自己努力,经过相当的时期,便可变成地主。他初入农业的时候,可以替人家当雇工,把工资积一部分下来,经过数年之后,便可买农具,买种籽,买牲口,租别人的田,自己耕种了。在佃户的期内,自己也可有点积蓄,到了相当的时期,便可从亲友处,或从国立的金融机关,借一部分的资本,加上自己的积蓄,便可自置田业了。这时虽然由佃户变成地主,但还欠别人的债。所以田地在名目上虽然是自己的,而实际则有一部分是别人的。再经数年的努力,把一切的债还清了,他才算是真正的地主了。到了这时候,他可以说是爬到农业阶梯的顶端,在乡村社会中,便算是身份最高的人。

一个家徒四壁,毫无凭借的人,可以白手成家,从雇工升到地主,在中国是少见的,但在美国却是数见不鲜的事。格雷教授(L. C. Gray)等,根据1920年的统计,证明美国的自耕农,有四分之一是从佃户出身的,又有五分之一,是经过雇工与佃户两个阶段的,所以总计起来,有45%的自耕农,曾在佃户的阶段中挣扎过。那些从雇工升到佃户,从佃户再升到地主的自耕农,平均在雇工的阶段里,要工作5.8年;在佃户的阶段里,要工作8.9年,合起来共须15年。[②] 我们如再把美国在各阶段中的农民年龄分析一下,那么他们那种在农业阶梯上往上爬的情形,便历历如在目前。美国在25岁以下的农

---

① 农业阶梯共分若干段,每段的内容何如,各家的说法不同。此处采用G. S. Wehrwein之说,见其所著论文"Place of Tenancy in a System of Farm Land Tenure",载在*Journal of Land and Public Utility Economics*, Vol. I, No. 1 (Jan. 1925), pp. 74-75. 参看L. C. Gray and others, op. cit., pp. 547-548; W. J. Spillman, "The Agricultural Ladder", *The American Economic Review*, Vol, IX, No. I, Supplement (March, 1919), p. 170。

② L. C. Gray and others, *op. cit.*, pp. 554-556.

民，各种各色的佃户，约占75.8%，而无债的地主，只占10.2%。但是65岁以上的农民，佃户只占16.5%，而无债的地主，却占64.1%。① 他们那种生于忧患而死于安乐的情形，从这些数字中，便可以想见了。另外还有一个研究，是根据美国中部2112个自耕农的经验而成的。这些自耕农中，有20%是经过雇工与佃户两阶段的。他们平均在19岁时当雇工，7年之后，升为佃户，又10年之后，便是在36岁时，升为地主。另有13%，是由雇工而升到地主的，他们平均在19岁时当雇工，当了10年，于29岁时便成地主。又有32%，只经过佃户一阶段。他们平均于23岁时当佃户，9年之后，于33岁时便当了地主。最后还有34%，没有经过雇工或佃户的阶级，便成地主，这些都是因为有亲友帮助的原故。但可注意的，便是这2000多个自耕农，有三分之二是由于自己的努力，由无产者而变成自耕农的。②

美国的农民，所以能够靠自己的努力，便往上升的理由，是很多的。第一，美国的工资高，如1923年在收获的季节中，美国农村中的雇工如是包饭的，可以得2.45元一日，不包饭的，可以得3.03元一日。在普通的时候，包饭的工人，可得1.93元一日，不包饭的，可得2.47元一日。这是指平均的数目而言，有些地方，雇工在收获季节中每日所得的工资，可以超过4.5元以上。③ 中国的雇工，在秋忙时每日大约可得4角，平时每日只得2角。④ 所以美国的雇工，可以积资而为佃户，中国的雇工，想升为佃户便很难。第二，我们再拿佃户来

① L. C. Gray and others, *op. cit.*, pp. 549-550.

② W. J. Spillman, *op. cit.*, pp. 170-172.

③ *Agriculture Yearbook*, 1923, p. 1149.

④ 社会调查所出版，《第二次中国劳动年鉴》171至174页。

说,中国佃户所耕的农场很小,而美国佃户所耕的农场很大。美国佃户的农场,在南部较自耕农的农场要小点,但在北部与西部,平均比自耕农的农场还要大些。就全国而论,他们的农场,平均相差无几。所以我们可以把全国农场平均的亩数,来代表佃户农场的亩数。美国的平均农场,数十年来,颇有扩大的趋势。如1910年,平均每一农场,只占地138.1英亩(每一英亩,约等华亩六亩半)。1930年,每一农场,便有156.9英亩。[①] 在这样大的农场上,一年的收获,自然是很多的。经营这种农场,在很短的时期内,便可积资购产,乃是自然的事。据格雷教授的估计,在1923年左右,美国佃户的家财,平均每家值4315元,半自耕农的家财,平均每家值12829元;自耕农的家财,平均每家值13476元。同时更可注意的,就是每家佃户,平均在粮食上,每年可收1187元。[②] 佃户的收入,既然可观,而美国的地价,又不过昂。如1910年,每英亩只值32.4元;1930年,每英亩只值35.4元。[③] 我们只把这些数目字对照一下,便可知道在美国,从佃户升为地主,乃是极可能的。中国的情形,便不然了。中国每农户平均的耕地,只有21亩。[④] 在这样小的农场上,只求于开销之外,图一家的饱暖,已非易事,那能积钱来置田业。因为各种情形的不同,所以美国人可以高谈农业阶梯,而中国人则不能。美国的佃户,可以靠自己的力量,升为地主,中国的佃户,想改变他们的身份,是不易的。所以在中国各地,我们可以听到佃户要求永佃权。这种权

① *Statistical Abstract of the U. S.*, 1933, p. 537.

② L. C. Gray, "Accumulation of Wealth by Farmers", *The American Economic Review*, Vol. XIII, No. 1, Supplement (March, 1923), pp. 170-171.

③ *Statistical Abstract of the U. S.*, 1933, p. 541.

④ 根据国府主计处统计局估计,见二一年四月十一日《大公报》。

利，他们还想传给子孙。可见大多数的中国佃户，本人固然不敢作脱离佃户阶段的打算，而且还觉得他们的子孙，也无力爬上一梯，这是一件极可痛心的事，美国的农民，无论如何，是猜想不到的。

中美的情形，既然有很大的差异，所以美国的佃户，都靠自己的力量，变为自耕农的方法，在中国很少有参考的价值。

（三）

中国的佃户，既难靠自己的力量，变成自耕农，那么我们如想使他变成自耕农，一定要政府设法从旁帮忙，这是很显然的。丹麦的政府，便曾这样做过，所以我们可以研究一下丹麦的故事。

丹麦在1850年的时候，农户中有42%是佃户，可是到了20世纪初年，农民中有89.9%是自耕农，只有10.1%是佃户了。如以耕种的面积来比较，在1901年的时候，丹麦的900万英亩可耕地，只有8%左右，是由佃农耕种的。丹麦在半世纪之内，把佃农的百分数，降低那么许多，是一件极可注意的事。①

丹麦所以能做到这一点，便是因为政府实行一种政策，给佃户以金融上的便利，使他们可以把所耕的土地，由地主的手中买来。这种政策的开始，是在1875年，其后在1899年、1904年、1909年，对于原来所定的办法，略有修改，其目标无非要给佃农以更大的方便。一个具有下列资格的农民，便可请求丹麦政府帮他购置田业。

1. 他是丹麦的农民。

---

① F. C. Howe, *Denmark, a Co-operative Commonwealth*, pp. 67-68.

2．年龄在25岁以上，50岁以下。

3．未曾犯罪。

4．未因贫困而受公家的救济。

5．在17岁之后，曾从事于农业4年。

6．能得在社会上有名望者二人，证明其勤俭可靠。

7．须有相当的财产，得政府帮助后，便能购置产业。

8．但无政府的帮助，只凭自己的力量，是不能购置产业的。①

有上列资格的人，在请求帮助之后，政府派人调查，证明与事实相符，便可向政府借款。农民所购置的田业，其价值的十分之一，须由自己筹备，所以有上列第七条的规定。其余的十分之九，便可由政府借给。政府所借的款，起初规定最多不得超过的数额，约美金1100元，后来加到4500元。农民所购的田地，起初规定不得超过20英亩，后来加到30英亩，最后把这一条完全取消了。②农民对于所借的款，在前五年只付四厘五的利息。从第六年起，才开始将本息分期还给政府，约98年还清，所以每年的担负，是很轻的。在这种制度之下，许多的佃户，便都变成了自耕农。③ 近来丹麦的政府，对于所定的办法，还有修改，但大体上是没有什么差异的。

丹麦这种由政府帮助农夫购田的办法，在原则上是可赞同的，

---

① K. J. Kristensen, "Public Guidance in Rural Land Utilization in Denmark", *Annals*, Vol. 150(July, 1930), p. 233.

② E. Mead, "Land Settlement", *Encyclopaedia of the Social Sciences*, Vol. IX, p. 55.

③ E. Mead., *ibid.*, pp. 55-56. 参看 F. R. Yoder, *op. cit.*, p. 181; F. C. Howe, *op. cit.*, pp. 144-146.

中国大可采用。但在实行之先,有三点还要考虑。

第一,丹麦的法律,并没有规定,说是地主非出售土地不可。我们都知道,佃户所愿买的土地,除却一部分官地之外,大部分都在地主的手中。假如佃户愿意买地,政府又愿意帮助他买地,但是地主却不肯把地出售,这便形成一种困难的问题了。像这一类的事,在历史上并非没有。如英国的政府,在1892年,曾通过一种小农场法,命令各县的行政机关,帮助农民购田,以50英亩为限。购田的人,自己须筹备五分之一的款项,其余的数目,可向政府告借,分年将本利筹还。但在1908年以前,受这个法律的好处的人,为数有限,最要紧的原因,便是大地主不肯把他的土地分裂,在市场上出售,所以这个法律虽然实行了十余年,而在其下转手的土地,不过800英亩左右。① 由此可见国家于实行帮助农民购田之外,还要设法使地主售田。

第二,假定地主肯把土地出售了,我们还要防备地主故意提高土地的价格。因为政府如肯出钱帮助农民购地,那么土地在市场上的需要,便会突然加增起来,这时如没有别的法律规定,土地的价格,一定会增涨起来的。佃户如以高价购进土地,便是加重了自己的担负,因为钱虽然由政府借给,但迟早是要还的。如果地价太高,佃户虽然变为自耕农,而负债的年限,一定会要加长的。我们这种顾虑,是有事实可以证明的。即以丹麦的经验而论,自从1878年之后,地价涨了53.8%。② 此外还有人估计,农民受国家帮助所

① H. Levy, *Large and Small Holdings*, p. 126. J. A. Venn, *The Foundations of Agricultural Economics*, pp. 130-131.

② F. C. Howe, *op. cit.*, pp. 147-148.

购进的农场,地价比平常要高 80% 。[①] 又如俄国,曾于 1883 年,设立农民银行,借款给农民购田,结果便使地价上涨。根据一个估计,自 1896 年至 1900 年的地价,要比 1883 年至 1885 年间的地价,平均高 36.5% 。又据另一估计,自 1888 年至 1897 年的平均地价,要比前 10 年高 60.4% ;如与 1868 年至 1877 年间的地价相比,便要高 122.5% 。[②] 在这种情形之下,得到实惠的,还是地主。所以国家于设法使地主售田之外,还得限制价格。

第三,便要谈到财政问题了。政府已经设法使地主售田了,同时又限制他的价格了,这时佃户如想买田,政府便要拿钱出来了。这个数目,是不小的。丹麦是一个小国,他在这个上面,历年来也花了 14000 万左右的克朗(crown)。[③] 中国的佃户,比丹麦多,政府如要使佃户变为自耕农,所需的款项,当然要比丹麦多。在罗掘俱穷的中国,政府是否有此能力,这是我们要考虑的第三点。

(四)

我们先考虑第一点,便是政府如何可使地主售田。

关于这一点的办法,是很多的。最普通的办法,在中外都行过的,便是限制地主,最多可以有多少地。超过这个数目的田地,须由地主自行售出,或由国家给价收回,再售与佃户及其他农民。中国自汉朝起,历代都有限田的议论但行之而有成绩的,实不多觏。[④]

---

① K. J. Kristensen, *op. cit.*, pp. 233-234.

② G. T. Robinson, *Rural Russia under the Old Regime*, p. 101.

③ E. Mead, *op. cit.*, pp. 55-56. 一克朗等于美金二角六分八厘。

④ 参看陈登元著《中国土地制度》。

不过欧战以后，东欧各国，多实行限田的政策，[1]我们可以罗马尼亚为例。罗马尼亚在欧战以前，土地多集中在少数的地主手中，有5385个地主，几占有全国土地之一半。同时有95%的农民，其所有土地，合起来只占全国土地40%，所以土地的分配，是极不公平的。[2] 欧战之后，政府实行限田的政策，凡有地在100公顷（hectare，每一公顷等于2.47英亩）以下的，可以保留原来的数目。假如超过100公顷，其可以保留的数目，如下表[3]：

地主原有的田地（单位：公顷）	地主可以保留的田地（单位：公顷）
100	100.0
200	165.7
500	241.2
1000	284.9
2000	324.6
5000	396.0
10000以上	500.0

凡是超过限制的田地，都由政府给价收回，售给农民。结果大地主的田地，为政府所收回的，约有600余万公顷，受这种政策影响的地主，约有2万余人。[4] 罗马尼亚的土地，自从这次从新分配之后，大

① W. Schiff, "The Legislative Agrarian Reforms in European Countries Before and After the World War", quoted in P. A. Sorokin, C. C. Zimmerman and C. J. Galpin, *A Systematic Source Book in Rural Sociology*, Vol. I, pp. 424-444; "New Agrarian Legialation in central Europe, a Comparative Study", *International Labor Review*, Vol. VI, No. 3, (Sept. 1922) pp. 345-363; A. Rose, "Agricultural Workers and Agrarian Reform in Central Europe," *International Labor Review*, Vol. XVIII, No. 3 (Sept. 1928), pp. 307-338.

② I. L. Evans, *The Agrarian Revolution in Roumania*, p. 76.

③ *Ibid.*, 107-108.

④ A. Frundianescu and G. Ionescu-Sisesti, "Aspects of Rumanian Agriculture", in O. S. Morgan (Editor), *Agricultural Systems of Middle Europe*, p. 322.

地主的数目，减少了许多，小农与中农的数目，自然有相当的增加。[①]假如政府没有限田的政策，只是给佃户或小农以经济上的帮助，那么在很短的时间内，一定不能有600余万公顷的土地转换了主人。

但是限田的政策，实行时有很多困难，在一个土地没有登记的国家，我们如何能够知道某人有若干土地？即使我们制定法律，强迫登记，地主不会以多报少吗？他不会用几个人的名字，来登记他一个人的田地吗？如欲登记准确，政府须添多少官吏，民间要生出多少纷扰？诸如此类的困难，是中国过去限田失败的原因，将来如欲再行此种政策，恐怕还免不了失败。大约东欧各国，限田政策所以成功，都是因为国家的幅员有限，官吏的耳目易周，在幅员辽广的中国，大约是不易实行的，所以我们应于限田的方法之外，来使地主售田。[②]

第二种使地主售田的方法，便是征收累进税。凡拥有土地愈多的人，所纳的税愈重，纽西兰便行过这种政策。[③] 不过征收累进税所遇到的困难，与限田是一样的，在我们不知道某人有若干土地之先，累进税是无法施行的。

最经济的办法，政府不必费很多的气力，便可使地主售田，莫如实行减租。这是在爱尔兰实行而有功效的方法。19世纪爱尔兰的土地问题，是爱尔兰一个最大的问题，那时的地主，大多数都是英国人，而爱尔兰的人，差不多都是英国人的佃户。这是爱尔兰人最以为痛

---

① 同上文，第323页。在限田政策实行之前，罗马尼亚的农场，在100公顷以下的，合起来共有4593148公顷；在100公顷以上的，合起来有3397851公顷。限田政策实行之后，100公顷以下的农场，合起来共占7369549公顷；但100公顷以上的农场，只占地621450公顷。

② 中国在300亩或500亩以上的农场，数目是极少的，所以即使实行限田政策，大多数的地主，还不受这种法律的影响。

③ C. C. Taylor, *Rural Sociology*, p. 263.

心而时刻想反抗的。为解决这种冲突起见，自 1870 年以后，英政府便通过许多法律，想用各种方法，帮助爱尔兰的佃户，变成自耕农。其中最要紧的，便是 1881 年通过的土地法。在这次通过的法律中，承认爱尔兰的佃户，有要求减租之权。无论是哪一个佃户，假如他觉得地主所征收的地租太高，便可以把这件事提到土地委员会或当地的法庭，请求公平裁判。假如上述的机关，认为地租过高，便可将他减低若干成，佃户便照新定的规率纳租。此种判决，有效期限为 15 年。15 年以后，佃户还可把这件事提付仲裁。这个法律，是爱尔兰农民的一种福音。自 1881 年起至 1896 年止，爱尔兰的 50 万佃户中，有 38 万多佃户，要求减租。结果他们所纳的租，平均减低了 20.7%。其余的佃户，有因地主自动减租的，所以并没有把他们的要求提出。自 1896 年起，又有 143000 多个佃户，提出减租的要求。他们所纳的租，原来共值 320 余万镑，已经减至 254 万镑了，再减租的结果，他们只给地主 210 万镑。自从 1881 年以后，他们的租，一共减低了 34.4%。这种法律，刺激了地主，使他们都愿意把田出售。所以在 19 世纪的中叶，爱尔兰约有 50 余万佃户，在欧战开始时，其中的 75%，便是 379000 人，已经变为自耕农了。这种趋势，欧战后继续进行。① 所以爱尔兰在土地改革上的成功，实可与丹麦相提并论。成功的各种原素之一，便是减租。中国近来也有减租的运动，如果政府照着法律做法，使佃户所纳的租，不要超过 375‰，那么很多的地主，一定愿意把地出售。因为在现在这种高的地租之下，地主投资买地所得的利息，每年还只有 6.6% 至 7.9%。② 如把租再减轻一些，地主觉得投

① W. Shiff, *op. cit.*, pp. 429-430.

② 根据张心一先生等调查句容县情形的报告。

资土地，无利可图，一定要出售土地，另谋生计了。

我们再考虑第二点，便是地主肯把土地出售了，我们有什么方法，可以防止地主提高土地的价格。关于此点，东欧各国在欧战以后实行的办法，有许多可以参考的。他们的办法，有的颇不利于地主。如爱沙尼亚，如历维亚，从地主那儿征收来的土地，便算没收了，并不给价。① 有的国家所定的办法，虽然是给地主一点钱，但地主还是吃亏的。如波兰向大地主征收的土地，只给半价。② 捷克斯拉夫对于大地主的报酬，有时还不如波兰。如果价值 25 镑至 30 镑一英亩的土地，政府收回时，定价是 5 镑左右，卖给佃户或小农时，却收 7 镑至 17 镑。③ 还有，地主的土地愈多，吃亏也更大。因为一个地主被征收的土地，如超过 1000 公顷，那么政府对于这个地主应付的款项，还要扣除 5%。假如超过 5 万公顷，政府便要从应付的款项中，扣除 40%。④ 更有一些国家所定的办法，对于地主的报酬，比以上诸国都要好些，但地主还要吃点小亏。这种办法，便是对于征收土地所付的代价，不照当时的市面，而照战前的价格。如布加利亚付给地主的代价，是按 1905 至 1915 年的平均地价而定的。希腊所定土地的价目，也是照战前的情形而定的。⑤ 最后还有一些国家，对于地主并不苛待，但是地主也不能高抬土地的价格。如芬兰，如匈牙利，征收土地时，均照市

① W. Shiff, *op. cit.*, p. 441.

② *Ibid.*

③ C. Turnor, "Land Reform in Czecho-Siovakia", *The Contemporary Review*, Vol. 130 (Dec. 1926), pp. 720-721.

④ "New Agrarian Legislation in Central Europe", *International Labor Review*, Vol. VI, No. 3 (Sept. 1922), p. 349.

⑤ W. Shiff, *op. cit.*, p. 441.

价付款。[①] 还有罗马尼亚规定地价的办法，最为特别。政府于事前研究1917年至1922年的平均租额，然后规定耕地的价格，不得超过租额40倍，牧场的价格，不得超过租额20倍。但是应付地主的钱，并不要完全由农民拿出。农民只付一半，另一半由政府津贴，所以农民对于耕地实付的代价，只等于租额的20倍。[②] 以上这些办法，后面的几种都可参考。我们以为最适宜的办法，是把过去5年的土地价格，平均一下，作为地主应得的赔偿。这种办法，当然要由各县的土地委员会调查后再规定，不能由中央政府代定的。此外罗马尼亚的办法，亦有参考的价值。假如过去5年的租额，等于土地价值6%，那么我们规定土地的价格，不得超过租额17倍亦可。

第三个要考虑的问题，就是财政问题。关于这个问题，我们可以分作两点来讨论。第一点要讨论的，就是佃户购地所需的款，是由政府全部借给他呢，还是只借一部分给他呢？我们根据爱尔兰的经验，以为政府应借给佃户全部购地所需的款。英国在1870年通过的法律，规定爱尔兰的佃户，如向地主购地，可以自筹款项三分之一，其余的三分之二，由政府借给，利息是5厘，本利分期于35年之内还清。这种法律的意思虽好，可是很少的佃户能够利用，因为他们便没有能力，筹三分之一的款。1881年修改原来的法律，规定佃户只要自筹款项四分之一，但结果也不见佳。1885年，新定的法律，才决定佃户不必自己筹款，全部由政府借给。借款的利息是4厘，本息可以分49年摊还。譬如佃户租某地主田地一块，年纳地租10镑。照爱尔兰普

① W. Shiff, *op. cit.*, pp. 440-441.

② O. Gorni, "Land Reform in Rumania", *International Labor Review*, Vol. XXII, No. 4 (Oct. 1930), p. 466; I. L. Evans, op. cit., pp. 118-119.

通的办法,地价均等于地租18倍,便是180镑。佃户如与地主商定地价后,这180镑的总数,当时便由政府付给地主五分之四,其余五分之一,于5年后付清。自此以后,这位佃户,便不必再向地主纳租了。他只须把180镑的本利,分49年付清,每年实付的数目,算起来只有七镑四先令,比平时纳租的担负,还要轻些。但纳租无论纳多少年,地还是别人的。而在这种办法之下,49年之后,地便归佃户所有。这个法律,在1903年还有更改,把利息减至三厘零四分之三,摊还的期限,延至68年。佃户的负担,格外减轻了。① 假如中国不采这种办法,而令佃户自筹款项的一部分,那么佃户势必向他人借款,结果他虽然脱离了地主的压迫,一定又要走到高利贷者的网罗中,对于他还是没有好处。所以我们主张政府如帮助佃户买地,便应借给他全部的款项。

这便引到我们所谓财政问题的第二点了,那便是这一笔款子,从何而来。我们觉得解决这个问题,只有两个办法,一个便是由政府举债,把举债所得的款,借给农民。政府的信用,比私人的信用好些,他举债所负的利息,可以很低。假如中国也采用爱尔兰的办法,农民一方面可以减轻担负,一方面于数十年之后,还可以变成无债的自耕农。另外一个办法,便是由政府出面,代替佃户购地,购地所付之款,不是现金,而是债券。这种债券有一定的利息,分年由政府备款收回。东欧有许多国家,便采这种办法。譬如罗马尼亚付给地主的,便是土地债券,年息5厘,政府答应于50年内,分期收回。② 别国的债券,年息有定为三厘或四厘的。此外如捷克斯拉夫,对于地主应付的

① Sir James O'Connor, *History of Ireland*, Vol. II, pp. 27,90,107,161.

② I. L. Evans, *op. cit.*, pp. 118-119.

赔偿,不付现金,也不付债券,只在账上记下,算是国家对于地主的负债,国家对于这种债务,只负年付利息三厘的义务。① 我们觉得中国的政府,如对内对外,不能借到一笔大的款子,那么对于地主付款时,无妨发给土地债券。这种债券的利息,可以定得很低,如在四厘左右。债券的本息,可以由佃户分作数十年筹还,政府不过利用他的信用及权威,做一个中间人而已。这种办法,假如给佃户的负担,不比纳租加重,反比纳租减轻,那么在我们这种穷的国家,到是值得采用的。

(五)

总括起来,我们可以得到下列的结论:

(一)佃户是乡村中一个被压迫的阶级,我们如要为他们谋福利,当设法使他们成为自耕农。

(二)美国的佃户,有许多靠自己的力量,便升为自耕农的,但中美的情形,相差太远,中国的佃户,如无外力的帮助,很难改变他们的身份。

(三)丹麦以政府的力量,帮助农民购地,结果使国内佃户的百分数,从42%降低到10%,此举中国颇可效法。

(四)中国如实行丹麦的政策,有三点仍须注意。第一,政府应效法爱尔兰减租的方法,使地主肯将土地出售。第二,应以东欧各国的成例为鉴,由政府以公平的方法,规定土地的价格,俾地主不致居奇。

① "New Agrarian Legislation in Central Europe", *International Labor Review*, Vol. VI, No. 3 (Sept. 1992), p. 349.

第三，购买土地所需之款，应由政府全部借给农民。至于此种款项之来源，或由政府举债，或发给地主以土地债券均可。政府借给佃户购地之款，利息应低，可由佃户将本息于若干年内摊还，其数目之多少，以不加重佃户负担为原则。

六　地方财政与地方新政

（一）地方财政困难的一斑

留心地方财政的人，试一浏览各省的预算，定可发现一个共同的毛病，便是收支不能相抵，以致造成入不敷出的状况。为平衡预算起见，各省有各省的方法，但这些方法之中，也有许多是共同的。第一便是举债。根据财政部的报告，以及个人研究所得，①各省债务，在10000万以上的，有四川；在1000万以上的，有湖北、湖南、浙江、江苏、山西；在500万以上的，有河北、江西；在100万以上的，有安徽、河南、绥远、甘肃。其余各省，债务未详，但就已详各省而言，债务总数，已在30000万左右。举债虽然可以解决目前的困难，但举债愈多，预算中的债务费也愈加增。四川预算，除军务费外，要算债务费支出最多，约占总支出八分之三。湖北二十四年度岁出，经常临时总计，为2400万，但债务费即占300万。所以靠举债来解决预算上的困难，决非久计，这是很明显的事实。

① 最近得一机会，在四川、湖北、湖南、江西等省旅行一月有半，文中关于这几省的材料，如未特别注出，即系此次考察所得。

各省平衡预算第二个常用的办法，便是请求中央协助。根据二十五年度国家普通岁出总预算，中央补助各省，在经常门内共支61481500元；在临时门内共支44334500元。两项合计，在10000万元以上。这种协款，在许多省份的收入中，占一个重要的地位。湖北的财政当局，在两年前曾说过：

> 本省财政虽已渐臻轨道，然考其内容，每月仍赖两项协款60万元，（此外特税补助汉市府65000元）为本省财政之命脉，每年度共计720万元，实占全部岁入三分之一以上。一旦此款发生故障，则本省财政立陷困境，至为可虑。凡此依人为活之方法，系属可暂而不可久。①

两年前的情形，现在并未变动。此种依人为活的方法，我们如细看中央协款的清单，可以知道不独湖北为然，许多别的省份，亦复如是，所差异的，只是依赖的程度，有深有浅而已。

第三个平衡预算的方法，只有几个省份用的，便是征收法外的税捐。地方的合法收入，依照二十二年三月修正的《办理预算收支分类标准》，共有十二类，即田赋、契税、营业税、房捐、船捐、地方财产收入、地方事业收入、地方行政收入、地方营业纯益、补助款收入、债款收入及其他收入。② 但在湖南，地方的最大收入，年在500万元以上的，乃为类似厘金的产销税。江西有一种"剿匪"善后捐，系对入境的货物征收的，年在200万元以上，其地位的重要，仅次于田赋。其他

① 贾士毅：民国二十三年一月至六月《湖北财政报告》第1页。

② 《主计法令汇编》，第三类，84至85页。

各省，在表面上或暗中所征收的税捐，不合法令的，一定还有。这种法外税捐的存在，表示着各省在法内平衡预算的困难。

地方政府，虽然是入不敷出，而人民方面，也感觉到负担日重。民国二十三年，国府曾有废除苛杂及减轻附加的通令。自二十三年七月起至二十四年八月止，据财政当局的报告，裁减苛杂税类，共计5000余种之多，裁减款额，至4900余万元之巨。我们虽然不能否认这种仁政的影响，但同时也要承认，人民现在的负担，比二十年前或十年前要重得多。先看湖北，湖北的田赋，在民国初年，为381万余元。民国十五年，湖北财政委员会与政务委员会联席会议，将赋额减至258万余元，较之原有赋额，计减37%。最近整理田赋又将赋额增至447万余元，惟实际征收，不足此额。我们如只看正赋，湖北现在的田赋，与民元相差无几。田赋附加情形，在民元时如何待考，现在附加总数，将近200余万。最使人民感觉负担加重的，不在正赋，也不在附加，而在民国十八年以后创办的亩捐，按亩征收，各县的税率不等。现在亩捐总数，已达460余万元，专作保安团队经费，还嫌不足。此外还有堤工捐，照正税加一成，只有沿长江汉水各县缴纳。所以湖北的农民，直接负担的赋税，合计总在1000万元以上，比起民国元年的负担，大约加重了两三倍。湖南的情形，可以长沙县为例。长沙县在民国七年，每两正银，带征地方附加二角四分，清乡附加四角，另向每户征收一百文券费，一百文农林捐，合计每两正银，带征附加六角四分，每户钱二百文。民国二十四年，每两正银，折合国币三元六角，另外带征地方附加一元一角，团防附加四元二角，义勇附加六角，自治附加一元五角，保甲附加六角，县教育附加六角六分，区教育附加一元三角四分，路款附加一元零八分，另向每户征收八分农林捐。每两正银，附加竟达十一元二角八分，较之民七附加，超过几达

20 倍。这还不算是最重的。另外如宜章县田赋,向采包征制,由征收员带券游征,往往任意浮收,各区亦擅自增收附加。民国十九年,每正银一两,附加竟收至 50 元之多。这种包征滥收的恶政,直到二十四年才由省府革除。即以二十四年度而言,宜章正税共收 19000 余元,附加共收 109000 余元,附加超过正税,凡五倍半以上。江西田赋,民元地丁每两折征正税钱 2700 文,附税钱 300 文,漕米每石折征正税钱 3600 文,附税钱 500 文。附税等于正税七分之一,至九分之一。民十五地丁每两折征正税银二元二角,附税银元三角,漕米每石折征正税银二元九角,附税银元五角。附税税率,已较民元略增。民十六改为地丁每两收正税三元,漕米每石收正税四元,附税至多以正税 15% 为限。以后附税逐渐增高,在"剿匪"期间,已超过正税若干倍。最近才规定将附加分为三种,地方附加,等于正税 30%;保安附加,等于正税 40%;保甲附加,等于正税 20%。三项附加合计,已达正税 90%。江西人民在附加上的担负,现在比民国十六年,已增加了 6 倍。这三省的情形,很可以拿来代表近年中国民众负担加重的状况。

财政的入不敷出,与人民的负担加重,乃是各省当局最感困难的问题。造成这种现象的原因当然很多,我们现在只愿意提出一种原因来说。所以要这样办的原因,完全是为讨论的方便。作者在本文中,只有一个主题,如把许多原因都取来一一分析,便要超出本题的范围以外了。我们现在只讨论一个原因,并非否认别个原因的重要性,只因他们与主题无关,所以只好略而不谈。

(二) 新政及其费用

在这一节里,我们愿意指出地方财政的入不敷出,人民负担的日渐加重，与近年推行的“新政”的关系。

近数年来的地方政治，有一个很大的变动，这种变动，也许是划时代的。以前的地方政治，是“消极”的，是“无为”的，而现在的新政，却是“积极”的，是“有为”的。① 这些新政，有的是中央政府推动的，有的是地方政府推动的，但最大的推动力量，却出自以前的豫鄂皖三省“剿匪”总司令部及南昌行营，到了二十四年十二月，行营所推动的新政，才移交行政院管辖。我们查考新政的内容，虽然觉得他是千头万绪，但也可以用最简单的四个字来包括他，便是“管”、“教”、“养”、“卫”。

说到“管”，我们知道以前的办法，是中央管省，省管县，县管人民。中央与省的关系，现在且撇开不谈。省管县，以前可以说是管不到。一因交通不方便，二因省的范围太大，等于欧洲几个小国，所管的县份，少的数十县，多的一百余县，以省府少数人的精力，来管这样多的县份，当然是有名无实。所以从前的县长，便等于一个小皇帝，假如不闹大的乱子，决没有人来干涉他。至于县以下的人民，更是一盘散沙，毫无组织。假如县的范围很小，那么这一盘散沙，县府也许可以照顾得来，但一县地方，往往纵横一百数十里，人口从几万以

① 关于新政的理论，可看杨永泰《我们怎样发挥七分政治的力量》，见《杨永泰先生最近言论集》第一辑。我们参观武昌县政府时，看见县长办公厅的门上，有一横匾，上书“有为而治”四字，是前湖北省主席张群先生题的。在江西临川县，到处都可看到周作孚专员的标语，便是“动”“实”两字。“动”字下有数行小注，语出颜习斋，文云：“一身动则一身强，一家动则一家强，一国动则一国强，天下动则天下强。”在临川县汽车站，看到江西建设厅长龚学遂先生所书的训词，其首句为：“动则勤，勤则积极，积极则乐观，乐观则精神焕发，精神一到，何事不可为！”所谓“有为”，所谓“动”，所谓“积极”，便是新政的精神所在。

至一百几十万，所以由县长来统辖全县的地方和人民，决无此种能力。现在对于管一方面的改革，第一，便是在省与县之间，设一个行政督察专员公署，他所管辖的县份，从数县以至十余县不等。省区较小的可以将全省划分为几个行政督察区域，省区较大的，可以划分为十几个行政督察区域。前者如湖北、江西；后者如河南、四川。督察专员的制度是合已往几种制度冶于一炉而成的新产物。据杨畅卿先生说："专员考核各县，则有类于知府；承上起下，则有类于道尹；自理一县兼管他县，则有类于知州；统领军政，则有类于镇守使。"①从理论上讲起来，自有督察专员，各县的行政，便多了一个直接的监督；各县在治事时遇有困难，便有人来指导；一县以上的共同问题，要合作才办得通的，现在也有一个机关来统筹兼顾。省府添了许多专员公署来帮助他管理各县，以前的各种困难，便可减少许多。再说县以下的组织，以前可以说是无有，现因推行分区设署的制度②，并编查保甲，一盘散沙的民众，才可说是有了组织。实行分区设署的县份，依县境面积，地形，户口，交通，经济状况，人民习惯，酌划县属为若干区，但不得多于六区少于三区。区署中有区长、区员、区丁、书记及录事，好些县份的区署，都分为三组办事，其重要职务，为佐理县府，推行县政。自有区署，政治可以说是又深入民间一步。区署以下，便是保甲的编制。依法令：保甲的编组，以户为单位。户设户长，十

① 《杨永泰先生最近言论集》。

② 各县分区设署办法大纲，系二十三年十二月五日，由南昌行营颁行。施行区域，有河南、湖北、安徽、江西、福建、四川、贵州、甘肃。

户为甲，甲设甲长，十甲为保。凡大乡镇，经编成五保以上的，应设保长联合办公处，由保长互推一人为联保主任。凡住户稀少的乡镇，应联合他乡镇，照前项规定，设保长联合办公处，但以距离在 20 里以内者为限，倘 20 里内住户不足四保时，得暂缓设立。有了这种组织，政府与民众才可说是打成一片。二十四年度劳动服务的季节来到时，此种组织，便已发生效力。有些县份凭一纸的命令，便可号召壮丁数万人，同日从事筑路筑堤等工作，而秩序井然，有条不紊。发号施令的简便，如身之使臂，臂之使指，在无组织的时代，无论如何是做不到的。

新政中管的方面，添了多少费用呢？专员公署的经费在各省的概算或预算中是查得到的。举几个例来说，在二十四年度，湖北的督察专员公署经费，是 396000 元，河南是 607200 元，江苏为 208320 元，江西为 405144 元，安徽为 552000 元。换句话说，自有专员公署，省府的支出，便加增了 20 余万以至 60 余万。再说区署的经费。这种经费的支出，多列入县预算中，所以总数颇不易得。依《各县分区设署办法大纲》，区署共分三等，甲等月支 391 元，乙等月支 326 元，丙等月支 263 元。实际各县的区署，很少依照这个办法开支经费的。以江西而论，彭泽县的第一区，每月只支 113 元，余江县的第一区，便月支 329 元，多少大约要看地方上的财力而定。江西全省，现设区署 390 所，年支经费 877272 元。这还不算多的。山东一省，计 800 余区，列入县预算的经费，年需 110 余万元。[①] 河南于二十四年奉令改区设署，总计全省划

① 《第二次全国财政会议汇编》第二编，308 页。

定406区，全年经费，计1101000千余元。[①] 最后说到保甲的经费。依《修正"剿匪区内"各县保甲经费收支规程》，保甲经费，每保每月以5元为限，联保办公费，由各保在5元之内分摊。此种经费，既非统筹，所以一县之内，保甲经费共有若干，县长都回答不出，全省保甲经费的总数，更无从估计了。山东的乡镇公所，其地位等于联保办公处，据云全省乡镇18000余处，虽规定月支10元，令其自行摊筹，亦在200万元以上。[②] 湖南的乡镇公所，经费最多的，月支30余元，少的仅年支六七十元。保长有津贴的，仅长沙等25县，其津贴数目，最多每月不过3元，普通每年仅有津贴一二十元。此种零碎估计，虽可见保甲经费的一斑，但无从估计其全体。只有江西一省的保甲经费，在二十五年度是统筹的，我们可以举他来作一个例子。江西的保甲经费，系就田赋、普通商业营业税、屠宰税，各加20%，由省府统收统支。全年预计可收140余万元，支出预算为1109988元。其开支方法，保联分为三级，凡辖16保至20保者为甲级，11保至15保者为乙级，6保至10保者为丙级。甲级保联月支38元，乙级保联月支30元，丙级保联月支24元。保办公处经费，则概以每保月支1元计算。保办公费每月1元，实际是不敷的，所以江西省有一计划，将来干部训练完成，经费充裕的时候，保联政务费，以每月25元计算，年支750000元；保政务费，以月支5元计算，年支1560000元。两项合计，为2310000元。这个数目，大约可以代表普通省份的理想保甲经费了。所以拿江西一省来说：督察专员公署、区署及保甲三项经费，每年实支，

---

① 《五年来施政方针》，17页。

② 《第二次全国财政会议汇编》第二编，308页。

已超过230余万。如保甲经费,照理想的办法,便要超过350余万。这是一个普通省份对于“管”的方面所添出来的费用。①

次说“教”。中国文盲数目之高,以及失学儿童之众,是大家所痛心疾首的。根据二十年度初等教育统计,全国小学儿童数为1166万余人,失学的学龄儿童,约尚有3000余万。在学儿童,仅占学龄儿童23%,距离普及之境甚远。为补救这种缺点起见,教育部于二十四年五月,曾提出《义务教育暂行办法大纲》,于二一四次行政院会议通过。其办法系将义务教育,分作三期推行。自二十四年八月起,至二十九年七月止为第一期,在此期内,一切年长失学儿童,及未入学之学龄儿童(自6岁至12岁),至少应受一年义务教育,各省市应注重办理一年制的短期小学。自二十九年八月起,至三十三年七月止为第二期,在此期内,一切学龄儿童,至少应受两年义务教育,各省市应注重办理二年制的短期小学。自三十三年八月起为第三期,义务教育之期间,定为四年。这可以说是一个伟大的教育计划。依照这个计划,到了民国二十九年,全国12岁以下的儿童,应当没有一个文盲。这个铲除文盲的计划,大约要花

① 新政中对于“管”的改革,还有两项,是为人所乐道的,便是“合署办公”及“裁局改科”。《省政府合署办公办法大纲》,系于二十三年七月一日,由南昌行营颁行。大纲第九条说:“省政府及各厅处之组织及员额,厉行改革后,所有节余之经费,悉数拨增各县政费。”《各县政府裁局改科办法大纲》,系于二十四年一月四日,由南昌行营颁行。大纲第七条第三项,说:“县政府裁撤各局所节余之经费,应移充本县事业费及分区设署经费。”照立法者的原意,似乎这两种设施,可以省下一部分经费,移作区署等新政的费用。但实际并不能与理想相符。合署办公省下来的钱是有限的,办这件事最有成绩的湖北,每年不过省20余万元,别的省份,还做不到这种地步。至于裁局改科,是否可以节省经费,还有讨论之余地。根据湖南的情形来说,那儿的教育局长,月薪有18元的,多者亦不过60元。财政局长,普通月薪为40元。如改局为科,一律照科长待遇,月支薪水80元,反而要加增经费。所以管的方面所添出来的费用,假如不是全部,至少是大部分要另筹的。

多少钱呢？照原定的办法，义务教育的经费，大部分是要由地方政府负担的，中央政府，只能津贴一小部分。各省县在推行义务教育时所添的负担，可以湖南省为例。湖南省二十四年度义教经费，规定省筹60%，县筹40%。省方预算支出总数，为297070元。各县自筹之40%的经费，一等县为3240元，二等县为2160元，三等县为1080元。各县筹款办法，据云或增收税捐，或摊募捐款，或动拨余款息金，或整理原有收入，或指拨原有捐费，或催缴各项亏欠，或在预算内移项开支。各项办法之中，以采用第一第二两种办法的为多，其结果影响到人民的担负，是显然的。据湖南教育厅的估计，在推行义务教育的第一期内，第一年预算经费为427000元，第二年为764900余元，第三年为1529800余元，第四年为3059600余元，第五年为4980400余元。所以义教的经费，是每年加增的，五年后的支出，比现在还要加重数倍。江西省的义务教育计划，在二十三年十一月便订定了，其办法系利用保甲组织，每保设立一校，名为保学，为推行义务教育的机关。各保应筹保立小学经费总数，因保的大小不同，所以有三种规定。过120户的保为甲种保，年筹252元。101户至120户的保为乙种保，年筹228元。80户至100户的保为丙种保，年筹204元。保学的进展，可以从下列的数目字中看出。二十二年度学校数为5900，学生数为244645人，经费数为2022704元。二十三年度下期，增加学校2776个，增加学生139940人，增筹经费656731元。至二十四年度上期，增加学校10196个，增加学生498575人，增筹保学经费1580604元。依这种速度加增下去，每保一小学的理想，不难于两三年内达到。到那个时候，保学的经费，共需若干呢？现在江西至少有25000保，保学的经费，如平均照乙种保的规定开支，每保年筹228元，全省每年便要筹570万元。这个数目，与湖南在完成第一期义务教育时，所费相差不过70余万。所以一个普通省份，如湖南或江西,如想给学龄儿童以一年的义务教育,大约要花500万。这是铲除文盲最低的代价。① 至于民众教育,播音教育,各地虽然都有零碎的工作,但因没有大规模地进行,所以花费也还有限。

三说"养"。养的工作,可以说是地方政治一个主要的目标。有些工作,如修堤、仓储、造林,以前的地方政府也办过,但是到近几年,各地政府,才大规模地,有计划地去干。这些工作,除仓储外,大约只费民力,不费民财。另外如合作社的普遍组织,农作物的积极改良,以及农工副业的提倡,却是最近的事。后两种工作,还在研究的过程中,没有什么显著的成绩可述。合作社在民国二十四年以前设立的,只有13707个,在二十四年一年内设立的,便有12517个,可见最近合作事业,突飞猛进的状况。合作事业的基金,有一部分要省府担负,省府当然是取之于民,不过这个数目是很小的。合作事业的发达,结果是会减轻人民的负担,因为高利贷者及奸商,遇到一个地方,有很好的信用合作社,或运输合作社,便无从施其剥削手段了。"养"的工作中,费用最大的,还是公路的修筑。中国公路,每公里平均造价,平地约6000元,山地约8000元。中国的碎石路,每年每公里,平均养路费,约250元。② 公路的里

① 在教的费用内,我们因为材料有限,只提到义教的经费。此外还有一种干部训练的工作,在各处是普遍的,但其费用无从估计。干部训练,在推行新政时为必不可少的工作。因为现在这一套新政,旧的人固然不十分了解,就是从学校出身的人,在课本里也学不到。为使新政顺利进行起见,只好把现在从事实际政治工作的干部,集中训练。县长与专员,在南京已训练了好几期。县佐治人员、区长、联保主任,在各省省会中受过3个月以至6个月的训练的也不在少数。有些省份中,还在计划如何训练保长甲长,这种人的数目太多了,将来只好集中在县府训练。每次受训的人、旅费、津贴以及其他的开支。共需若干,现在还无法知道。

② 经济委员会编《中国公路交通图表汇览》,11页。

程，在民国十年，只有1185公里；十六年底，加至29170公里；二十四年底，加至96345公里。[1] 这90000多里的公路，如每里造价以7000元计算，便需67000万元。全国经济委员会，自二十一年至二十四年年底止，拨借各省公路基金，只有949万余元，[2]这在造路费的总数内，真如沧海之一粟。其余的造路费，一部分见于省预算。历年来各省建设厅的主要工作，便为筑路。各省的建设费，也大部分用之于筑路。如二十三年度江西公路建筑费为1459386元；二十四年度湖北之公路建筑费，为3000000元。但大部分的公路，还是征民工或兵工，用民料民田来筑建的，政府并没有支出上面所列那样大的造路费。[3]

最后说"卫"。数年以前，各省的保安团队，并不统一。各县斟酌本地的需要，及经济能力，编成保安队若干名。这些保安团队，训练既不充分，指挥又不统一，所以遇到大批股匪时，毫无抵抗的能力。南昌行营有见于此，所以于二十三年七月，颁行《各省保安制度改进大纲》，目的在使保安团队统一于县的，进而统一于区，再进而统一于省。凡已统一于省的保安团队，便可目为省军，在剿匪方面，虽然成

① *Annual Report of the National Economic Council*, 1936, p. 21.

② 经济委员会编《中国公路交通图表汇览》，第九表。

③ 公路在政治及文化上的功用，是大家都承认的，但对于大多数农民的福利，直接的有何贡献，却是疑问。所以把筑路看作"养"的工作之一种，一定有人要提出异议的。我们对于这种意见，表示同情。公路对于大多数的农民，并无经济上的贡献，是很明显的。大多数的农民，并不作长途的旅行，即有，一年也没有几次，所以坐汽车的机会，是有限的。至于他们的农作物运往市场也用不着汽车。据全国经济委员会的研究，汽车运货，每吨每公里，一等货要五角六分，二等货四角，三等货二角四分。帆船运货，每吨每公里，取洋二分至一角二。四兽拉、二人驾驶的大车，运同样的货，走同样的路程，只取洋五分至八分三厘。所以农夫运货，决用不着汽车。此处把筑路与"养"同讨论，完全是为分类的方便起见。其实把他看作一种"卫"的工作，也可以的。

绩未能尽如人意，但比前几年的情形，总算有点进步。保安经费，在未统收统支的时代，数目难于估计，自统一于省之后，省会设有保安经费总经理处，便容易考核了。湖北的保安经费，一部分是由亩捐来的，二十四年度为4622300元，另一部分，由省府直接开支，二十四年度，省预算列为979254元，两个数目合起来，为5601554元。湖南保安团队经费，出于附加，现在每正税一两，收保安附加四元二角，二十四年度保安附加的总数，为5238535元，与湖北的保安经费，为数相差无几。不过湖南的团队，统一于省之后，各县感觉到还需要一种自卫的武力，所以在保安团队之外，各县还有一种有枪义勇队，其经费也是出自附加，名为义勇附加，数目各县不等，二十四年度义勇附加的总数，是1167390，连保安附加，已超过640余万，真是一个巨数了。湖南有些县份，除有枪义勇队之外，还有所谓"直辖排"的，经费无统计可考。江西的保安经费，二十四年度为420万元。此外还有一种碉堡守护队，系就当地有枪义勇队编组而成，守碉壮丁，月支伙食津贴3元，每碉月给灯油茶水2元，统由保甲户捐项下附带筹支（指二十四年度以前而言）。此种费用，据估计，约在400万元左右。现因治安无虞，守碉队除萍乡，修水等十县外，均已取消，民众的负担，可以减轻不少。我们看了上述三省的情形，可知各省的保安团队，每年需款约500万元，这个数目虽大，比较没有统收统支的时候，一定还要减少许多。以江西而论，该省团队经费最多时达1200万元，较现在的经费，几大三倍。将来的团队，如能加以整理改编，大约还可以省出一部分的钱，来作别种事业之用。"卫"的方面，除上面所说保安队，及前面所说保甲及公路，与自卫均有关系外，还有两种新的工具，也是可以加增民众自卫的力量的，一为碉堡，一为电话网。碉堡虽然不能对付飞机及大炮，但在内地自卫，却是唯一的武器。[①] 现在凡是经过战乱的地方，都有碉堡，湖南各县，在二十三年年底已筑有碉楼碉堡土寨共4600余座。江西的碉堡，约10000座，以平均每座建筑费600元计，便要600万元。以江西临川县而论，各区署及各联保办公处，都设有电话，一有警报，随时可通知县府或区保安司令部，司令部得讯后，便可用大汽车运团队至出事地点清剿，其迅速的程度，比起以前出警时，须徒步报县，团队也只能徒步追剿那种情况，当然不可相提并论了。电话机与电杆木的用费，大部分都是由各保摊派而来，其实数无从估计。电话网的维持费，在有些县份，也是出自附加，如衡阳县每年电话附加，为一角五分（即每正税一两加此数）。该县二十四年度，尚有飞机场附加，为一元二角，也可视为自卫的一种花费。卫的新政中，还有一种是极重要的，便是民众训练。中国的民众大部分都没有受过公民的教育及军事的训练，所以在平时不能做一个好公民，战时也不能背枪支以卫疆土。这是一件十分危险的事。为矫正这种缺点起见，民众训练，是目前最急迫的问题。民众训练的内容，当然是政治与军事并重，但军事尤其重要。现在的民众训练，有几个最难解决的困难，第一便是民众怕受军训的心理。中国古代的教育，本来是文武兼重的，人人都能上战场，也不怕上战场。东汉以后，文武分途，武德扫地，人民渐视当兵为畏途，其结果便造成“好汉不当兵”的谬误心理。此种心理如不打破，则民众的军事训练，决无彻底之可言。改变这种心理，治本的方法，当然是要从教育下手。第二种困难，便是

---

① 在四川曾听贺国光参谋长讲碉堡，第一句即为“我们要信仰碉堡，是我们剿匪及自卫唯一的武器”。此种经验之谈，很可注意。

经费。据某省估计,该省共有49316保,如每保设一助教,月支8元,月共需费394528元;每3保设一分队长,月支20元,月共需328780元。两共月需经费723308元,不但某省无此力量,全国各省,大约没有一省有此力量的。解决的方法,最好利用联保主任、联保书记,使他们分任队长与助教之职,民众的军事训练,便归他们主持。不过在实现这种理想之前,联保主任与联保书记,须先受严格的军事训练,他们回去之后,可以训练保长,保长可以训练壮丁。这种办法,用费当然比另外组织干部要省许多。

以上"管"、"教"、"养"、"卫"四种工作,每种只举出几件重要的来说,并未一一条举。只就已经提出的而言,在一个普通的省份里,如一一都做到,便非1000万元不办。这个数目,并非固定的,有日渐加增的趋势。地方财政与地方新政的关系,经此分析,当已明显,不必再费词了。

(三) 问题的提出

从上面的讨论,我们可以发现下面一个连环:人民的负担加重,是由于政府的支出增加,支出增加的一个原因,是由于推行新政。这个问题,应该如何解决呢?

第一派人,看了上面的分析,自然地要下一个类似下面所说的结论。现在推行的新政,既然可使地方的支出增加,而支出增加,必然地加重人民的负担,那么最适当的办法,便是停办新政。这一派的人,还可举出历史上许多事实,来做他们理论的护符,因为历史上"无为而治"的例子,实在是很多的。但是现在的环境,与历史上任何时期都不相同。现在一个国家,假如想在国际中谋生存，人民没有组织是不行的，不受教育是不行的，不加增生产的力量，提高人民的生活，也是不行的，没有自卫的能力，没有作战的本领，更是不行的。“管”、“教”、“养”、“卫”的各种设施，就是想使一盘散沙的民众，变为有组织的民众；不识字不懂事的民众，变为有公民常识，有国家观念的民众；生产力薄弱，生活程度低下的民众，变为生产力厚大，生活程度超过饥寒线的民众；不能御侮，不敢上阵的民众，变为能够守土击敌的民众。这些设施的目标是无可非议的，是急不可缓的，虽然在实施上，在方法上，还有讨论的余地。假如在这种时候，还想回到汉初那种无为的政治，那么国家的灭亡，可以计日而待。所以数年来各地所推行的新政，不但不能取消恐怕还要充实；不但不能减少，恐怕还会加增。时势逼得我们的国家，不得不如此做去。

新政既然非推行不可，那么地方政府的财政，有什么出路呢？人民的负担，有什么方法减轻，或者至少不再使他加增呢？

这是我们愿意提出来的问题。

（四）解决的途径

现在各省整理财政的各种方法中，有一个方法，可以加增收入，而不致加重人民负担的，便是整理田赋。

整理田赋，应该包括三个方面，一为地籍的整理，二为科则的改订，三为征收方法的改良。先说整理地籍，现在各地的地籍，有的已完全遗失，有的仅凭粮房书吏的记忆，有的册书虽在，而与实际情形，毫不相符。整理的方法，在各地实行的，不外三种，一为土地陈报，二为土地清丈，三为航空测量。土地陈报，费用最少。

江宁县平均每亩费用，为五厘三毫；萧县为六厘四毫，宜兴为七厘八毫，兰溪为八厘六毫。当涂最费，每陈报一亩平均费用亦不过一分四厘。[①] 土地清丈的费用，各地多寡不等。湖南清丈，每亩所摊测量费，多者如汉寿，每亩费洋二角五分；少者如南县，只九分八厘。湖北各县清丈，每亩地平均支用清丈费一角三分。江西为办理航空测量最有成绩的省份，其所需经费除南昌一县支用40万元外，新建等82县，预计10681195元，按照农地总面积35216762亩计算，平均每亩约需航测费一角一分一厘，调查费二分二厘，计积费一分六厘，制图费三分二厘，造册费三分二厘，登记给证费八分，连机关行政费在内共需三角。所以从整理地籍的费用着眼，土地清丈与航空测量，都较土地陈报花费得多，但从成绩的正确着眼，土地陈报，又远不如土地清丈与航空测量。所以为治标计，及为穷苦的县份着想，整理地籍，可用土地陈报，但治本的方法，还是要用清丈或航测。这三种方法，无论用哪一种，成绩都很可观。以土地陈报而论，苏皖已办陈报各县，言亩数，则萧县溢出112万余亩，沭阳溢出172万余亩，江都44万余亩，当涂29万余亩。言税额，则江都盈收9万余元，萧县4万余元，当涂11.7万余元。[②] 以土地清丈而论，湖北武昌共六区，纳赋之田仅1057000亩，现只丈竣二区，已丈出749000亩；汉阳共七区，纳赋之田仅675000亩，现只丈竣三区，已丈出64万亩；汉川共六区，纳赋之田仅52万亩，现只丈竣一二两区，已丈出52万亩，由此可

① 看《江宁县政概况》，土地陈报编，及张宗汉《实施土地陈报之商榷》，《汗血月刊》七卷二期，131页。

② 孔祥熙，《整理地方财政简要报告》（二十四年十月）。

知这几县里，将来清丈完竣时，纳赋的田地，一定可以加增二三倍。江西南昌县的航测成绩，可作一切航测的代表。南昌县总面积，据航测结果，为 1535533 亩，较江西赋役全书所载田亩数 1238918 亩，计溢出 296615 亩。全县每年应纳地价税总额为 545595.8 元，较原有田赋额征数 373530.5 元，溢出 172065.3 元。由此可见地籍整理之后，赋税可以加增，溢出的赋税，都是以前逃赋的人所纳的，乃是他们分内应交政府的款，不交是违法，交了并不能算是加重负担。

整理田赋的第二种方法，是科则的改订。旧的科则名目繁杂，税额参差，其结果是："良田万顷，租税有限；尺土寸滩，负担奇重。或竟高楼大厦，占地千方，毫无赋税；或则山角水涯，立锥斗种，难应催呼。"①举例来说，江苏每亩正税，自二厘零五角至二元零五角，最低与最高，相差 1000 倍。以各县平均数言之，苏松亩科正税六七角，海门涟水，仅二分余，相差亦 30 倍以上。浙江每亩正税，自一厘至八角，相差 800 倍。江西正税，每亩自六厘三毫，至六角四分九厘五毫，相差约百倍。② 所以改订科则，使高低相差，不致如此之巨，也是加增税收，平均负担的一个方法。湖北整理田赋的一个方法，便是改订科则。在没有改订以前，湖北的正税，有很多县份，如襄阳、枣阳等，一律都是六分。税则高的地方，如阳新县，上则田每亩纳税三角六分，中则田一角八分，下则田一角六分。又如蒲圻县，上则田正税每亩三角，中则田二角八分，下则田一角。这两县的下则田所纳的税，比许多县份的上则田还高，这是极不公平的。

① 《第二次全国财政会议汇编》，第二编，41 页。

② 同上注，141 至 149 页。

现在鄂省拟将赋率过低的，酌予进级。凡上则田地，原定赋率，每亩不及一角二分的，一律改为一角二分，其在一角二分以上的照旧。中则田地，原定赋率，每亩不及一角的，一律改为一角，其在一角以上的照旧。下则田地，原定赋率，每亩不及八分的，一律改为八分。其在八分以上的照旧。这样修改之后，平均赋率，可增出赋额723000元。对于原来纳税已高的地，并未减轻，对于原来纳税太低的地，却已加重了。这种办法，还未合乎理想。合乎理想的办法，可以江苏萧县为例。萧县在改订科则以前，民田每亩税率，为三角一分三厘，卫田每亩税率，为一角三分四厘。自土地陈报完毕，田亩溢出之后，乃改订科则，将全县田地，分列为四等，一等地每亩正附税合计征银元二角五分，二等地二角二分，三等地一角六分。以一等地的新科则，与二十四年度拟征税率之三角一分三厘比较，减少六分三厘；以二等地比较，减少九分三厘；以三等地比较，减少一角三分三厘。平均减少八分二厘二毫，计较原有税率轻26.2%。卫田税率，因历史沿习，已较民田为轻，为免畸重畸轻之弊，略事增高，一律比照三等地取税，以求均平。① 所以萧县的办法，一方面把纳税太低的地，略为加重；同时把纳税已重的地，又酌量减轻。一方面把人民的负担平均了，一方面省县库又盈收了41000余元。这是改订科则之合乎理想的。

第三，我们可以略论征收方法的改良。以前的田赋在征收方面，弊病非常之多，结果是人民拿出来的钱，只有一部分入了国库，其余一部分却入了私囊。如江苏某县，在本年二月间，曾发现一粮柜舞弊巨案，总柜私吞公款凡20余万元。据此人口供，前任总柜，

① 《江苏省萧县土地陈报概略》，7至8页。

私吞公款比他还多,数达 50 余万。这些私吞的钱,一部分要分送当地绅士,看其势力的大小,或数千金或万金不一。倘县长追究,得由受贿绅士,出面说情,或贿赠县长,即可无事。各地这种贪污集团,没有被人发现的,一定不在少数。改革的方法,经专家提议的,如经征与收款机关的分立,如规定册串款式,如每日收款的报销,及报销数目的缴查,都是应当即行的。但最重要的一点,还在征收人员的考选,以及考选后成绩的严密审核,河南、湖南,现在都朝着这方面去做,希望可以使舞弊的事,日渐减少,而税收也可因之而日有起色。

以上所述整理田赋的三件事,如一一做到了,省县府的收入,当可加增许多。有的省县,整理之后,田赋可以加增一倍,甚至二倍,但也有些县份或省份,恐怕在整理之后,即加增一倍也很困难。所以整理田赋的事,固然是各省应当办的,而且是目前可以就办的,但如希望办了以后,地方财政上的困难,便可解除,以后应付新政的费用,便可绰有余裕,那就未免太过乐观了。现在各省的税收,固然可以整顿的还多,不但田赋如是,营业税、契税等等,亦复如是。但整理后所产生的美满结果,是有限制的。由整理税收而加增的收入,决不能满足一个有为的政府的需要,这是可以断言的。

那么我们除了整理税收之外,还有什么别的办法呢?

在回答这个问题之先,我们要认清楚一件事实,就是古今中外,没有一个以农立国的国家,其人民是有组织的,其教育是普遍的,其生活程度是超出贫穷线以上的,其自卫的能力是攻击不破的。为什么呢?因为管、教、养、卫几件事如想办得真有成绩,非有巨大的剩余财富不可。而以农立国的国家,生产的力量很低,收获所得,除维持一家的生计外,便剩余无几。这无几的剩余,即使政府用各种捐税的名目,把他集中起来,也不能成一巨数。数既不大,所以政府能办的事也有限,此为以农立国的国家,百样事业落后的最大原因。现在我们的政府,在管、教、养、卫四方面,都想追随欧美诸先进国的后尘,这种企图,自然是应当的,可惜我们的生产基础不够,我们还没有在农业以外,发展其余的实业,还没有以新式的生产方法,来加增我们的生产力量。以一个农业的国家,而想办工业的国家所已办或要办的事,所以处处发生困难,处处感到财力不够,而终达不到与欧美诸先进国并驾齐驱的地步。

假如这一点观察是正确的,那么我们的政府,于整理税收之外,还要积极的从事于培养税源的工作。所谓培养税源,便是设法使中国的经济生活现代化。我们应当于改良农业的生产方法之外,从事于各种事业的发展。应当摒弃古老的筋肉生产方法,采用近代的机械生产方法。如此,生产力才可加增,财富也才可加增。到那时,即使政府取之于民的,比现在多两三倍,人民也出得起,因而便不会感到负担的重。现在中央政府的收入,约 10 万万,地方政府的收入,以全国各省县及特别市合计,不过 6 万 5 千万元左右。① 中央与地方的收入合计,为 16 万万余元,以中国 4 万万人口分派,每人的担负,也不过 4 元而已。但别的国家中的人民,每人对于各级政府用费的担负,英国为美金 135 元,美国为 102 元,加拿大为 76 元,德国为 65 元,法国为 51 元,意大利为 35 元,日本为 23 元。② 在现在的生产方式之下,如将中国人民对于政府的平均担负,从 4 元改为 8 元,人民一定

① 地方政府收入的估计,见《金城银行营业报告》(二十四年份),第 44 页。
② 此为 1927 年的估计,见美国出版的《社会科学百科全书》第 6 册,第 10 页。

是疲不堪命，甚至大部分的家庭，都会因此倾家荡产。但是如果我们的生产方法已经改变，已由以农立国的国家，变为以各种实业立国的国家，已由筋肉的生产，进至机械的生产，那么人民的担负，加至与英美一样，即使做不到，但追随日本、意大利，却是很可能的。如中国人民对于政费的担负，与日本一样，便要比现在加增6倍；如与意大利一样，便要加增9倍。只要经济生活已经改造，这点担负，当然是可以举重若轻的。

总括起来说：现在中国的经济基础，支持不住新的政治。为巩固新政的基础起见，中国人民的经济生活，非彻底的现代化不可。因此，国民经济建设，可以说是目前最基本、最急切的工作。

七　近代都市化的背景

近代社会与中古或上古社会的差异，当然是很多的，其中最可注意的一点，便是人口的都市化。所谓人口的都市化，至少包含两种意义。第一，从人口的地理分配上看去，以前的人口，除了极少数之外，都是住于乡村中的，但从19世纪以后，住于乡村中的人口，其百分数有下降的趋势，而住于都市中的，却逐渐加增。第二，从人口的职业分配上看去，以前的人口，除了极少数之外，都是在农业中谋生，但从19世纪之后，从事于农业的人，逐渐减少，同时在别种实业中谋生的人，却逐渐加多。这种现象，给他一个简单的名词，便是“都市化”。

虽然都市在古代便已有了，但数目并不很多。就拿人口满10万以上的都市来说，在16世纪初叶，欧洲只有7个，到19世纪初叶，也不过22个。但在19世纪的末年，便有146个了。1920年，便加至

202 个。[1] 中国同样的都市，在 16 世纪到底有几个，惜无统计可考。在 1873 年，根据海关的报告，有 9 个商埠，人口在 10 万以上。1930 年的报告，表示这样的商埠，便有 24 个。实际中国的都市，人口在 10 万以上的，当然不只此数。托格雪夫（Boris P. Torgasheff）在 1930 年 4 月 3 日出版的《中国评论周报》上，发表了一篇文章，估计中国都市，人口在 10 万以上的，有 112 个。[2] 哲佛生（Mark Jefferson）曾在美国的《地理杂志》上，做了一篇论文，讨论全世界都市人口的分布。据他说，世界上的都市，人口在 10 万以上的，共有 537 个，其中有 112 个在中国。他的材料，不知是怎样得来的，但与托格雪夫之说相吻合。[3] 无论这个数目，是否可靠，有一点大约是真的，便是中国近来也慢慢走上都市化的路了。

我们假如分析百万人口以上的都市，更可看出都市化的趋势。世界各国，在 19 世纪以前，是否有百万人口以上的都市，很是一个问题。埃及及巴比伦的都市，其人口数目，今已不详。希腊的都市，人口在 10 万以上的，屈指可数，但没有一个达到百万的。关于罗马的人口，在他最盛的时代，是否达到百万，各家的估计并不一致。有人说他在 1 世纪时，人口不过 75 万，也有说他已有 125 万的。[4] 汤姆生（W. S. Thompson）以为在汽机没有发明之先，因为运输不便的缘故，

---

① 16 世纪欧洲都市的数目，采自 Weber, A. F., *The Growth of Cities in the 19th Century*，第 449 页。19 世纪及 20 世纪欧洲都市的数目，采自 Sorokin, Zimmerman and Galpin, *Systematic Source Book in Rural Sociology*，第三卷 635 页。

② Torgasheff, Boris P.,"Town Population in China," *The China Critic*, Vol. III, No. 14 (April 3, 1930), pp. 317-322.

③ Jefferson, Mark,"Distribution of the World's City Folks, A Study in Comparative Civilization", *The Geographical Review*, Vol. XXI, No. 3 (July, 1931), pp. 446-465.

④ Howe, F. C., *The Modern City and its Problems*, p. 19.

人口集中到百万以上,是不可能的。所以他很怀疑罗马在他最盛的时候,是否有百万人口。① 维白(Adna F. Weber)也说当年的罗马,大约有60万或80万人,决不能超过百万。② 但是罗马后来衰微了,在14世纪中叶,人口还不到2万人。假如把罗马除开,我们可以说是在19世纪以前,历史上没有满百万人口的都市。中国历史上的都市,如两汉之长安洛阳,如六朝之金陵,如隋唐之扬州,如南宋之苏杭,其人口是否超过百万,我们不得而知。虽然诗人与史家,对于中国古代的都市,有铺张很盛的,如唐人咏金陵,便有"金陵百万户"之句,但这种数目字,我们决不能把它当统计看的。

在1800年,世界上最大的都市是伦敦,那时他的人口,只有95万余。巴黎当时还不到55万。1850年,伦敦与巴黎都超过百万了。1900年,世界上百万以上的都市,约有11个。近来世界上满百万人口的都市,大约在30左右,其中有三个在中国;便是北平、天津、上海。③

---

① Thompson, W. S., *Population Problems*, p. 272.

② Weber, A. F., *op. cit.*, pp. 448-449.

③ 汤姆生在他的《人口问题》第273页,有一个表,说明近数10年100万人口以上的都市,常有增加。1900年,11个人口满100万以上的都市为纽约、伦敦、柏林、巴黎、芝加哥、东京、维也纳、费城、加尔各答、君士坦丁、莫斯科。1930年满100万以上的都市,据他表中所载,计有19个。但据1931年的World Almanac所载,世界上满100万人口的都市,除美国外,共有25个。又根据美国1930年的人口统计,人口满100万的都市有5,所以合起来共有30。但World Almanac所举的15大都市,其中有香港(1075000人)、杭州(1000000人)、汉口(1500000人)三处之人口统计不可靠,此外又遗漏了天津。假如我们从该表中,除去香港、杭州、汉口,加上天津,其总数便为28。今按字母之先后,排列如下:

Lerlin, Bombey, Budapest, Buenos Aires, Cairo, Calcutta, Chicago, Detroit, Glasgow, Hamburg, Leningrad, London, Los Angeles, Melbourne, Moscow, New York, Osaka, Paris, Peking, Philadelphia Rio Janeiro, Sao Paulo, Shanghai, Sydney, Tientsin, Tokyo, Vienna, Warsaw.

近代都市发展的情形，已如上述。现在我们要讨论的，便是最近100余年，都市发展的原因。换句话说，我们要寻求都市化的背景。关于这个问题的材料，自然是欧美的历史中最丰富，因为欧洲有好些国家，其都市化的程度，比较他国为深。中国虽有三个100万人口以上的都市，120个10万人口以上的都市，但这些都市中的人口，合起来不过全体人口6.4%。如与英国相比，英国满10万人口以上的都市，虽然只有42个，但这些都市中的人口，却占全体人口44.2%。美国满10万人口以上的都市，虽然只有93个，但这些都市的人口，却占全体人口29.6%。[①] 由此可见中国不过刚走上都

① Jefferson, Mark, "Distribution of the World's City Folks, V Study in Comparative Civilization", *The Geographical Review*, Vol. XXI, No. 3 (July, 1931). 在那篇文章里，哲佛生以各国人口在大都市（满10万以上的都市）中百分数的多少，定各国都市化的深浅。他所计算的国家，总数共为70。其中都市化程度最深的国家前10名如下：

国名	人口10万以上的都市	都市化的程度
澳大利亚	6	47.8
英国	42	44.2
新西兰	3	34.5
奥国	3	32.5
美国	78	28.6
荷兰	6	27.5
德国	46	26.6
阿根廷	4	25.8
乌拉圭	1	25.5
加拿大	7	24.7

此处所用的统计都是1927年左右的。哲佛生在1933年正月份的《地理杂志》中，又发表了一文题为 Great Cities of 1930 in the United States with a Comparison of New York and London，在这篇文章里，他说美国在1930年。大都市的数目，已增至87，但没有算出这些都市中的人口，占全人口百分之几。87这个数目，也许是不对的，因为根据美国1933年的统计摘要（Statistical Abstracts of the U. S.）第48页，说是美国的都市，人口在10万以上的，共有93个，人口占全体29.6%。文中所用的美国统计，便根据此书改正。

市化的路，比较英美等国，相差的程度很远。因为如此，所以这些国家的经验，很可以作我们的参考。

(一)

普通的人，谈到都市化问题，都知道他与工业革命的关系，其实都市的发展，与农业革命也很有关。农业革命这个名词，在各国的历史中，意义并不完全一致，但其结果却都相仿，便是农业革命之后，农业中容纳不下以前那样多的人口，于是很多的人，便都离开了乡村，到都市中去谋生了。这种现象，是使都市膨胀的最大原因，因为都市的生育率，较之乡村中为低，假如他们只靠自然的加增，不借助于外来的移民，他们决不会膨胀到现在这一步。纽约在1790年，有49401人，到了1920年，便有5620048人。假如纽约在过去130年中，其自然加增率，与1920年一样，那么原来的49401人，在1920年，只有190000个子孙，所以纽约之成为美国第一个大都市，得利于移民的力量不少。这些移民，一部分是美国的乡村中去的，一部分是他国的乡村中去的。① 别个都市的历史，如加以分析，其结果一定与纽约相仿佛。

所以我们可以说农业革命，是近代都市化的主要原因。农业革命的方面很多，最可注意的一点，便是生产技术的改变，机器代替了人工。泰娄(Carl C. Taylor)对于此点，曾举数例如下：

> 1830年，在美国如欲生产一蒲式耳的麦，需人工三点三分

① Burgess, E. W. (Editor), *The Urban Community*, pp. 125-126.

钟。在1894年，只要10分钟就够了。……1855年，如生产一蒲式耳的玉米，需时四点三十四分。但在1894年，只要四十一分钟就够了。1860年，生产并收割一吨干草，需要三十五点半钟。可是在1894年只要十一点半钟。1844年，生产一磅籽棉，需时十三分钟有奇，一八九五年，便减至四分钟有奇了。①

昆亭史(H. W. Quaintance)曾以美国新英格兰数州为例，证明在这些地方，因为采用农业机器的缘故，生产品的价值虽然增加，可是农人的数目却减少了。他说：

在1880年，新英格兰数州，十岁以上的人，从事农业的，计有304679人；1900年，只有287829人。农业人数的减少，并非因为这些地方农业的衰败，因为新英格兰在1900年所出的农产品价值，较1880年，约高50%。（1880年的农产品价值，为103343566元；1900年，为169523435元。）这种情形，一定是农业机器的采用所造成的，只看新英格兰的农业机器，在1880年，每英亩只分得1.68元，1900年，加至4.49元，便可了然了。②

其实美国不但是新英格兰数州，农业机器的采用，减少了农民的需要，别的地方，凡利用农业机器的，都有同样的情形。美国的农业人口，自1910年以后，便没有加增过，但美国全国的人口，却年年加增，美国的农产品，也在那几年年加增，近来且受了生产过剩的痛苦。

① Taylor, C. C., *Rural Sociology*, pp. 68-69.

② Carver, T. N., *Selected Readings in Rural Economics*, p. 54.

以逐渐减少的农民能够满足逐渐加增的需要便是因为美国的农民，充分利用机器的缘故。①

这种农民减少，农产加增的现象，在以前的历史上是没有的。以前农业技术不良，决不能以少数人的力量，来解决大多数人的衣食问题。所以多数的人，非从事于农业不可。假如多数人抛弃农业，一定会造成田野荒芜，五谷不登的危险。所以古代的思想家，都提倡农业，而鄙弃其他的职业。此点在中国的思想史中，表现得最明显。他们都怕"一夫不耕，或受之饥"，他们都提倡"驱民而归之农，皆著于本"。这种思想深入于人心，所以农业的技术变了，许多人的重农思想还未改变。便在欧美，现在也还有人提倡归农运动。他们以为人口集中于都市，是一件危险的事，最好一部分人，还是回去种田。他们不知农业机器的采用，乡间已没有他们的地位了，只有都市中还有谋生的机会，所以他们到都市中来。解决他们的问题，不是劝他们回去，而是在都市中，替他们找一条生路。

农业革命的第二方面，便是科学知识的利用，最显著的，便是利用化学知识以改良土壤，利用生物学知识以选种。中国农夫所采用的，虽然是集约耕种方法，但每亩的出产量，远不如人，便是因为中国的农夫，没有经过科学洗礼的缘故。今以小麦及玉米的生产量为例。小麦在英国，每英亩可产 32.9 蒲式耳，在德国可产 27.3 蒲式耳，在丹麦可产 41.0 蒲式耳，但在中国只能产 10.8 蒲式耳。比起生产量最多的丹麦来只有四分之一。

① 关于美国人口，农民及农产品在过去 20 年之加减情形，可阅下表：

年份	人口（单位：千人）	农民数目（单位：千人）	农产价值（单位：千元）
1910	91972.2	12659.1	8498311.4
1920	105710.6	10953.1	21425623.6
1930	123630.0	10752.4	

玉米在美国每英亩可产27.8蒲式耳,在西班牙可产24.0蒲式耳,而在中国,只能产11.7蒲式耳,比较美国,还不到二分之一。① 所以耕种及选种的方法改良,可以不加增耕地而加增生产。以前如想加增农业的生产,非多辟耕地不可,多辟耕地,便是对于农民的需要加增,所以古代农产品的加增,与农民的加增成正比例。现在一个利用科学知识的农民,可以不扩充他的农场,不加增他的雇工,便可加增他的生产,所以生产的加增,并不与农民的加增成正比例。不但在耕种方面加增生产不必多添工人,就在畜牧方面也有同样的情形。美国近年来育种学的进步,真是一日千里。他们改良畜种,可以做到不增加家畜数目而加增家畜产品的地步。如以1917至1921的5年,与1922至1926的5年相比,美国的乳牛,在后5年比前5年只加增了4%,但牛乳的产量却加增了22%。食用牛在后5年比前5年减少了8%,但牛肉却加增了9%。猪的数目前后两期,相差无几,但猪肉及猪油,在后期却加增了25%。② 这种统计,表示从事畜牧的人,可以不变或减少,但畜产品还可加增。所以农业(畜牧业包括在内)的科学化,可以使乡村中容纳人口的力量停滞或减少,但农村中的人口,依旧是猛烈的加增,这些过剩的人口,只有向都市去。

美国农业的机器化,科学化,不但使本国的农民减少,都市的人

① 此处统计,除丹麦外,余均见R. H. Tawney所著的*A Memorandum on Agriculture and Industry in China* 37至38页。丹麦统计,见Ainsworth-Davis所著的*Crops and Fruits* 34页,该书引1920年统计,谓英国小麦,每英亩只产28.8蒲式耳。其余国家每英亩的产量如下:荷兰(38.0),比利时(33.6),新西兰(31.2),瑞士(30.2),瑞典(29.2),美国(13.6),澳大利亚(16.1),加拿大(14.4)。中国每英亩的产量在各国中算是最低的。美国因为行大农场及粗耕制,所以每英亩的收获,较欧洲各国为低。但是每人的收获量,美国的农民,平均较任何国家为高,这是大农场的结果。

② 见1929 *Haris Foundation Lectures* 263-264。

口加增。它的势力伸张出去,使别的地方,特别是欧洲东部的国家,受其影响,也走到都市化的路上去。这种变动,我们须从美国的农产品生产过剩说起。美国从事于农业的人,近来虽然不到全体有业的人四分之一,但他们的出产品,在本国还消费不完。这些过剩的农产品,只有望国外的市场推销。美国的农业专家贝克耳(O. E. Baker)曾说过:

> 美国与加拿大的700万农民(十分之九在美国,十分之一在加拿大)靠比他们的数目要少得多的雇工帮助——总数不过占全世界农夫及农工的4%——生产了世界上70%的玉米,60%的棉花,50%的烟草,40%的雀麦及干草,30%的糖(假如把古巴,檀香山,泡多利科的生产也算入),25%的小麦及亚麻子,10%的番薯,6%的裸麦,但是不到1%的米。假如把美国所生产的谷类总和起来,大约有全世界所生产的谷类总量四分之一,如把加拿大所产的也加入,便占全世界产量30%了。①

但是美国与加拿大的人口,只占世界上人口的十五分之一,当然消费不了世界上农产物的三分之一,所以这些剩余的农产物,便销售于外国。同时南美及澳大利亚等处,也因农业机器化及科学化的缘故,有过剩的农产品出售。这些农产品的最大市场,便是欧洲。欧洲的农民,特别是东部的,因为生产方法落后的缘故,其出产品便不能

① 见1929 Haris Foundation Lectures 276-277页。贝克耳的论文,题为The Trend of Agricultural Production in North America and its Relations to Europe and Asia,收入该演说集111至280页。

与美国等相竞争。结果只好放弃农业,加入都市。那些站得住的农夫,竞争而仍能生存的农夫,对于生产方法,都经过一番改造。改造的结果,当然是对于农民的需要减少,利用机器及科学知识的地方加多。因此在乡村中失业的人民,只好往都市中去。所以新大陆的农业革命,不但使新大陆的国家都市化,同时也使欧洲好些国家,不得不走上都市化之路。①

以上所述,偏重于美国的情形。英国的农业革命,在美国之前。从我们的眼光看来,英国的农业革命,最可注意之点,不在他的生产方法的改良,而在田制的改变。此种田制的改变,在英国史中,称为圈地运动(Enclosures)。英国的圈地运动,最重要的共有两次,一次起于15世纪,一次起于18世纪。② 在18世纪以前,英国的可耕地,有一半已经圈起。从1700年至1845年,被圈之地,约有1400万英亩。第二次的圈地,影响于农村人口最大,所以我们格外对他注意。圈地的职务,在将一村的土地重行分配。圈地的目的,在集合小农场而成为一大农场。英国一个村中的土地,在没有圈起之前,共分数种。第一种是耕地,其大小不等,但一个农夫或佃户的耕地,每每分散在各处,并非集于一起的。所以耕种的时候很不方便。第二种是草地,第三种是牧场,第四种是林地。后三种的土地是公有的。凡是村中的人,都可利用他。假如一个村子的人,认为农场的分散,是一件不经济的事,便可请求国会,通过一个特许他们圈地的法律,他们

① Sorokin and Zimmerman, *Principles of Rural-Urban Sociology*, pp. 537-538.

② 关于圈地运动的历史,可看:Gras, N. C. B., *A History of Agriculture in Europe and America*, Ch. 7; Cheyney, E. P., *An Introduction to the Industrial and Social History of England*, pp. 120-125, 185-188; Chapin, F. S., *A Historical Introduction to Social Economy*, Ch. 14。

便可将村中的土地，重行分配。譬如一个农夫，在圈地之前，有三块分散在各处的耕地，圈地之后，便可得一整块的耕地，面积与三块分散的相等。在那整块的耕地四围，他可筑起篱笆来，因此大家都称这种运动为圈地。不但耕地可圈，便是草地与牧场，也可经多数之同意而分派，而由各人圈起。

在圈地的过程中，大地主每得到很多的利益，而小地主却处处吃亏。在分派土地的时候，有时小地主得不到土地，只得到一些金钱，作为赔偿。有时在分派之后，小地主以生计艰难，只好将土地出卖。他的生计艰难的原因，就是在圈地之前，他可充分地利用公地，养猪养羊，以畜牧的所得，来补充他的收入。圈地之后，这点好处，他是得不到了，所以他的进款便见减少。同时因为都市中工业发达的缘故，他的家庭工业，也不能维持，所以这些在乡村中站不住的人，只好加入都市。我们应当记得，英国第二次的圈地运动，与工业革命是同时的。圈地的结果产生出一批无产农民，同时工业革命的结果，工厂勃兴，需要许多的劳动者。于是乡村中的农民，便入都市为劳工了。这些无产的农民，既然加入都市，留在乡村中的，比较都是一些大地主，他们的农场大，资本充足，改良的计划，易于举行，以后英国的农业进步，可以说是圈地运动间接造成的。

美国在农业革命的过程中，并无圈地的必要。一因美国是新辟的土地，占据一个大农场是很容易的事，二因各州及联邦政府的法律，都给农夫以获得大农场的方便。只有在大农场上，才可用最经济的生产方法，便是用人少而收获多的方法。中国的农业，已有数千年的历史，因为人口繁殖的缘故，每个农场是很小的，平均只在 25 亩左右，比 25 亩还小的农场也很多。在这种农场上，决不能采用机器的方法生产，而且农民因为进款低下，无受教育的机会，所以也不能利用科学知识去加增生产。在这种情形之下，扩大农场，乃是最要的办法。农场扩大之后，农业的技术可以改良，以少数人的生产，就可解决多数人的衣食问题，如美国一样。同时因为农业已经改良，所以农村中过剩的人口，加入都市，也决不会有古人所谓“一夫不耕或受之饥”的恐慌。但是如何可以扩大农场呢？吾国的历史与英国不同，当然不能直接抄他们的圈地办法。但是他们的经验，也有可给我们参考之处。如吾国人的农场，有从他的祖宗遗传而来的，有由自己购置的，农场虽小，还是分散各处，圈地的办法，不是集合小农场成为一个较大农场的一条可行之路吗？此外如俄国之集合农场制度，也有可以采取之处。俄国近年的农业革命，不但是生产技术的革命，也是田制的革命。① 中国在这两方面，也是需要改良的。只有这两点都做到了，然后都市化才有好的结果，否则都市化无新式农业做基础，一定要发生饥荒的问题。我们认清楚这一点，所以敢说近代欧美的都市化，农业革命是一个主要的原因。

（二）

都市化的第二个重要原因，便是工业革命。我们如想知道工业革命何以促成都市化，不可不知工业革命以前的工业状况。英国在工业革命以前，工业的组织，经过两个时期。第一个时期，可称为手工工业时期，第二个时期，可称为家庭工业时期。在手工工业制度之

① 关于俄国五年计划中的农业改革，可看 Chamberlin, Wm. H., *Soviet Russia, A Living Record and a History*; Burus, E., *Russia's Productive System*; Farbman, M., *Russia's 5-Year Plan*。

下，工业的单位是很简单的，一个老板，一个或数个伙计，一个或几个徒弟，合拢起来，便可从事于制造的工作。制造品的原料，制造的工具及地点，制造时所需的劳力及管理，制造品成功后的出售，一切都由这个小单位负责经营。老板与伙计，共同操作，感情是很好的，并没有近来资本家与劳动者中间所有的隔膜。手工工业如何转变为家庭工业，我们暂不必管。所要注意的，就是在家庭工业制度之下，制造的步骤，不完全在生产者的手中了。起初有一些商人，对于市场很有研究的，出来担任销售的工作。家庭工业的产品，不必由生产者自己去找市场，制成后便有商人来收，从商人那儿，便可得到售价。后来商人不但收买已经制成的货品，还要在各家庭中定货，在定货的时候，他可以供给原料。工业演化到这个阶级，生产者对于制造所必需的手续，已经不能完全担任了。他所担任的，只是制造的工具及地点，以及制造时所需的劳力及管理。①

中国今日，正在工业革命的初期，大都市中已可以看到工厂工业，但乡村及市镇中，还留着手工工业及家庭工业的痕迹。中国各市镇中的手艺店，便是手工工业的代表。这种手艺店，在都市中也还找得到。譬如：

> 南京铜匠店，铁匠店，锡匠店，盆桶店，竹货店，棕床店等业本地皆谓手艺店。此等店之老板，即为各该店之主要工人。其店之生意少者，店中或仅有店主及学徒一二人。生意甚盛稍有资本之手艺店，则有伙友三四人至八九人。此种伙友在作工上

① 工业革命前，英国的工业组织，见 Chapin，F. S.，*op. cit.*，Chs. 10-12；Hobson，John A.，*The Evolution of Modern Capitalism*，Ch. 3。

为完全工人,不过手艺店之伙友,须兼代店主卖货。①

家庭工业,在吾国各地也很发达,今以江苏省常熟县之放机制为例。

所谓放机者,乃将布机放与工人之家。例如布厂以布机一百架,招女工一百人,具保将厂中之布机领去,而置之自己家中,随时织布,随时交货。故当地之布厂有采放机制者,仅一小事务所,已足办理,并无厂屋亦不见布机。如工人停止工作,不愿继续时,该项布机,须交还原主。在工人请领布机时,一切原料,均由布厂供给,并由厂家发给凭折一扣,借此可以取原料,计工资焉。是项收支,月给一次。厂内支取之纱,重量须与交还之布匹相符合,如有短少,须在工资内扣除。②

家庭工业,当然不限于织布。别的例子我们再举一个。

家庭工业,普通系由一家家属,制作一种商品,有时家主受雇于工厂或工场,其妻室子女则在家中工作如织制花边发网及编织物之类。家庭工业之作工人数,当然不多,但戚友时或加入,而使家庭不啻成为一小工场。家庭工业之工作,有由承揽而得者,有自行办理者。承揽之工作,系由工厂或经纪商,将原料发给工人,令在家中依式制造,造成时向该厂或该商领取工资。例如装储火柴之盒,通常由火柴厂将材料发给工人,在家糊制,

① 《中外经济周刊》226期(南京各种工商业之调查)。
② 《中外经济周刊》214期(常熟之经济状况)。

制成后交厂换领工资。此种办法,于无须监视之工作,颇为相宜。自行办理之工作,由工人自备资本及材料,从事制造,物品出产后,自赴市场或沿街出售,或售与批发商人。沿街叫卖之玩物,及其他简单物品,即属此类。①

这些都是中国现在的情形,但是我们读到这些记载,便如读英国18世纪以前的历史一样。这些手工工业及家庭工业,在英国18世纪以前,也曾盛极一时,但现在却都消灭了。中国这些手工工业,及家庭工业将来恐也难免步英国历史的后尘。我们现在所要讨论的,便是工业革命之后,为何手工工业及家庭工业便难于立足。手工工业家庭工业的衰微,以及工厂工业的勃兴,又与都市化有何关系。

工业革命,所以能打倒手工工业及家庭工业的原故,乃是因为工厂的出品,较旧式工业的出品,价钱要便宜得多。陈令(E. P. Cheyney)告诉我们,机器纺出来的纱,比手工纺出来的纱价廉物美。在1786年,某种重量的棉纱,售价要38先令的,10年之后,到1796年,只售19先令;1806年,便跌至7先令2便士,一直到1832年,价钱只有3先令了。跌价的原因,一部分因为棉花价钱下降,但最要的原因,是因为机器纺纱,花费较少了。织布方面,情形与此相似。手工织布的人,在1800年,要拿25先令一星期的,1810年,只拿19先令6便士,1830年,只能拿5先令6便士了。别种手工业的人,遭遇到同样的结果。对于这种减少工资的抵抗,完全是无用的。手工与机器不能竞争,旧式工业中人的出路,只有放弃旧的,加入新的工业

① 《中外经济周刊》228期(国内工业发展之状况)。

中去。[1] 新式工业的出品,所以便宜,因为新式工业的出产方法,是大规模的生产方法,所以也是最经济的生产方法。大规模生产的经济,据维白所说,共有五点。第一是动力及工厂设备的经济。建筑一个大工厂,比建筑两个小工厂要便宜得多。第二是机器的经济。近代的工业,可以说是机器的生产,但是机器越来越复杂,越花费。机器的改良及发明,是日日常有的事,只有大规模的生产者,资本雄厚,可以利用这些改良及发明,在竞争上立于不败之地。第三是工资的经济。大规模的生产,分工可以分得很细,粗工细工,都用得着。只有在这种大工厂里,才用得着有特别才干的人,小工厂中的工作,不够维持一个出类拔萃的人才。而且也只有在大工厂里,方可以请一些专家,研究工业的各方面,以为改良的预备。第四是副产物利用的经济。副产物有好些须有大量才可利用,小量的副产物,只有抛弃。中国的屠场中,遗弃的东西甚多,但在芝加哥的大屠场中,据他们的经理说,所有猪牛羊身上的东西,只有他们在宰割前的一声哀鸣,是用不着的,其余的一切,都可以利用。这便是大规模的工业,充分利用副产物的一个好例。第五是买卖的经济。大规模的生产者,有雄厚的资本为其后盾,所以购买原料,可以在最便宜的市场中举行,而且因为他们是大宗的进货,价钱比别人还要上算。制造成功的货物,也可堆存起来,等待善价而沽。简单的一句话,他们大规模的生产,每件货物的成本已较轻,而且他们还取薄利多卖主义,小规模的手工业者,自然不能与之竞争而淘汰了。[2]

我们已经明了工厂工业何以战胜旧式工业,便可进而讨论工厂

---

① Cheyney, E. P., *op. cit.*, p. 189.

② 参阅 Weber, A. F., *op. cit.*, pp. 193-195。

工业与都市化的关系。新式的工业，为什么要集中于都市呢？这是由好几种原因造成的。第一，都市的交通方便，所以一种工业如需要各色的原料，而这种原料，不是一个地方所能供给的，那么在都市收集这种原料，最为方便。第二，近代的工业，是大规模的生产已如上述。大规模的生产，便要大规模的市场。都市人口众多，便是消费制造品的好市场，而且都市与他处，都有运输上的联络，制造品由都市运至各处，可以畅行无阻。第三，工厂需要各色的工人甚多，乡村中只能供给少数的工人，如需要很多的工人，便须求之于都市，因为都市是各地过剩人口的集中点。第四，都市的金融组织较为完备，制造者建筑工厂，收买原料，购办机器，发给工资，处处都要金钱，在都市中举办工业，金钱的通融，较为顺便。有此四利，所以设立工厂的人，多选地点于都市。不过最近一部分的工业，又有由都市外移的趋势，其原因大约也有四项。第一，都市的生活费高，所以工资也较高。第二，都市中工人组织严密，工潮难于驾御。第三，都市中的公共事业发达，所以租税较重。第四，都市中地皮的需要甚大，故地租甚昂。这四种原素，都可以使制造的成本加高，因而制造家每想将工业由都市外移。① 可是那些已经移出的工业，其新选的地点，每每离都市甚近，以便可以利用都市所能给予的好处，同时还可避免在都市中所受的害处。这些工厂的所在地，每每成为工业小镇，环绕于都市的四围，像许多行星，环绕着一颗恒星一样。虽然如此，有许多工业，还是离不开都市，像英之伦敦，美之纽约，至今还是工业的中心。这些都市之所以膨胀，工业要负一大部分责任。

在各种工业之中，哪种工业，离不开都市，又有哪种工业，可由都

---

① Gras, N. S. B., *An Introduction to Economic History*, pp. 213-214.

市外移或者从来未入都市呢？关于这个问题，我们只能加以简单的讨论。[①] 先说那不能在都市中建设的工业。第一是原料的重量，与产造品的重量相差甚大的。这种工业，如设立于都市中，势必花很大的运费，把原料运至都市。但这些原料，大部分是废物，运往都市，不但花钱，而且处置这些废物，在都市中也是一个难问题。炼铜工业，便属于这一类，一百吨的矿石，只能炼出一吨纯铜，所以炼铜工作，每在铜矿附近举行，没有将矿石运往都市中的。第二种不能在都市中建设的工业便是原料容易败坏的货物。譬如制造粗糖，他所需的原料，便是甘蔗。但是甘蔗割下来之后，如在 24 小时以内，不将糖汁榨出，便容易腐败。所以制造粗糖，非在原料出产地点举行不可。粗糖是不容易坏的，所以从粗糖炼成精糖的工作，便可在都市中举行，所以纽约虽然不制粗糖，但今日还是提炼精糖工业的中心。

再谈那从都市外移的工业。这种工业，有好几种特点。第一，他需要大块的土地，在都市中占据大块土地极不经济。第二，在制造的过程中，他需要大量的燃料及水，都市中对于此两物的供给，比较取价较昂。第三，他的废物处置，是一个严重的问题，在都市中比较难于解决。第四，制造品无时间性，搁置几天或几个月，不成问题。第五，这种工业，每具令人讨厌的特征，如大声，怪味，或富于危险性，设立于都市人口众多的地方，每易引起他人的非议。

---

① 工业应当设在什么地方，近来经济学者讨论的很多。W. Krzyzanowski 对此曾有一结账式的报告，文章的题目，是 Review of the Literature of the Location of Industries，见 *The Journal of Political Economy*, Vol. 35, No. 2 (April, 1927), pp. 278-291。后来 R. M. Haig 研究纽约工业的历史，对于这个问题的理论。也有贡献，见 Major Economic Factors in Metropolitan Growth and Arrangement (*Regional Survey of New York and its Environs*, Vol. I.)。

但是我们最要注意的，还是那些离不开都市的工业，因为只有这些工业，是使都市的人口加增的。这些工业也有好几种特点。第一，这种制造品是有时间性的，过了一定的时间便失其效用。最好的例子，便是新闻纸的印刷。新闻纸假如移到市外去印刷，送回都市来销售，所有的新闻，便都成为明日黄花了。第二，这种制造品的重量或所占的面积，因为在制造的过程中，加了许多的水或空气，每比原料的重量加增，或占面积较广。这种制造品，当然要在消费最大的都市中制造，以节运费。最好的例子便是面包、箱盒以及化学品中的硫酸等。第三，这种制造品，带有时髦性质，在市外制造也许不合时式，如妇女的衣服，便是一个好例。第四，这种制造品，需要技术高深的工人，在都市中，这种工人的供给，可以不成问题，移出市外，便招集不到相当的工人了。如制造仪器、制造珠宝等工业，属于此项。第五，凡是季节性的工业，在某一季需要工人甚多，而在另一季则不需许多工人的，只有在都市中设立，才可以解决他的工人问题。如印刷贺年片、制造冰淇淋等工业，属于此类。最后还有一些工业，并无设立于都市中的必要，当初也许是设立在都市的边际，但是后来都市膨胀，以前的边际成为都市的中心，原来设立在此的工业本想搬家，可是搬运的花费太大，因而逗留于都市中的。芝加哥的屠宰工业，便是一例。以上这些工业的总和，在工业的全体中，便占一重要的位置。这些工业既然非在都市中不可，于是便为都市加上很多的引诱力了。所以乡村中的旧式工业衰败，都市中的新式工业崛起，乃是造成人口离开乡村加入都市的第二个重大原因。

这些经过工业革命的国家，不但摧残了本国的旧式工业，使本国的人口都市化，他们的影响，还达到别的国家，使别的国家，也起重大的变化。新式的工业，既是大规模的工业，所以他的市场，并不限于本国,连别国也包括在内。他们用机器制造出来的货,送到别国的国境内,于是别国的土货,也经不起压迫而衰落了。中国土布的消沉便是一例。别种土货,只要是用旧法制造出来的,迟早都要遭遇同样的命运。旧式的制造品,既不能行销,于是靠此为生的人,非改行不可。乡间既无他们的机会,只有往都市去。所以美国英国的工业革命,间接也促成中国的都市化,正如新大陆的农业革命,间接促成东欧各国的都市化一样。但是英美各国,因为有新工业代替旧工业而兴,所以在旧工业中绝了生路的人,可以投入都市的新工业中谋生。可是摧残中国旧工业的势力,并非来自上海,也非来自天津,乃是来自伦敦,来自纽约,或来自横滨与大阪。所以中国在旧工业中失了位置的人,虽然跑到都市中去,但是都市中的新兴工业,还在幼稚时期,不能收纳乡村中投往都市的人口。因此造成中国今日,乡村与都市的普遍失业现象。假如工业的先进国,肯容纳中国的过剩人口,未非是中国人民的一条出路。可是这些国家,早就不肯容纳华工了。[①] 解决这种困难的方法,只有努力工业化,使中国的新兴工业,来吸收以前靠旧式工业谋生的人,然后以新工业的出产品,来抵制外国制造品的侵略。所以中国的都市化,如建筑在新工业的基础之上的,真是解决中国经济破产问题的一剂起死回生的妙药。

(三)

都市化的第三个重要原因,便是商业的发展。商业的出现,是很

① 各国对付华工的法律,可阅拙著《中国海外移民鸟瞰》,载于世界书局印行的《中国人口问题》115 至 142 页。

早的，他是分工合作的自然结果，但是世界贸易的总值，如用金钱表示出来，近代要比以前加增许多倍。便拿最近几十年的变迁来说。在1874年至1875年，全世界贸易的总值，不过270000万镑，1859年，加至250000万镑*，1913年，加至830000万镑，1927年，便有1290000万镑了。[①] 商业的发展，又可从商人阶级的膨胀看出。在原始时代，虽然也有交易发生，但当时的交易，都是生产者与生产者直接交易，并不假手于中间人。商人阶级，据格拉斯教授告诉我们，是到市镇经济出现时才发生。由市镇经济转变为都市经济，商人的需要加增，所以商人的数目也比以前加多了。[②] 美国当1820年，在商业与交通业中谋生的人，合起来不过占全体有职业者2.5%，可是100年之后，便是1920年，已由2.5%加至24.9%了，英国在商业与交通业中谋生的人有22.4%，澳大利亚有24.5%，德国有16.5%，法国有15.8%。那些都市化程度较低的国家，国人在这种职业中谋生的便较少，如印度人在商业与交通业中的，只有6.9%，保加利亚只有4%，俄国只有3.7%。[③] 商人的地位，在都市中尤为重要。试以纽约1920年的统计为例。1920年，纽约有职业的人，在253万左右。其中以在工业中谋生的为最多，占全体37.6%，商业次之，占全体31.4%。假如商业加上交通业，便占全体40.9%了。[④]

我们现在先要问为什么近代的商业，较以前为发达，然后再问为

---

* 原文如此，疑有误。——编者注

① Overton, A. E., "Trade: World Statistics", *Encyclopaedia Britainica*, 14th Edition.

② Gras, N. S. B., *op. cit.*, Chs. 4-5.

③ Thompson, W. S., *op. cit.*, p. 275.

④ Adams, Lewis and McCrosky, "Population, Land Values and Government", *Regional Survey of New York and its Environ*, Vol. II, p. 101.

什么商业要集中于都市。近代商业的发达,其最要紧的关键,便是交通业的进步。近代的交通,如与以前的比较,有两点是大不同的。第一,近代的交通,速度比以前为快。关于此点,哈特教授(Hornell Hart)曾给我们一些很好的统计。他说,在新石器时代以前,人类还没有知道利用马的时候,交通最速的工具,还是人类自己的两条腿。世界上一英里赛跑最快的记录,是 4 分 6 秒。依照这种速度,人类每点钟可跑 14.6 英里。但步行最速的记录,一点钟不过 9.4 英里。所以在新石器时代以前,交通的速度,每点钟不过自 5 英里至 15 英里。自从马类成为家畜之后,交通大有进步。根据 1922 年的记录,马在疾驰的时候,一点钟可行 30.9 英里,但如飞奔,一点钟便可行 37.8 英里。自从新石器时代起,至 1825 年火车的发明为止,马的速度,没有一样东西可以超过。1825 年,火车初用的时候,一点钟不过行 15 英里,但是 4 年之后,火车的速度,已经达到一点钟 44 英里,超过骏马的速度了。此后火车的速度还有进步,20 世纪开始的时候已经达到一点钟走 120 英里的成绩了。这个记录,后来又给汽车所打破。汽车在 1895 年初发明的时候,不过走 14.7 英里一点钟,与 1825 年的火车速度相仿佛。但是他的进步很快,1910 年,便已超过火车的速度,走 131 英里一点钟。1931 年的速度,是 245 英里一点钟。但是最快的汽车,还不如最快的飞机。飞机是 20 世纪的产品,在 1905 年,速度只有 33 英里一点钟。1929 年,已能行 358 英里一点钟。他的前程,还是未可限量。据专家的估计,将来飞机的速度,也许一点钟可行 500 至 1000 英里呢。①

交通速度的加增,使商业也起了革命。以前的交易,只限于易于

① Hart, H., *The Technique of Social Progress*, pp. 75-77.

保存的货物，现在交通便利，所以那些容易腐败的货物，如菜蔬，如水果，如鲜花，如兽肉，也可以做交易的对象了。贮藏方法的改良，使这些容易腐败的货物，更可以从容地流入市场。近代商业的发展，这些货物的加入，要负一部分责任。

近代的交通，还有一个特点，便是运价较以前为廉。关于此点，我们也可以举一些统计来证明。从前中国铁道部的顾问贝克耳（J. E. Baker）曾替我们算过：

> 中国的铁路在军人没有干涉路政之前，取价是很廉的，每运1吨货物行1启罗米突，只要1分5厘钱。当然，如运比较贵重的东西，价目是要高些，但运不很值钱的东西，价目还要便宜。在有些路线上，运某种货物，只要5厘钱，便可运1吨，行1启罗米突。假如用担夫运，或者用大车运，价目每看天气的好坏，路的平坦与否，及路上危险性之大小，而有高下之不同。大约运1吨货物，行1启罗米突运价总在1角5分至5角之间。平均起来，我们敢说大车的运费，高于火车约10倍；担夫的运费，高于火车约20倍至30倍。①

瓦克（G. M. Walker）对于这个问题，也有类似的见解，他说：

> 中国一个挑担的，挑80磅的东西，一天可走25英里，工资是1角大洋。照这种价目计算，运1吨货物行1英里，要1角1

① Baker, J. E., "Transportation in China", *Annals*, Vol. 152 (Nov. 1930), p. 165.

分钱，两个人用一架江北车，可以载重350磅至400磅，一天走18英里至20英里。他们的工资，是2角6分。计算起来，运1吨货物行1英里，需洋8分。骆驼或者别种驮货的兽，运价也许要便宜一点。我们可以拿这种情形，来与美国的运价比较一下。美国的大铁路公司，譬如圣保罗铁路，运货1吨行1英里，平均只取费6厘半。纽约线与本薛维尼亚线，运货1吨行1英里，只要6厘钱。美国铁路的平均运费，运1吨货物行1英里，约在1分以下，有些铁路，运价还不到3厘。①

机械运输与筋肉运输，代价的一贵一践，于此可见。在筋肉运输的时代，因为运价太昂，所以交易的商品，特别是要运往远地的商品，一定具有一种特性，便是占的面积小，物轻而价昂。笨重的东西，不能运往别处出售，因为这种货物，加上运费，没有人可以买得起。在现在这种机械运输的时代便不同了，运价既然这样便宜，所以笨重的货物，如五谷，如煤铁，也都成为国际贸易的商品了。近代商业的发展，这些货物的大量加入，也要负一大部分责任。

交通的速度加增及运费减低，不但使以前不大成为商品的东西，现在也成为商品了，同时他还使这些交通方便的地方，分工合作的程度加增。在许多农业的社会里，因为通行的是筋肉运输，所以一个村子的人，对于日用的一切货物，大部分都由自己供给，小部分才由市场中购买。譬如一个农夫，他所种植的东西，样色是很多的，以满足他各方面的需要。他种玉米，同时也种小麦，他种豆，同时也种菜子。他不能只种玉米，同时向他人购进小麦。因为他的玉米，假如挑到四

① Walker, G. M., *The Measure of Civillization*, p. 56.

五十英里以外出售，运价加到货价上面，便没有人买得起那样贵的玉米。同时他与其向几十英里以外的人买小麦，不如还是自己种较为便宜。在这种情形之下，大部分的分工，都是由于地理环境不同而起的分工。分工合作的范围，比较的也很狭窄，只有住在几十里之内的人，才可收分工合作之效。在机械运输之下，情形便大不然了。因为交通的方便，所以分工的程度就趋越细。种小米的人，可以不种小麦，种菜蔬的人，可以不种豆子。他可以把自己的盈余售出，以所得的钱，来买别人的盈余。这样，他可以专攻一业，在精力上最为经济。可是货物流通的数量，也因分工细密而加增了。近代商业的发展，这又是一个原因。①

我们已经知道近代商业发展的原因了。但是我们还要进一步再问，为什么这些商业，要集中于都市？在都市没有发达之前，无论哪一个国家，不是都有许多市镇么？这些商业，为什么不分散于许多市镇中，而要集中于少数都市呢？市镇经济，为什么要转变为都市经济呢？理由是很多的，但我们可以提出下列数点。第一，商业集中于都市，从堆存货物的立场看去，是很经济的。现在的人，对于货物有三种需要，便是质要好，量要多，样色要有变化。把这些货物分存于各个市镇中，需要堆栈是很多的，堆栈的建筑费及保存费，加起来一定大有可观。但是把这些货物堆存于都市中，便不必建筑许多小堆栈，只要建筑少数的大堆栈，雇用少数的看管人便行了，这是第一层经济。第二，假如各项商业都分在市镇中举行，那么，铁路、汽车路、运

① 关于交通与商业的关系，本文多采顾勒教授之说，顾勒教授的意见，发表于"The Theory of Transportation"一文中，该文现收入 Cooley, C. H., *Sociological Theory and Social Research*, pp. 17-118.

河等等交通的组织，一定要采取棋盘式。反是，假如集中于都市，交通的组织，便可采蛛网式。从工程一方面看来，自然是蛛网式较为经济。第三，假如商业分散于市镇中，那么剩余的资本，也一定是分散于各市镇中。这些资本，分开便没有什么很大的用处，但如聚于一大都市中，成一巨数，便有很多的用处了。这是从经济方面着想，论商业何以要集中于都市。[①] 此外我们从地理方面着想，我们便可看出近代商业的举行，一定要在一个环境适宜的地点，而这种环境适宜的地点，并不很多。譬如近代的国际贸易，多以轮船为媒介。大轮船的行驶，有时需要 40 尺深的港道，而这种港道，并非沿海岸都可找到。在美国的东部，只有纽约够得上这个资格。所以欧洲与美国的贸易，不得不假道纽约。又如美国中部的货物，运往国外出售，在铁路没有发明之先，水运自然较陆运为廉。只有纽约，有一天然的赫得孙河，与人工造成的伊利运河相连，由伊利运河通大湖，再由大湖通美国的中部，有一条不断的水道。别个沿大西洋的都市，未尝不想造一条运河，使内地与他们自己的海港相连，但是中间有一座大山为阻，沿山找不到一个适当的溪谷，把运河穿过去。因此美国内地的货物，多由纽约出口。商业的集中纽约，真是环境逼之使然。[②] 中国的上海，处境与纽约相似。外国来的轮船，所运的货物，如行销于扬子江流域，非在上海卸货不可，因为中国的中部海岸，只有上海的港道，可以容得下较大的轮船，别处都没有 30 尺深的港道。而且在上海卸货，便可换长江轮船，运往扬子江各埠。假如在宁波、杭州等处卸货，便没有这

① Gras, N. S. B., *op. cit.*, pp. 204-205.

② Smith, J. R., *North America*, pp. 121-131.

样的方便了。所以上海的繁盛,是有他的地理背景的。扬子江流域的国际贸易,真有非集中于上海不可之势。别处即使有与上海争雄的志愿,但因天生没有适当的地理环境,只好对上海甘拜下风了。

我们既已知道近代商业的发展,使商人加多,而商人及商业,又多集中于都市,我们便可以说,近代的商业发展,是都市化的第三个重要原因了。

(四)

以上提到的三种原因,农业的改良,工业的革命,商业的发展,乃是近代都市化的主要原因。此外次要的原因还多,如政治的原因,文化的原因,娱乐的原因等。我们只须把他们提出来,不必细细讨论。

最后,假如我们由这次讨论,得到一个教训,那便是:一个国家里面,乡村与都市的人口分配,一定要有一个适当的比例,然后国家可以富强,人民的生活程度可以提高。这个适当的比例,是不容易定的,我们都要承认。但如以中国与欧洲各国相比较,中国乡村的人口太多,而都市的人口太少,乃是不能不认的事。中国的穷,中国人的贫与弱,这种不合式的人口分配,要负一大部分的责任。中国今日,需要更深的都市化,乃是想提高中国生活程度的人,所一致承认的。如欲达到此点,并无别条新奇的路,只有步先进国的后尘,改良我国的农业,提倡新式的工业,发展机械的运输,供给贸易的便利,行之数十年,中国自然也有像德国或美国那样都市化的一日。

八　发展都市以救济农村

农村破产，在中国已经成为有目共睹的事实，社会上已有许多热心的人士，在那儿做救济农村的工作，有的从政治入手，有的从教育入手，有的从自卫入手，还有许多走别的途径，去帮助农民的。可是在这种救济农村的潮流之下，很少有人从发展都市着眼，去救济农村的。不但如此，社会上还有许多人，误认都市为农村的仇敌。他们以为都市对于农村，不但没有贡献，反可使农村的破产加深。这种误解，是应当矫正的。

我们应当首先明了发展都市的意义。中国的都市，人口在10万以上的，据专家的估计，虽然有112个，但是我们如仔细分析这些都市的组织，就可知道他们是不完备的，决不能充分行使都市应尽的职务。比较发展完备一点的都市，如天津、上海、汉口、广州等等，虽然在国内已经可以称雄，但如与外国的都市，如伦敦、纽约等比较一下，就可知道中国的都市，还是幼稚，离“成年”还远得很呢。我们应当努力去发展他，使他对于附近的农村，有更大的贡献。

发展都市的第一种事业，便是兴办工业，美国在1927年，全国的工业，共有335种，其中在纽约可以找到305种，在芝加哥可以找到275种。中国的新式工业，据实业部的调查，共有98种，其中在天津只可找到39种。在汉口只可找到20种。我们只把这些数目字比较一下，就可知道中国的都市中，可以发展的工业还多。假如天津能多添39种工业，河北省农村中的农民，便可添许多出路。

中国农村中人口太多,嗷嗷待哺者众,是农村中最难解决的一个问题。农业中已经无路可走了。我们只有希望全国的都市,从发展工业上努力,那么一部分的农民迁入都市,固然可以有立足之地,就是那些留在乡下的农民,因争食者减少,生活也可略为舒适一点了。

发展都市的第二种事业,便是发展交通。每一个都市里面的领袖,都要设法认清哪一部分的内地,是他的势力范围,是他的基本市场。在这个广大的市场里,应开设铁路、公路、航路以及空路,使这些散布各处的乡村,与都市有交通上的联络。我们都知道从芝加哥出发的铁路,共有33条,这33条铁路,把芝加哥与附近数百英里的农村与市镇,造成一种"如胶似漆"的关系。乡村中农民的货物,往都市中流去,比较的可以得到善价,这些农民的购买力加增,都市中的制造品便多一条销路。

所以交通的发达,是对于都市与乡村两便的事。我们再举一个例来证明此点。天津的商人,现在到山西的黄河东岸一带收集鸡蛋,是一种费精神而且吃苦的工作,同时黄河东岸的鸡蛋,也只值七八文一枚,因为运输不便,蛋价如果提高,津商便不肯要。假如有一日天津与山西的黄河东岸,有直通的铁路,天津的商人,与黄河东岸的农民,便都互受其利了。都市与他的内地,交通固然要便利,都市与都市间的交通,也应当发展,如此,在本市销不完的货物,才可很方便地运到别的都市中去。各地的农民,假如都有这种便利,他的农产品,便不致受当地市价的限制,奸商对于他们剥削的能力,便要渐渐消灭了。

发展都市的第三种事业,便是扩充金融机关。中国的都市中,新式的金融机关,如银行信托公司之类,未尝没有,可惜他的事业,只限于都市中，以致不能充分尽职。合理的组织，应当把总行设于都市里面，而把支行或代理处分布于内地各处。这样，一方面可以吸收内地的现金来做生产的事业；一方面又可放款于内地，使农民减轻利息上的负担。现在中国的银行，在内地有支行的颇少，所以有些地方的农民，略为有点积蓄，因为无处存放，只好埋在地下，或锁在箱里，这些搁置起来的资本合起来一定很有可观。假如银行在这种地方有支行，那么现在埋藏起来的资本，都可以流动起来了。另外一些地方，农民需款很急，可是无处可借，即使借得到，每月的利息，也常在二三分以上。假如都市能扩充金融机关，设立支行于这种地方，那么高利贷者便无所施其技，岂非农民的一种福音么？

发展一个都市，应当努力的方向还多，以上提出的三点，不过举例以见一斑，假如都做到了，对于农民的贡献，是很显然的。都市与乡村的关系，不是敌对的，而是互助的，于此可见。

最后，我还愿意提出一点意见，以供都市中领袖的采择。中国的领袖，与别国的领袖一样，无疑的都集中在都市里面。但中国的领袖，似乎缺少了一种"都市意识"。譬如天津工商业的领袖，有几个人知道天津的势力范围，包括一些什么地方？他们有几个人知道东南到什么地方，便侵入济南、南京或上海的势力范围？西南到什么地方，便侵入郑州，或汉口的势力范围？晓得哪些地方，是他的都市的势力范围，因而出全力去经营这些地方，使这些地方与他的都市，共存共荣，便是我所谓的都市意识。假如每个都市中的领袖，都有这种都市意识，然后根据此种意识去努力，那么中国现在虽然经济萧条，农村破产，将来总有繁荣的一日。

九　再论发展都市以救济农村

我在去年9月9日的《大公报》上，曾发表一篇短文，论发展都市以救济农村。这篇文章发表之后，赞同的人固然很多，但反对的人也不少。赞成我那篇文章的人，有许多是补充我的意见的，这儿暂且不提。反对的文章，我见到的有三篇。一是李炳寰先生的《评吴景超之发展都市以救济农村》，(《众志月刊》二卷一期)一是刘子华先生的《评吴景超的发展都市以救济农村》，(《锄声》月刊一卷第四、五期合刊)一是万钟庆先生的《发展都市必先救济农村》，(《民间》半月刊一卷十七期)他们的论点有许多是相同的，所以我在这儿，作一个总略的答复。

在我写那篇短文的时候，早就料到那篇文章，会引起一部分从事农运的人的误会，所以我在篇首便先声明，我所要说的，只是救济农村的一条途径。在这条途径之外，还有别的工作可做而且应当做的，如从政治、教育、自卫等方面着手，去救济农村都是。想不到虽然这样小心的声明，而有一部分人仍旧误解，以为我要提倡一种新的观点，来抹杀其余的观点，其实我决没有这种意思。反对我的观点的人，一定要提出证据来，说明发展都市，于救济农村无益处，或不但无益，反而有害，才可推翻我的主张。关于此点，我相信至今还没有人做到，所以我的主张，还是可以成立的。

发展都市的事业，我以为至少三点是要做的。第一种事业，便是兴办工业。关于这点，李先生在他的文章里说："工业是万分的急需……用新兴的民族资本工业，来代替帝国主义的榨取，抵制舶来品的倾销，削减原料的输出，挽救巨额的入超。”看了这段文章，好像李先生是赞成兴办工业的。可是几行之后，李先生忽然改变了口调，他说：“试问把98种工业，全设在都市，那么谁敢担保便减少了中国的无业者？恐怕适得其反，都市无立足之地者更多，农村破产益烈呢！”新兴工业，既可“抵制舶来品的倾销”，又可“挽救巨额的入超”，而其结果，乃使“农村破产益烈”，这种理论，未免前后矛盾。李先生的文章中还有一段，论在中国振兴工业之难，是由于“帝国主义的压迫”，由于“关税未能完全自主”。这一点刘先生与他完全同意。刘先生于承认“兴办工业是发展都市的急务”之后，便顾虑到“不平等条约未尽废除，帝国主义侵略无法抵御之时，中国工业能不能日趋发达，尚是极大问题”。当然在今日的中国，振兴工业，是有相当困难的，但我们要问，这种困难，是否无法克服？假如无法克服，那么我们只好束手待毙。假如有法克服，那么我们岂可畏难而退？发展中国工业的困难在什么地方，以及这些困难如何克服，是我国民族的一个大问题，不能在这短短的篇幅内讨论。但是我们敢断言的，就是这些困难，决不是“帝国主义”几个字便可包括的。我们的困难，一方面固然由于外来压迫的剧烈，一方面也由我们自己的不争气。假如从事工业的人，都能深刻的反省，都能尽其在我，都能把一切营私舞弊、因循懒散等等恶习惯，恶心理都改良了，我们的困难便要减少许多。这是我们可以努力之点，比空喊打倒帝国主义要切实得多。即如李先生所提到的中国丝业的衰退，在二十年度输出的不及十八年度的四分之一，在李先生虽然要归罪于“帝国主义压迫”及“关税未能完全自主”，实则全不相干。中国生丝输出的衰退，最要的原因，由于美国丝织工业中人，近来都愿用日本丝而不愿用中国丝。以前，美国的市场，是中国人所垄断的，后来美国丝织工业中人，以中国生丝，不适宜于机器的运用，提出几点来请中国缫丝的人改良，中国人置若罔闻，日本人便利用这个机会，把本国的丝产，改良得适合美国人的需要，于是美国的市场，便为日本所夺了。这段故事，哈佛大学的陶适教授，在他的大著《几个关税中的问题》里面，说得很详细。我们听了这个故事，应该得到一个什么教训？

万先生对于在都市中兴办工业一点，提出三点意见：（一）农业中并非无路可走；（二）兴办工业，不一定须在都市；（三）工业的发达，必有赖于粮食及原料，假如不先改进与维护农业，民族工业便难发展。我们先从第三点说起。万先生说工业的发达，非有农业做基础不可，这是醉心农业的人一种夸大的态度。最近章伯雨先生在他的《经济上的复古论辨》（《农林新报》第372期，是驳我在本刊125期中《我们没有歧路》那篇文章的，所以附带也在这儿讨论一下）一文里，也犯了同样的毛病。我们无论采用哪一种或一国的工业分类，就可知道有许多工业，其原料的来源，并不靠农业。美国清查局所用的工业分类表，把全国的工业，分为16大类，其中有11类，如钢铁业、化学工业、印刷工业、金属工业、机器工业、音乐器具业、交通工业等等，都是无农业根据的。而且在生产的各种原素之中，原料不过是一种，有了原料，假如别的条件不合，那么根据于此种原料的工业便不能发展。没有原料，而别的生产条件，却都完备，工业也未尝不可发展。纱布业在英国与日本都很发达的，但英国与日本出棉花么？丝织业在美国是最发达的，可是美国却不出产生丝。这种例子很多，万先生既然是专治经济的人，自然也都知道，不必我来细举。即使退一步说，发展工业，非农业供给原料不可，那么我在那篇短文里，又没有反对“改进与维护”农业，为什么万先生要提出这一点来对我宣传？

关于万先生所说的第二点，兴办工业，不一定须在都市，只含片面的真理。工业的位置，有的不必设在都市，有的非在都市不可，关于此点，我在《清华学报》八卷二期中，有一篇《近代都市化的背景》，详细讨论，不必赘述。万先生提倡那些不必设在都市的工业，我在那篇短文中，提倡要设在都市中的工业，彼此是不相冲突的。

关于万先生所说的第一点，我以为最有讨论的余地。我说农村中已无路可走，是根据一些简单的数字而下的结论。中国的可耕地，虽无统计，但中外各专家的估计，如我们的翁文灏先生，及美国农部的贝克耳先生所发表的，相差不远。这个数目，如与美国的可耕地相比较，要比美国的为小。但美国人在农业中谋生的，只有1000万人左右。以1000万人的努力，便可使10000万以上的人衣食有着，还有盈余可以运销外国，这是使我最为惊异的。中国在农业中谋生的人，据估计，在全人口70%至80%之间，这点数目字，便可十足的表示中国农业生产方法的落后。我总希望政府与一切从事农运的人，设法改进中国农民的生产技术。假如这是应该做而且是可以做到的，那么中国农业吸收人口的力量，将逐渐减少，这是生产技术改良后必然的结果。欧美各国的历史，昭示我们是千真万确的。在这种时候，兴办工业，便是为全国的农民，多辟了一条生利之道。但万先生却不愿意人走这条路，他指出现在每村还有200元之储蓄，可以为农民另辟生路。我们愿问：中国的农民，还是停留在乡村中分这200元的储蓄好呢，还是在工业中去寻比这200元要多的进款好呢？

李、刘、万三先生，对于我所说的发展都市的第二种事业——发展交通——都抱同样的疑惧。李先生说："即遍设铁路，也不过助长外货的畅销，促进农村之破产而已。"刘先生说："交通发展到那里，帝国主义者经济侵略的巨爪也就伸张到那里。”万先生也说：“在此交通动脉为外人所把持之情形下，铁路与航运，只不过为推销舶来品的运输机关，所以中国今日交通最便利的地方，洋货的侵入更为敏捷，农村的破产更为厉害。”这三种说法证明了我在《我们没有歧路》一篇文章里所提到的“因噎废食派”在国内大有其人。他们应当知道，中国的交通工具，除运舶来品外，还要运国货的。假如中国没有交通工具，各地的有无，如何调剂？陕西的棉花，如何运往上海？山西的煤，如何运往天津？四川的桐油，如何运往汉口？难道我们用铁路航路来运棉花，运煤，运桐油，不是事实么？铁路与航运，岂真如万先生所说：“只不过为推销舶来品的运输机关”么？我还愿意在这儿提出一些事实，证明这三位先生所痛恨的舶来品，其所以能畅销中国，有一部分是由于中国交通事业的不发达所造成的。美国的安诺德先生，前几年写了一本极有趣味的书，名为《中国问题里的几个根本问题》，其中有一段话，极可注意：

达科他人之去西亚德埠，犹陕西农人之去上海。由达州运麦至西埠，计程1000英里，铁道运价每吨约华币23元。自西埠至上海，计海程6000英里，轮船运价约计13元。自达科他至上海，总计运费为36元。再益以自乡间至车站，平均25里路之汽车运载，故总计运费每吨为40元。即使提高之，假定为45元，计亦不过每担费3元而已。回顾自渭河流域运1担麦抵车站，须费7元之巨，加以300里之火车抵汉口，600里之江运抵上海，两相比较，即可知其贵贱矣。……汉口距陕西只600里，然磨粉业人与其应付运费而受渭河之馈麦，毋宁出价购买美国之麦，较为便宜也。

安诺德先生的话，告诉了我们美国的麦，所以畅销于汉口，不是长江的航运太发达了，而是渭河流域至汉口的交通太不发达了。孙中山先生在他的民生主义第三讲内，也提到一个富有意义的故事。他说：

> 像前几年我遇着了一位云南土司，他是有很多土地的，每年收入很多租谷。他告诉我说，每年总要烧去几千担谷。我说谷是很重要的粮食，为什么把他来烧去呢？他说每年收入的谷太多，自己吃不完，在附近的人民都是足食，又无商贩来买，转运的方法，只能够挑几十里路远，又不能运到远方去卖。……因为没有用处，所以每年到收新谷的时候，只好烧去旧谷，腾出空仓来储新谷。这种烧谷的理由，就是由于生产过剩，运输不灵的原故。

孙先生对于这个故事所下的结论，是值得我们玩味的。因为运输不灵，所以有谷多的地方，也运不出去。我们不在发展交通上注意，只怪外国粮食进口。有什么用处呢？从这两个例子，我们便可格外明了发展交通，对于农民的贡献了。至于交通发展之后，都市的制造品，运销于内地，对于农民的手工业，自然要予以打击。但这是在经济进步的过程中所不能免的结果，农民只可适应潮流，在新局面下谋新发展，假如因此而反对新式交通，新式工业，那便是抱残守缺，结果一定是要受淘汰的。

关于我所说的发展都市的第三种事业——扩充金融机关——李先生以为“银行家对于农村的放款投资全存了戒心”，若想叫他放款于农村，他是“不肯”的。万先生也说：“在今日的农村破产情形之下，期望都市的金融机关负起放款于内地的责任，又谈何容易。”但隔了几行之后，万先生忽然提到“中国、金城、大陆等银行肯假手华洋义赈会，参加农赈放款”。所以万先生提出的事实，打破了自己的理论，同时也替我们回答了李先生，银行家并不是“不肯”放款于农村的。刘先生倒是看得到“银行界今日因将内地现金集中得太多，诚然想多设分行，以便贷款农民，使手中现金出路”，但他却为诛心之论，说“他们的目的，决不是要救济农村的破产，乃是要救济自身的损失”。我并没有说银行家放款于农村，是抱办慈善事业的目标而来的，这种动机的讨论，不在本题范围之内，可以不谈。我只愿意指出这种行为的结果，不管他的动机怎样，对于农民是有利益的，也便是可以救济农民的。这件事不必强辩，我们只要比较农民向银行借款——直接或间接由合作社——所负的利息，与向地主、店户、绅士、高利贷者借款时所负的利息，其轻重为何，便可了然。

最后，我愿意谢谢李、刘、万三先生，因为他们的辩难，我才得到一个重新申说我的观点的机会。我们的看法虽然不同，但是我们对于中国大众生活的关心，以及对于中国经济发展的重视，大家都是一样的。

十　都市教育与乡村教育

旭生先生在《独立评论》所发表的《教育罪言》，前后共有六篇。前五篇是批评的，指出现有教育制度的缺点；最后一篇才是建设的，提出他的改革教育的方案。我在这篇文章里，所要与旭生先生讨论的，只是他的方案。

我觉得旭生先生的方案，其最新颖的一点，便是注重农业教育。六岁以下所受的幼稚教育，我们姑且不谈。他的国民教育，与现在的小学不同的，便是"先生学生，尽属农夫。农忙力田，农闲治学"。国民学校中的教职员，虽然是师范学校出身的，但是这些师范学校，"位置是在乡野的……师范学校附近有两个大规模的农场，第一农场为就我国旧法稍加改良者，第二农场为新式工业化者。……师范学校学生，前一半入第一农场，习我国固有农事；后几年入第二农场，习新法农事。"换句话说，从这些师范学校出身的，只能教授农业，对于别种职业是外行的。旭生先生在高等教育中，还是一贯的注重农业，所以商科各种学校，工科各种学校，都要"附设农场，亦如师范学校。……工商业的学校，如前二三年不须实习者，仍当附设第一农场，资其练习。""大学教育前有预备学校，预备学校……亦有附设农场，练习农事，而无年限。"

旭生先生为什么要使全国的教育农业化呢？因为他觉得这种教育，才合于中国的需要。他对于中国社会的组织，以及变迁的趋势，有下列一句重要的论断。他说：

> 中国是以农立国的，我们相信不惟今日如是，即将来亦仍如是。

因为他有这样一个前提，所以才有他的全国教育农业化的方案。这是他的主张中最新颖的一点，也是我认为最可商榷的一点。

主张以农立国的人，近来真是不可胜数，但是什么算是以农立国，可惜没有人给他下一个详细的解释。假如说中国以农立国，只是要表明中国的多数人，是依靠农业为生，那诚然是一件事实，但我却认为是一件可怜的事实。因为这一件事实，只是证明中国的农业生产方法落后，要多数人在农业中劳碌，才可维持全国人的衣食。生产方法进步的国家，只要有少数人在农业中努力，全国衣食的资料，便有着落。如美国在 1930 年，只有 22% 的人在农业中谋生，不但生产可以维持本国人的衣食，还有余剩可以运往外国，便是一个好例。中国在农业中谋生的人数，现在虽无统计，但许多估计，都把他放在 70% 以上。文化先进的国家，生活程度高的国家，没有一国的农民，其百分数是在 70 以上的。根据 1932 年的国际年鉴，农民百分数在 70 以上的国家，可考的有南非洲联邦的黑人（75.0）、印度（72.3）、布加利亚（82.4）、立陶宛（79.4）、波兰（75.9）、罗马尼亚（79.5）及俄国（86.7）。俄国的统计，是 1926 年的，那时五年计划还未开始。现在我们敢说俄国农民的百分数，要降低很多了。以上这些国家，如把俄国除外，试问有哪一个国家，不是比较贫穷的，生活低下的，文化落后的？所以如说中国以农立国，便是多数人依农为生的意思，那么我们最好努力改良农业的技术，使少数人耕之，多数人便可食之。如此便可使很多的人，从农业中解放出来，从事于别种实业，努力于他种生产，使中国的财富，除农业外，还有别种来源。

旭生先生又以为不但现在的中国，是以农立国，即将来亦仍如是。这便等于说是，中国的经济组织，是固定的，是不变的。但是旭生先生有什么根据，下这种奇异的推测？在旭生先生所提倡的新式师范教育中，不是要学生习新式农事么，不是设备一种新式工业化的农场么？我相信中国的农业，如不开倒车，总有一天会采纳新的生产方法，如旭生先生所希望的。假如有那一天，中国农民的百分数，一定要减少的，这可以外国的经济史为证。我们试看各国的历史，凡是农业进步的国家，没有一国农民的百分数，不是下降的。今列表如下：

国名	第一时期	农民百分数	第二时期	农民百分数
美国	1880	44.1	1930	22
比利时	1846	44.0	1920	19.1
英国与威尔士	1881	12.0	1921	6.8
德国	1882	42.5	1925	30.5
瑞典	1870	51.6	1920	40.7
瑞士	1900	31.2	1920	25.5
挪威	1910	39.5	1920	36.8
法国	1906	42.7	1926	38.3
丹麦	1901	46.2	1921	34.8
荷兰	1909	28.4	1920	23.6
奥国	1870	62.6	1920	31.9
匈牙利	1890	70.5	1920	58.2
加拿大	1911	34.2	1921	32.8
澳大利亚	1871	44.0	1921	22.9
新西兰	1881	29.0	1921	27.1

以上这些国家，第二时期的农民，百分数都比第一时期为低。这些国家里面的农民，有的只是百分数的降低，如表中所示的。有的不但是百分数的降低，而且是实际数目的降低。如美国在1910年，在农业中谋生的人，有1265万，1930年，只有1075万。德国在1907年，农业中有988万人，1925年，只有976万人。丹麦在1911年农民有51万人，1921年，只有47万人。法国在1906年，农民有885万人，1926年，只有819万人。但是这些国家的农民，虽然减少，而农产品却在增加。以少数的农民，产多量的农品，这是最经济的生产方法。假如中国采用这种最经济的生产方法，当然无需70%以上的人在农

村中。所以假如中国的农业有进步,中国人依赖农业为生的人,是要减少的。

以上这些讨论,只是要说明我与旭生先生对于中国情形的观察不同之点。我们的见解有一点是相同的,就是都认中国的国民,大多数以农为生。但他以为这是一件好事,所以要把教育制度去迁就他。而我却认为这是一件可怜的事,能早日脱离最佳。脱离这种畸形的状态,使中国除农业之外,还要发展工业、商业、交通业、运输业、金融业、矿业,乃是我们所希望的。此外,旭生先生认将来的中国,还是以农立国,而我以为农业技术进步的结果,农村中可以不必容纳70%以上的人口,这些剩余的人,将来一定是在别种职业中找生活。结果,中国人口的职业分配,一定要与现在不同,那便是说,将来大多数的人,不一定要靠农业为生。我们即使学不到美国,学不到澳大利亚,也应当学到法国。英国当然不足学,因为他诚如旭生先生所说,工商业畸形发展了,弄得不到10%的人在农业中。不过我们要记得,工商业的畸形发展,固不足取,然而农业的畸形发展,如中国与印度,又何足为法。

我对于旭生先生的前提,既然不能完全同意,所以对于他的教育方案,也不能完全赞同。他提倡农业教育的精神,我是很表同情的,但是他要使全国的教育农业化,就未免“矫枉过正”。我们先不谈将来中国的情形如何,就拿现在的情形来说,中国人口的分布,并不完全在农村中。中国人的职业,也不完全是耕田种地。中国在100万人口以上的都市,据我所知的,至少便有3个,满10万人口以上的都市,据托格雪夫(Boris P. Torgasheff)在《中国评论周报》三卷十四期中所说,至少有112个。此外在5万人口以上的都市,我们还不知道有多少。陶内先生在《中国的农工》一书中,估计中国的市民,占全国人口20%左右,请问这些人的子弟,也都应当习农业吗?假如他们都习农业,那么中国的商业、工业、运输业等等,应当交谁执行?总之,“驱天下之民,归之于农”,乃是中国以前的顽固思想,由于不明他种职业的生产价值而发生的。自从经济学发达以后,谁都知道一国的经济组织,不是靠一种实业所能维持的,一定要各种实业平衡的发展,才可以收国富民荣之效。所以我们如想建设繁荣的中国,不但在农业上要努力,在别的实业上,也要有相当的努力。旭生先生似乎也想到这一点,所以他也“希望我们的工商业有相当的发展,不再受帝国主义的压榨”。可是他只希望而已,在他的教育方案中,实在看不出实现此种希望的教育。他的国民学校中,先生学生尽属农夫,一切的学校,都附设农场。从这种学校出身的学生,耕田种地,固然是拿手好戏。但是要他们从事于别种职业,试问有无此种能力?

所以我的意思,以为在市中的国民学校与师范学校,与其附设农场,不如附设工厂。与其教他们种地,不如教他们织布。与其教他们拿耙,不如教他们开火车。与其教他们割麦,不如教他们打电报。与其教他们研究土壤,不如教他们研究都市交通。与其使法官耕田,不如让他利用那些时间,去研究中国的司法制度。与其使医生种地,不如让他利用那些时间,去设法减低中国人的死亡率。总之,中国社会中的生产事业,不只农业一项;中国社会中所需要的人才,也不只农业人才。教育制度,要造成各色各样的人才,要满足各方面的需要,所以国民学校中的学生,旭生先生要他尽属农夫,乃是我所不敢赞同的。

不但在都市中的学校,不必教授农业,就是农村中的学校,也不必专教农业。我是因为看清楚中国农村中的人口过剩,所以有此种主张。农村中的人口过剩,何廉先生在《独立评论》第六号中已有说明，我们徽州人，尤其深刻地感到这一点。在我们那儿，农场是很小的，一个农场的经营，有时交给家庭中的女子便够了。这种小农场的生产，不能维持一家人的生计，同时农场的经营，也用不完一家人的劳力。于是这些过剩的劳工，只好向外发展，向农业以外的职业去发展。中国南部有一句土话，说是"无徽不成镇"，这是表示徽州人在外路谋生者之多，但这种情形，实有经济地理之背景的。中国有好些地方的情形，一定与徽州相仿佛，如宁波，如广东的许多部分都是。在这些乡村地方，如只给他们以农业教育，一定不能满足他们的要求。办教育的，一定要斟酌当地情形，除农业教育外，还要办商业教育、工业教育，以解决他们的生计问题。此外中国还有许多地方，有其特殊的富源，如山西之煤，河北之铁，湖南之钨，云南之锡，为充分利用这些富源起见，那么在这些省里，岂可忽略矿业教育吗？

至如中国将来的情形，恐怕对于农业以外的教育，需要更有甚于今日。这是将来的话，现在也不必多谈。

最后，我愿意对于这篇文章的题目，加一解释。"都市教育"与"乡村教育"二词据旭生先生说，是采用梁漱溟先生的。他们都反对都市教育，而主张乡村教育。假如目前的中国教育，是都市教育，那么都市教育，诚然是可反对。但是与其称目前中国的教育为都市教育，不如称他为游民教育。因为现在的学校，特别是中学，只制造出来一批一批的游民。他们当然不会耕田种地，在农村中做生产的事业。但都市的事业中，又岂有他们的地位？他们固然不能从事于农业，又岂能从事于工商业？所以把中国的教育叫做都市教育，真是冤枉了都市教育这个名词。假如我们说都市教育是工商教育，以别于乡村中的农业教育，那么都市教育在中国应当提倡，正如乡村教育应当提倡一样。在创造新中国的过程中，我们要发展农业，同时也要发展其他的实业。假如我们承认这一点，那么旭生先生的教育方案，就应加以修正，使都市教育与乡村教育，在他的方案中，都占有相当的地位。

十一　我们没有歧路

中国的工业化，在国际中比较是落后的。工业革命的工作，有的早已完成，如英美；有的正在进行，如苏俄。中国在若干年前，也曾听到工业化的呼声，但工业化的成绩，还没有表现出来，便有人在那儿反对工业化了。就在这一两星期之内，我便看见许多文章，有的提倡农本政治，有的主张以农立国，还有人来告诉我们，“除农民外无所谓民”。这些见解，我们可以给他一个名称，便是“经济上的复古论”。我们对于一切的复古运动，都不能表示同情，对于这种经济上的复古论，尤其反对。我们以为筋肉的生产方法，对于人民福利上的贡献，无论从哪一方面着眼，都不如机械的生产方法。在这一点上，美国与中国，正站在两个极端。美国平均每人可以驱使的生产力量，等于13.38马力，中国平均每人可以驱使的生产力量，只有0.45马力。这是使美国人富而中国人穷的主要原素。我们认为中国人现在应当积极的努力，用机械的生产方法，去代替筋肉的生产方法。朝这一条路走下去，自然是工业化，自然是商业发达，自然是农业方面的人口减少，而别种实业方面的人口加增。假如在这些成绩之外，还采用一种公平的分配制度，使贫富的距离不致相差过甚，那么工业化的结果一定是大家的生活程度都能平均地加增。这是我们所看得清楚而且愿其早日在中国实现的。

但是现在还有许多人不愿朝这条路上走，他们所以不愿朝这条路上走的原因，据我的观察，至少也有四种。

提出第一种原因来的，我们可以称之为夸大派。这一派的人，以为中国的文化，无论哪一方面都比外国人高。他们知道中国大多数的人，是从事于农业的，与英美等国，大多数的人，从事于别种实业的不同。但他们既以中国一切的文化，都是好的，都是应当保守的，所以在这一方面，也不必学别人，还是以农立国为佳。同时他们还常用一些笼统的名词，来描写农国的优点，及工商国的缺点，以自圆其说，以满足其夸大的欲望。但是事实胜于雄辩，对于这些赞美农国的人，我们可以问他几个问题，看他如何回答：

第一：这儿有两条路，一条使人富有，一条使人贫穷，我们应走哪一条？

第二：这儿有两条路，一条使人聪明，一条使人愚笨，我们应走哪一条？

第三：这儿有两条路，一条使人长寿，一条使人短命，我们应走哪一条？

我这儿所说的两条路，一条是以农立国，也就是以筋肉方法生产的路，一条是以各种实业立国，也就是以机械方法生产的路。从这两条路上走，可以得什么样的结果，我们最好不必空谈，拿点事实出来给人看看。

先回答第一个问题，这可以各国人民的平均入款来说明。根据1930年的估计，各国人民平均入款最高的前五名是美国（749元）、加拿大（579元）、澳大利亚（477元）、英国（409元）及瑞士（389元）。最低的五名，比较难说，因为有许多文化落后的国家，统计不齐，难于估计。但就有统计的国家而说，我们发现人民平均入款较低的，有印度(37元),有立陶宛(54元),有波兰(74元),有历维亚(94元),有希腊(98元)。前五国农民的百分数,没有在35%以上的;后五国农民百分数,没有在50%以下的。换句话说,前五国是以各种实业立国的,而后五国是以农立国的。

再回答第二个问题,这可以各国文盲的百分数来说明。世界各国,文盲的人,在5‰以下的,有丹麦(0.1),有瑞典(0.2),有英国(0.3),有荷兰(0.3),有瑞士(0.4)。这五国中,除瑞典的农民,占有40%以外,其余各国的农民,都在35%以下。丹麦这个国家,许多人总以为他是以农立国的,其实丹麦人口,在农业中谋生的,不过三分之一。再看那些文盲的百分数,在90%以上的国家,如埃及(92.0),如南非联邦(90.3),如印度(90.5),务农的人,都在70%以上。换句话说,以各种实业立国的国家,人民因为大多数受教育,所以是聪明的;以农立国的国家,人民因为大多数未受教育,所以是愚笨的。

最后回答第三个问题,我们可以平均寿年及婴儿死亡率两种统计来说明。1920年左右,男子的平均寿年在50岁以上的,有新西兰(62.7)、丹麦(60.3)、澳大利亚(59.1)、英国(55.6)、挪威(55.6)、瑞典(55.6)、美国(55.3)、荷兰(55.1)、瑞士(54.4)。这些国家的农民,没有在40%以上的。假如把挪威与瑞典除开,其余国家的农民,没有在35%以上的。农业国家的人口登记,多不完备,所以关于这类的材料很少。但印度是农业国,而印度的男子,在1910年左右,平均寿年只有22.5岁。再拿婴儿死亡率来说:婴儿死亡率最低的国家,在1931年,为新西兰(每千婴儿死32人)、澳大利亚(42)、荷兰(50)、美国(62)、英国(66)。婴儿死亡率最高的国家,多无职业统计。如只看有婴儿死亡率的统计及职业统计的国家，我们也可得到一个结论，便是以各种实业立国的国家，婴儿死亡率没有在150以上的。其在150以上的国家，如保加利亚(154)，如匈牙利(162)，如印度(180)，人民以农为业的，都在50%以上，换句话说，便都是以农立国的。

这些统计所表现的事实，决不是偶然的巧合，而是有集合的必然性的，利用筋肉的生产方法的国家，人民一定集中于农业（也有还不如农业的，如畜牧及渔猎），一定没有大量的剩余财富，因而人民大多数过穷苦的日子。穷人受不起教育，因而愚笨，无力讲究卫生，因而短命，也是必然的结果。中国素来是以农立国的，所以比较的穷，比较的愚，比较的人民多短命。穷、愚及短命，决不是可以夸大的事，所以我们对于这些夸大派，只有请他认清事实，要知道以农立国，是一件可怜的事，没有什么可以自夸的。

提出第二种原因来反对工业化的人，我们可以称之为禁欲派。这一派的理论，可以下面所引的几句话为代表：

> 盖物质文明与日俱进，换言之，即日趋奢侈。生活以此为鹄，即纵欲之衣食住行。纵欲之背景，即为工商，以工商发达，促成消费者之不规律，激增日新月异之滥费也。合理之衣食住行，要在节欲。其资料之获得，备置之法度，使用之珍持，皆有应循之程序，应合之分际。生息于何种政治之下，始足语此？以果求因，其维农本。

作者的意思，大约以为农业的生产，虽然不能满足我们衣食住行各方面的欲望，但是解决这个问题的方法，不在加增生产，而在节制欲望。这种懒人的态度，我们根本不能赞同。我们以为人类对于物质享受的欲望,要量多,要质好,要花样新鲜,乃是使人类上进的主要动力。假如在采集经济时代生长的人,相信禁欲主义,他们决不会产生渔猎或畜牧的经济。在渔猎或畜牧经济时代生长的人,如信禁欲主义,也决不会产生农业的经济。人类在生产方法上能够改良,能够使现在一个平民,其享受超过中世纪的一个诸侯,便是因为人类有满足欲望的要求,有不满意现状,要求改良现状的勇气。假如大家都禁欲,大家都随遇而安,人类的社会,决无进步可言。

而且在这个时候来提倡禁欲,来反对发展工商,未免太忽视了大众的福利。中国的大众,并不是纵欲的。他们终日孜孜,并非在那儿想过奢侈的生活,想得逾分的享受,乃是在那儿设法,满足生活上的基本需要,还时刻的感到力不能济,时刻的受冻饿的苦痛。我们对于这些面有菜色的大众,衣不蔽体的大众,茅棚草舍不足以避风雨的大众,不能使他们的生活改善一点,反去劝他们禁欲,这是“深悉民间疾苦”的人所忍发的言论吗?

我们以为中国的劳苦大众,在衣食住行四方面的欲望,要求满足,乃是做人应有的权利。而且在衣食住行之外,对于教育、娱乐、交际、卫生、旅行等方面,想享受一点他们现在没有享受到的快乐,也决不能视为逾分的。但在现在这种生产方法之下,上面所说的欲望,是不能充分满足的。所以我们要提倡改良生产方法,要提倡走工业化的路。

提出第三种原因来反对工业化的人,我们可以称之为因噎废食派,这一派的人,对于工业化的好处,是有相当认识的。他们对于英美工业化的文明,也有相当的鉴赏。可是他们看到这几年欧美各国种种不景气的现象,便吓倒了。他们看到近年这些所谓工业化的国家,都发生了大规模的失业问题,劳资间发生了尖锐化的冲突,社会上充满了不安的空气,因而对于工业化的本身,起了怀疑。他们以为与其把中国工业化之后,要遇到这些难解决的问题,不如还是不走上工业化的路为妙。

对于这些因噎废食的人,我要他们看看农业社会中的问题。农业社会中有一个问题,其性质的严重,比之工业社会中失业问题,有过之无不及的,便是灾荒问题。世界上还没有一个以农立国的国家,已经解决了他的灾荒问题。在这些国家中,灾荒问题,每隔若干年必来光顾一次。光顾的结果,历史上记载得很明白,是农民暴动,是内乱发生,是死于饥馑者若干万人或数十万人,是人相食。工业社会中的失业问题,从来不会发生这样严重的结果。即以 1929 年以后的情形而论,自那年开始的商业萧条,至今还未见显著的转机,各国的失业者人数,自数百万以至 1000 余万不等。但在这种不幸的状况之下,有一件事值得注意的,就是这些国家的死亡率,近年来并未因商业萧条,工人失业而提高。美国的死亡率,在 1928 年为 12.1(每千人中,死 12.1 人),1929 年为 11.9,1930 年为 11.3,1931 年为 11.1。英国的死亡率,在 1928 年为 11.9,1929 年为 13.6,1930 年为 11.7,1931 年为 12.5。德国的死亡率,1928 年为 11.6,1929 年为 12.6,1930 年为 11.1,1931 年为 11.2。我们要知道死亡率是人民生活程度最好的指数,假如一个国家的人民,在生活程度上有突然的下降,死亡率没有不上升的。但这 3 个国家,在 1931 年,还能维持他们的死亡率,与 1928 年相仿佛,可见他们对于失业者的生计,也有相当的解决方法。这些方法,据我们所知的,在英德以社会保险为重要,在美国以公家救济为重要。有了这些解决的方法,所以在工业社会中的工人,遇到失业,决不像农业社会中的农民,遇到灾荒,便有生命的危险一样。

还有一点,我们要请这些因噎废食的人注意的,就是工业化与失业,不一定有因果的关系。假如我们能够把制度变更一下,工业化也不一定发生劳资的冲突问题。欧洲已有一个国家,根据这种信仰去试验了。看看别人的勇气,我们还好意思说怕发生失业及劳资冲突问题,而不进行工业化吗?

提出第四种原因来反对工业化的人,我们可以称之为畏难退缩派。这一派的人,天天在那儿大呼,说是工业化的路走不通。问他们为什么走不通,他们便抬出一个魔鬼来,这个魔鬼,他们称之为帝国主义。他们以为工业已经给帝国主义包办,市场已为帝国主义垄断,关税已受帝国主义支配,在这种种的压迫之下,本国的工业,实无发展的余地。假如要走这一条路,前途真是艰险万状,不如回转头来,整理我们的农村,过我们固有的农民生活罢。我们对于这一派人所指出来的困难,自然也要承认。但是遇到困难,便逃避下乡,等于坐以待毙。假如我们努力去征服困难,也许有出头之一日。譬如我国的土布业,受外国厂制造出来的洋布所打击,几无立足之地,我们新兴的工厂布业,与英日的洋布相竞争,也有岌岌不可终日之势,这是大家都见到的。我们在这个时候,如见难而退,把所有的布厂关门,那么我们永远要受别人的宰割。如努力去设法改良工厂中的生产方法,改良管理,虚心采纳他人的优点,金融家与政府,又都能与实业家合作,那么前途终是光明的。因为英日等国,以工厂的出产品来侵夺我们的市场,我们只能以工厂的出产品——实际便是以机械的生产方法所制造出来的货物——去夺回来,除此以外,别无他路。同时我们还要认识清楚,新兴的工业,没有不受老工业国的压迫的,这不单是我们今日才遇到的问题,在别国也曾遇到同类的事。但别国并不因受压迫而退缩。我们都知道,英国的工业化,是最早的,他有一时曾霸占全世界的市场。但美国与德国,并不因为有英国的劲敌,便放弃了工业化的企图。日本的工业化,比较他们还后,但他也不因市场上已有英美各国的货物而退缩。最近我们可以看看苏俄,苏俄并不因为他的四周已有了许多工业国,便取消了五年计划。别人在帝国主义的压迫之下,依然是要工业化,“有为者亦若是”,我们为什么要自己丧气?

总之,生存在今日的世界中,我们只有努力走上工业化的路,才可以图存,我们只有一条路是活路,虽然这条活路上的困难是很多的。大家不要再在歧路上徘徊了。

第三章　人口政策

十二　多福多寿多男子

中国是一个善颂善祷的民族。从古至今，关于颂祷的成语，真是不可胜数，但流传最久，最能说出中国民众潜在的欲望的，莫过于“多福多寿多男子”一语。这一句话，可以代表许多人的人生观，许多人努力的目标。

我们愿意对于这句成语，下一个新的评定。

“福”的意义，最为广泛，我们很难把它的内容条举出来。虽然如此，无论什么人，都愿意过一种幸福的生活，这是大家都承认的。但是幸福的生活，有幸福生活的条件，今日的中国，是否具备这些条件呢？大家如果反省一下，对于这个问题的答案，一定是否定的。幸福的生活，第一需要一个安宁的社会，而中国的社会，现在是一方面有内乱，一方面有外侮。内乱的结果，是人民流离失所，朝不保夕。外侮的结果，是人为刀俎，我为鱼肉。在这种状况之下，来求幸福的生活，岂非缘木求鱼，所以我们如不想“多福”则已，如欲“多福”，应当献身于统一中国及巩固国防两种工作。这两件事都做过之后，我们才能有安宁的社会，才有幸福生活的基础。

有了幸福生活的基础，还要在上面盖起幸福生活的建筑，然后幸福的生活，才可实现。这儿所谓幸福生活的建筑，便是物质的文化，也就是目前所有的建设运动所想达到的目标。我们知道衣食住行等等根本的欲望，如不能满足，人生便无幸福可言。现在如欲中国的大众，都能满足以上的根本欲望，只有采用先进国的机械生产方法，来开发中国各地的富源，才能办到。等到物质的文化，已经开花，结下的果子，自然是精神文化。在物质文化与精神文化都发达的国内过日子的人，自然是“多福”的。我们觉得中国人以“多福”为生活的目标，是很对的，但要达到这个目标，在目前，还要在统一、国防、建设三个大问题上努力。

“寿”的意义，最为确切，我们都知道“多寿”便是希望年高的意思。可是与“多福”一样，“多寿”的目标，中国人也没有达到。我们只要作一个简单的比较，便可明了。先拿婴儿死亡率来说，欧美各国的婴儿死亡率，有好些是在 50 以下的，那便是这些国家中一年内所出生的婴儿，每 1000 人中，死亡的数目，在 50 以下，中国的婴儿死亡率，据陈通夫先生根据 17 种研究的推算，是 275。假如这个估计是可靠的，那么中国每年出生的婴儿，有四分之一以上，不满周岁便夭亡的，比欧美许多的国家，要多死 5 倍以上。再拿普通死亡率来说，欧美有许多国家，有好些，是在 15 以下的。那便是说，那些国家中的人，老少都算在一起，每 1000 人中，死亡的数目，在 15 人以下。中国的普通死亡率，根据许多的研究，平均大约在 30 以上。所以我们的普通死亡率，较之欧美好些国家，要高 2 倍以至 3 倍。造成这样高的婴儿死亡率及普通死亡率，最大的原因，便是我们上面所说的，中国缺少物质的文化。欧美各国在 100 余年以前，物质文化还未发达的时候，死亡的情形，也与中国今日相仿。在物质文化还没有发达的时候，我们便没有剩余的财产，来讲究科学、卫生及医药。这些事情都不讲究，要想大众的寿年，能够平均的提高，那是妄想。我们觉得中国人“多寿”的目标，也是对的，但要达到这个目标，还要经过长期的努力。

“多男子”的涵义，却有两种。一个解释，是把女子除开，只是希望多生男孩。虽然男女孩的出生，并不受我们希望的支配，但既生之后，男女孩的死亡率，却受我们重男轻女那种态度的影响。中国各地的人口调查，证明男子超过女子的数目，是可惊的。欧洲有好些国家，女子多于男子，新大陆的国家，虽然男子比女子多，但多得有限，在清查中所表示出来的男女性比例，约为102（男）比100（女）。但中国的男女性比例，竟高至125（男）比100（女）。中国和尚之多，单身汉之多，以及各种奸拐案件之多，一部分要由这种男女数目不平衡的现象负责。所以我们这种传统的多生男孩的观念，应该打倒。

“多男子”还有一个意义，便是不分性别，希望多生孩子的意思。这种希望，在人烟稀少的古代，是有意义的，但在现在的中国，便成为阻碍国家进步，降低人民生活程度的主要原素了。中国的人口，号称4万万以上，世上没有一个国家的人口，有这样多的。一个国家要这样多的人口，有何用处？打仗么？现在国际的战争，其胜负不以人的多寡而定。世界上的第一等强国，除美与俄，没有一国的人口，超过10000万的。即以美俄而论，也还在15000万以下。人口的数目，追随于中国之后的，只有一个已经超过33000万的印度，而印度乃是世界上有名的弱国，最不能打仗的。生产么？现在的生产力，大部分已不靠人的力量，而是靠煤、油及水等等天然的力量。人力在世界各国所有的生产力中，不过占八分之一，所以生产最多的国家，每每不是人口繁庶的国家。中国有四万万以上的人口，一不能卫国，二不能生产，只是许多的消费的单元，加增中国的消费力量而已。中国的财富本是有限的，现在却要供给这许多人的衣食，安能不走上穷困衰弱的路上去。所以为国家及为个人着想，那些没有力量替子女造福，替子女添寿的人，应当取消“多男子”的信仰，而代以节制生育的实行。

总之，多福多寿的目标，是可取的，但中国却没有做到，多男子的目标，在现在已无足取，但中国人却是做到了。应做到的没有做到，不应做到的却做到了，乃是中国人民生活困苦的重要原因。如想打破这层难关，我们须要重行评定我们的目标，然后去努力。

十三　土地分配与人口安排

最近中央农业试验所，对于中国的土地分配概况，曾发表了一个估计。这个估计，是根据22省891县的农情报告员所报告的结果，综合而得的。各省农家土地的分配，计在10亩以下的，占35.8%；10亩至20亩的，占25.2%；20亩至30亩的，占14.2%；30亩至50亩的，占16.5%；50亩以上的，占8.3%。十余年前，农商部对于这个问题，也有一个估计，结果与此大同小异。从这点估计里，我们可以看清楚中国的典型农场，是小农场。

要知道中国的农场，小到什么程度，我们应拿英美的情形来对比一下。在1920年左右，英国的农场，在5英亩（每英亩等于华亩约6亩半）以下的，占19.3%；5至20英亩的，占27.6%；20至50英亩的，占19.2%；50至100英亩的，占14.5%；100至300英亩的，占16.1%；300英亩以上的，占3%。美国的农场，在20英亩以下的，占12.4%；20至49英亩的，占24.3%；50至99英亩的，占22.9%；100至174英亩的，占22.5%；175至499英亩的，占15.6%；500英亩以上的,占3.3%。由这些统计,我们可以看出,像中国这种小农场,在英美等国是很少的。

再拿农场的平均面积来说,美国的平均农场面积为148英亩,英国为70英亩,而中国的平均农场面积,只有21亩,不过3英亩左右而已。

我们如想知道中国的农民,何以老在贫穷线以下过日子,这些统计,是最好的答案,中美农场的不同,对于生活程度的关系,美国农业部的白克耳先生(O. E. Baker)曾有下面一段很简单的描写:

> 在中国的北部,一个农场,平均不过4英亩,这是一家人用他们那种农具所能耕种的最大限度了。假如1英亩只能产生7个蒲式耳(1个蒲式耳的小麦,约60磅)的小麦,如美国的坎塞斯州一样,那么这个农场,只能生产28个蒲式耳的小麦,这只够两个人吃一年,但中国的家庭,总不只两个人。在美国的坎塞斯州,一个农民,最多在收割的时候要他的小儿子帮忙。便可种1000英亩的地。也算他7个蒲式耳一亩,这个农民便可收7000个蒲式耳的小麦。这个数量,够500人吃一年。

实际美国农民的家庭,最多也不过5口。这7000个蒲式耳的小麦,自己只能用一很小的部分,其余的部分,是送到市场上去换成现钱,然后以这些现钱,买汽车,买钢琴,送他的儿女入大学读书,造成他们那种舒适的生活。

我们如不想提高中国农民的生活则已,如想提高他们的生活,那么这个小农场问题,便非解决不可。

五六年前,我曾在《新月》第三卷第三期,发表了一篇《中国农民的生活程度与农场》，讨论同样的问题，当时我曾提出两个办法来，第一便是开垦荒地，第二便是发展农业以外的实业，吸收农场上的过剩人口。照我当时的估计，如把中国的荒地都开垦了，又把中国的实业，发展到一个地步，使国内人口，有四分之三靠农业以外的实业谋生，那么留在乡间务农的人，每户的平均农场，可以有35英亩。这样大的农场，虽然还赶不上英美，但比现在的状况，已有天壤之别了。

年来还常常地想到这个问题，觉得以上的办法，特别是第二点，很难在最近的时期内达到。原因是我们国内有一个大阻碍。这个阻碍，并非时人所说的"帝国主义"及"封建残余"，而是我们自己的人口数量。我国的人口，号称45000万。假如中国的情形，与日本一样，参加生产事业的人，占全人口45.6%，那么中国便有2万万以上的人口，是从事于生产事业的。在这个数目当中，现在大约有四分之三，便是15000万人从事于农业。假如我们只要四分之一的人从事于农业，那么我们便要在别的实业中，替15000万人谋一条生路，这真不是一件容易的事。因为我们假定中国的工业、商业、运输业与交通业，都发达得与美国一样，这数种实业合计，也只能吸收2400万人。其余的12600万人，将如何安排呢？根据中国的富源立论，中国的工商等业，如想发达到一个程度，超过美国目前的情形，大约是不可能的。如工厂不加增，商店不加增，交通事业不加增，而额外要多吸收12600万人到这些实业里去，结果一定是我们的工作效率减低，平均的收入下降，表面上我们虽然与美国有同等的生产工具，而他们过舒适的生活，我们却过贫穷线以下的生活。

上面的估计，已放了5000万生产者在乡间，其实用最新的生产方法，来耕中国7万万英亩的可耕地，决用不了5000万人。美国农民只有1000万人，而耕种的土地，却有35000万英亩，所以我们如在农业技术上，赶上美国，那么中国所有的土地，只用得了2000万人。如各方面的生产方法进步，农业用2000万人，别的实业，就算用3000万人，结果便有15000万人，无处安身。

实际情形当然不是这个样子，我们因为用了不长进的生产方法，所以大家都可以找到一点工作，过一种与禽兽相差无几的生活。我们是愿继续以前那种生活呢，还是想改进我们的生活？假如我们采取第二种态度，我们须克服我们生活的最大敌人，就是我们自己的庞大人口数量。

在这种观点之下，节制生育运动，是中国今日最有意义的一种运动。

十四　中国的人口问题

中国人民的生活程度须要改进，这是无论什么人都承认的一个目标。如想达到这个目标，有好些事是非做不可的，其中有一件便是节制人口，关于节制人口的需要，我在《土地分配与人口安排》（《独立》一五五期）一文中已略有申述，国内人士对于此种论调，同情的固然不少，但是反对的也很多。最不幸的就是反对中国现在采取节制人口政策的人，在社会上还握有很大的势力与威权，他们的态度，是使中国现在不能用合理的方法来解决中国人口问题的一个最大阻碍。为扫除这种阻碍起见，我们愿意先把反对中国采取节制人口政策的人所持的理由加以批评，然后再作一积极的具体的建议。

一切反对中国采取节制人口政策的人可以分作四派，第一派的人，从战争的立场，反对中国现在节制人口。他们的思想还停留在中古时代，以为现在的战争还是“杀一个你死我活”的战争，人多者胜。中国人如想在国际战争中获得最后的胜利，应当奖励人口，不应节制人口。这一派人的理论不值一驳，凡是懂得近代战争的性质的人，都知道近代战争的胜败并不系于人口的多少。世界上人口最多的国家就是中国，但中国在过去的国际战争中总是失败的，将来假如有战胜别个强国的一天，决不是靠我们的人多。冯芝生先生曾说过一个很好的譬喻，他说近代的战争不是《三国演义》式，而是《封神榜》式；不是你一刀，我一枪，而是你用一个法宝，我也得用一个法宝来抵住。谁的法宝利害，谁就胜利。法宝不是别的，就是飞机大炮之类。中国没有法宝，只用人力，是过去战争失败的主因。我们撇开中国，再看别的国家，其强弱与否，是否以人口的多寡而定。除开中国不算，世界上人口最多的国家便是印度，他有36000多万人口，还逃不了亡国的命运。反是，世界上的强国如美如俄，人口虽在1万万以上，但未超过2万万。如德如日本，人口虽在5000万以上，但未超过1万万。至于英、法、意等国，人口都在5000万以下。由此可见中国如想强盛，并不必加增人口。

第二派的人，从生产的立场，反对中国节制人口。他们以为人口减少了，生产力便会降低。反是，如人口加增，生产力便会加高。人口与生产的关系，在工业革命以前，是很密切的，所以古人每以人口的多少来判断一个国家的富力。但在工业革命以后，情形便大不同了，以前几百人几千人所做的工，现在只要一架机器便可做成。所以我们如想加增一国的生产，与其创造肉机器，不如创造铁机器，因为铁机器的效率远非肉机器可比。我们只须举一个例来说明此点。中国现在的耕地，据各种估计，最多不会超过3万万英亩，比美国现在的耕地大约还要少5000万英亩。美国现在耕这35000万英亩的地，只用1000万人。中国的农民到底有多少，现在我们固然回答不出，但是假定农家的人口有3万万人，而在这3万万人中，除老弱不计外，直接从事于农业生产的，又假定为三分之一，也有1万万人。1万万人所耕的地，不如1000万人所耕的地之多，1万万人所生产的农作物，不如1000万人所生产的农作物之多，就是因为这1万万人不过是1万万个肉机器。而那1000万人，除本身为1000万肉机器外，还有许多铁机器帮忙的缘故。由此可见中国如想加增生产，也不必加增人口。

第三派的人，从土地利用方面着眼，以为中国现在不必节制人口。他们举出许多荒地统计来，证明中国现在还有许多可耕地没有变成已耕地。为充分利用这些荒地起见，中国应当加增人口，不应节制人口，关于这一派人的主张，我们愿意提出两点意见来与他们商榷。第一，中国的都市与乡村中充满了无业的游民。中国的荒地应尽先用以安置这些游民，不应在游民充满了中国的今日还提倡人口的膨胀。第二，中国农民的数目已经是很多了，他们所以没有把荒地充分利用的缘故，一因政治不安，乡村生活无保障；二因地权属于他人，农业经营无利益；三因技术不良，专靠自己的筋肉，耕种不了多大的一块地。假如社会秩序安定，地权问题解决，同时技术方面又有改良，那么中国现在的荒地，让已从事于农业的人来开垦，可以应付裕如。特别是耕种的技术及收获的技术如真有改良，将来农民只愁无地可以发展，不会让地荒而不耕的。所以从土地利用方面着眼来反对节制人口，其理由亦不能成立。

第四派的人，从工业化方面着眼，以为中国现在不必节制人口。他们以为中国的人口虽然众多，但从人口密度一点看去，中国还在英、比、德等国之下，中国现在是一个以农立国的国家，所以感到人口的压力，但中国现已走上工业化的路，将来工业发展之后，还可以吸收许多人口，还可让中国的人口密度提高与英比等工业化的国家一样。既然有此出路在前，现在大可不必节制人口。关于这一点，我们愿意提出一个先决问题来讨论，就是我们以后的工业化是预备采取美俄式呢，还是采取英日式？美俄式的工业化，其要点是利用本国的资源来发展本国的工业，用本国的食物来养活在工业中谋生的人，同时工业品的主要市场也在本国。这种工业化的国家，人口密度是不高的。美俄两国的人口密度，都还在中国之下。英日式的工业化便与此大不相同。他们本国的资源不能维持本国的工业，本国的食物也不能养活在工业中谋生的人，所以制出来的工业品一定要在国外找市场。以本国的工业品，去换原料及食物，来维持本国的工业及工人，乃是英日式工业化的国家的特色。他们的人口密度是很高的。这些国家的人口密度所以能维持到那样高，就是因为在本国的土地以外还有殖民地，还有海外市场，作本国人民生活的基础。中国以后的工业化，据我们看来，只有采用美俄式，而不能追随英日式。换句话说，我们发展工业的资源只能靠本国供给，谈不上猎取殖民地。我们的工人也要靠本国的粮食来维持生命，以免生命线系到别人的国土上去。工业品的市场也只能以本国为主，谈不到在海外倾销吞并。既然工业化的方式是以美俄为师，那么人口密度必然的也要以美俄为标准。所以从工业化的立场来反对节制人口，其理由也不能成立。

反对节制人口的理由，我们已经一一批评了，现在我们愿意简单地说一下，我们为什么主张中国现在应当采取节制人口的政策。

第一，中国人口的庞大，阻碍了中国的近代化。近代化的主要条件，便是用机械的生产方法，来代替筋肉的生产方法。无论在什么生产事业中，我们一谈机械化，便遇到一个困难的问题，就是采用机械之后，排挤出来的人口如何安排？谁不赞成中国的农业机械化，但是真的机械化了，1万万人中只能用1000万人，其余的9000万人将在何处安身立命？许多的好计划都给这个失业问题吓住了，而提不出来，行不出去。所以中国人口的大量，束缚了中国的生产力，使其不能自由的发展。我们愿意中国近代化，所以我们主张节制人口。

第二，中国人口的庞大，是中国大多数人民贫穷的主要原因。我们的富源有限，而吃饭者源源不竭而来，以致一年所产生的财富，除供给这些人口的日常需要之外，能节省下来变为生产资本的，其数目真是小得可怜。美国人民一年的生产，除供给消费的必需之外，每年可以储蓄150万万元，以投资于生产事业，因之生产事业日渐发达，人民的享受也日渐加增。中国人民每年的储蓄，因材料不全，无从估计，但大多数的人民，到了年底没有债主上门的已算万幸，有储蓄的真是少见。如何使中国人民的生产每年有巨大盈余以为生产资本，诚为有识者所应日夜操心的问题，达到此点，方法虽多，然减少人口数量，使消费者的数目减少，应为最重要的一途径。美国的人口如与中国相等，每年决省不下150万万元。中国要创造资本，一方面固应努力生产，一方面也应实行节约，而节制人口是节约最有效而无痛苦的最好方法。

第三，为救济一般产妇、婴儿及在经济压迫下的家长等起见，我们主张节制人口。中国做母亲的是世间最不幸的女子。自从十余岁出嫁之后，一生连小产死产在内，可以怀孕十余次以至二十余次。第一个小孩尚未脱离哺乳的时期，第二个小孩已在孕中了。

这样的生产不息，是使中国妇女体力减退，未老先衰的最大原因。中国的妇女当然不应回避做母亲的责任，其实出嫁的女子很少不愿意做母亲的，但在两次怀孕之间，应当给一般做母亲的有一个休息的机会，然后才不致损坏他们的健康。节制生育，使怀孕一事可以人为的控制，是保护中国妇女健康的一个主要方法。中国的婴儿与他们的母亲一样，吃尽了生育不能节制的苦。因为他的弟妹源源不绝而来，所以他应当得到的照料，都给他的弟妹分去了，结果是中国婴儿的死亡率，在文明的国家中，可以首屈一指。别个国家，每千个出生的婴儿，死亡率常在 50 以下，中国的婴儿死亡率常在 250 以上。假如一个婴儿，在出生以后的三四年中，没有弟妹来分他的父母的慈爱，死亡率一定可以降低许多。所以为这些小生命着想，做父母的应当控制生育。即从做父母的本身着想，许多人在经济的压迫之下，多一个子女，便多一层担负，所以在生了三四个子女之后，再听到怀孕的消息，真可使许多人坐立不安。北平的妇婴保健所曾接到无数的呼吁，都是从这类的父母心中发出来的。给他们一点节制生育的知识，胜过金钱的救济若干倍。此外身体孱弱的女子，以及有遗传病的人，都需要节育的知识来保障他们及其家庭的幸福。

第四，我们看到现在有两种新的势力，使中国的人口膨胀，超过以前的速度，如不立行节制政策，将来一定要产生较现在还要严重的局面。这两种新的势力就是卫生事业及工业化。工业化已在萌芽，卫生事业的发展，可由卫生署的设立，及各地医院防疫等事业的推进，窥其大略。工业化的结果，可使人的享受加增，早夭等不幸事件减少。卫生事业的最大目的就是要减少死亡率，这是大家都明了的。欧洲自 1750 年以后，因为这两种势力的影响，使人口从 14000 万加至 51000 万。不到 200 年，人口几乎加了四倍。这两种减少死亡的势力已经到中国了，我们假如在死亡率减低的现状之下，不设法使生育率也同样或更快的下降，那么不久就可由 4 万 5 千万的人口到 5 万万或 6 万万以上。如此时不急设法制止，不但我们不能食工业化及卫生事业之惠，恐怕马尔萨斯所说的积极的节制，如瘟疫、饥馑、战争等不幸，都会一一光顾中国了。

由于以上的考虑，我们认为节制生育是解决中国人口问题的最好方法，是中国目前应当采取的人口政策。实践这种政策的方法，最好是使各地的卫生机关，以供给节育知识，为其主要事业之一。凡身体衰弱的，有遗传病的，生育太密的，经济负担太重的人，向各卫生机关，各医院，各医生，请求节育知识时，各卫生机关等应当充分供给。我们把这个责任放在医生及办卫生事业的技术人员身上是再好不过的。这是我们建议的第一步。

如舆论已经成熟，我们愿意作第二步的建议，就是由政府在各地设立妇婴保健所，义务的供给上述各种人民以节育的药品及物件，如现在政府供给义务教育一样。

这是各种救国事业之中一种最重要的事业，是建造新中国的各种办法中一个最有效的办法，希望海内人士同情于这种主张的加以鼓吹及宣传，使对于中国人口问题的合理舆论早日实现。

第四章 分配问题

十五 新税制与新社会

近来我们常常听说，财政部要举办新税，而在这些新税之中，最引人注目的，便是所得税与遗产税。所得税在最近的将来，就要实行了，遗产税还在讨论与计划的过程中。我们觉得这两种税制，不但为财政开一新源，而且还可借此创造一个新的社会。关于前者，议论的人颇多，关于后者，我愿意乘这个机会，大略地说一下。

自从18世纪以来，人类起了一种新的要求，就是“平等”。平等一词，所包括的意义颇多，如法律上的平等、政治上的平等、教育机会的平等、男女待遇的平等、种族地位的平等都是。但是呼声最高，激动人的感情最深刻的要求，还是经济上的平等。各种社会主义的运动，目的无非去实现这种理想。经过多少年的鼓吹，可以说是现在全世界上，没有一个头等甚至二等的思想家，敢出来替旧的制度辩护的，虽然旧的制度，现在还没有到总崩溃的时期。但大家虽然都赞成社会主义，而实现社会主义的方法，各人的意见，却不一致。有主张用急进、暴动、杀人流血等手段，去推翻旧的社会，创造新的社会的；有主张用渐进、和平的方法，去实现同样的理想的。这两种方法，现在都有人主张与鼓吹，我们是赞同后者的。

我们如想和平地达到经济平等的社会，所得税与遗产税，便是最好的工具。先说所得税。现在社会上各阶级的收入，是极端不平等的。一年收入在数百万数十万以上的固有，而一年收入不满百元的，尤占多数。这种收入的不同，造成生活程度上天壤的差异。富者奢侈逾分，而贫者连生存的需要都不能满足。所得税便是一种工具，利用国家的力量，把社会上的盈余，从私人的手中，重行吸收到公家的手里去。国家以这种收入，举办各种社会事业，如教育、卫生、医药、社会保险、贫穷救济、儿童福利等等均是。这些社会事业，目的不在赚钱，而在服务。社会上的人士，无分贫富，都可以不必自己花费，便可享受以上事业所给予的幸福。社会事业愈广，大众的生活程度愈提高，以前要自己花钱才能享受得到的东西，现在由公家供给，不花钱也可享受得到了。这不是一种理想，在许多国家里，上面所说的社会事业，已为逐渐实现的事实。如英国，在1850年至1851年，政府在社会事业上的花费，只有500余万镑；在1927年至1928年，同样的花费，便达到18600余万镑。在前一时期，政府在每一个公民身上的社会事业花费，只达5先令4便士；在后一时期，便加到2镑15先令11便士。（以1890年的物价，为计算的标准。）在前一时期，政府举办的社会事业，只有教育与贫穷救济两种；在后一时期，便加到十种以上。从这些趋势看来，英国虽然号称资本主义的国家，实际已经和平地走上社会主义之路；正如一百余年以前，法国因要求政治平等而流血革命，英国却和平地走上民主政治之路。英国现在人民的生活程度，并不低于任何国家。它比苏俄的生活程度要高许多，乃是有目共睹的事实。假如上说的趋势能继续下去，我们敢说将来英国的生活程度，也不会低于任何国家。英国社会事业所以能够发达的原因，所得税当然要负一部分责任。他们的榜样,是我们所当取法的。

其次再说遗产税。遗产是造成贫富不均的最大元素,这是研究外国富豪的历史的人所得到的共同结论。一个大的家私,每是几代合作的结果。譬如美国有名的阿思脱富户在第一代创业的时候,家私只值2000万,到第二代便有5500万,第三代加至9500万,第四代便突加到27500万了。假如美国不把遗产税的税率增高,阿思脱的家私,将来还不知要加到什么样的地步。以前的富翁,如生了一两个败家子弟,会把祖业毁败,但现在保管家产的方法进步了,保管家产的机关如信托公司等,也逐渐增加了,所以一个大的家私,如已集了起来,是很难再散出去的。因此国家更应出来干涉,不要使几百万人或几十万人的生产工具,老在一两个人的掌握之中,一个国家,如肯实行累进的遗产税,那么无论什么生产工具,都会逐渐地社会化。一个私人所创办的工厂,在累进的遗产税之下,到了第二代时,便有一小部分股票移到国家的手中。到第三代,国家所保持的股票,百分数还要高点,再隔一二代,也许整个的工厂,便归国家所有了。这样地做下去,不流血,不革命,而生产的工具,便自然地都由私人的手中,移到国家的手中来了,国家有了这些生产工具之后,生产的事业,其进行之方法,一定要与现在不同。有几点可以提出来说的,就是在那个时候,生产一定是有计划的,而不是盲目的;是为满足人民需要而生产,而非为私人利润而生产。换句话说,是社会主义式的生产,而非资本主义式的生产。

财政部拟办的遗产税,其税率如何,现在无从知悉;所得税的税率,据说最高不会超过20‰。这种税率,是不能达到我上面所描写的新社会的。但我们不必以此而悲观。为山九仞,起于一篑,只要我们的工作已经开始,那么工作的完成,只是时间上的问题。我们是可以鼓起勇气，上前迈进的。

十六　阶级论

（一）阶级论在社会学中的地位

自从孔德创立社会学之后，关于社会学的性质，及其研究的对象，便成为一个问题。现在回顾一百年来关于这个问题的辩论，我们不得不承认，孔德所规定的社会学研究的对象，已经为大多数的学者所采纳。社会学的中心问题，至今还是如孔德所指示的，便是社会组织与社会变迁。我们现在要看：社会组织与社会变迁，到底研究一些什么现象？在这两个大问题里，阶级论有何地位？

社会组织，至少要包括三方面的研究。第一方面是制度的研究，目的在寻求各种制度的关系，如经济制度与政治制度的关系、家庭与宗教的关系等等。① 第二方面是社区的研究，目的在寻求乡村与都市各种社区的性质及其相互的关系。第三方面便是阶级的研究。从这个观点去看社会组织。就可发现社会组织不是平面的，而是有阶层的。我们平日常用尊卑、贵贱、贫富、上流与下流等

① 有人怀疑：社会学如以社会组织为研究的对象，范围是否太广？经济学是研究经济组织的，政治学是研究政治组织的，社会学现在又来研究社会组织，是否把政治学、经济学等都包括在内，而使“社会学”与“社会科学”的范围相等？我们的答案是否定的。经济组织的研究，是经济学范围内的工作，但经济组织与别种社会现象的关系，便是社会学的工作。假如说得更准确一点，这种工作，便是经济社会学的工作。社会学与其他社会科学不同之点，可以类推。

词句，来表示社会上这种不平等的姿态。在各种社会里，阶级的分野如何，它们有什么不同的职务，维持一种什么样的关系，社会的各种生活，因阶级的分野而发生什么影响，这一类的问题，都是研究社会组织的人所最关心的。由此可见阶级论是社会组织的一个主要问题，研究社会组织而不注意到阶级，便如观察一个人只观其背而不见其面，决难得到他的真相的。

社会学者研究社会变迁，最后的目标，还是发现社会演化的阶段，以及演化的原因。现在有一派流行的理论，认阶级斗争为社会演化的唯一动力。我们根据事实的研究，虽然不能下此种极端的结论，但同时也不能否认，阶级间的对立状态，是推动历史的一种势力。在历史的每一个阶段中，阶级表示一种什么形态，他们中间的关系，对于社会变迁发生何种影响乃是研究社会变迁的人所不可忽略的。

本文所想讨论的，只是阶级论中的几个根本概念，以及一般人对于阶级论所想知道的几个问题。彻底的研究，决非这篇短文中所能做到的。

（二）阶级的意义

阶级一词，有广狭二义。广义系指一切社会中的阶层组织而言。此种阶层组织，在不同时期或不同社会中表示不同的形态。即以中国的历史而言，春秋时代，社会中有贵族、庶民、奴隶等阶层，各阶层的人，享受不同的权利，担任不同的义务，在人民的心目中各阶层的人，也有尊卑贵贱之分。所以从广义言，春秋时代，自然是一个阶级社会。现在的中国，贵族与奴隶都没有了，但没有人承认阶级是消灭了。换句话说，我们现在虽没有贵族与奴隶，但还得承认现在中国依然是一个阶级的社会，不过阶级的根据，与春秋时代不同就是了。又如法国在1789年大革命以前，固然是一个阶级社会，大革命以后，一直到今日，还是一个阶级社会。阶级一词，这样广义的用法，把古今中外一切不平等或分层的组织都包括进去，有时也有缺点。因为科学的一个目标，是要指出类似的现象，有何不同之点。中国现代的社会，与春秋时代的社会，虽然有相似的地方，但不同之点也颇多。法国大革命前与大革命后的社会，相差也很大的。为表示这种差异的方面起见，我们愿意给阶级这个名词一个狭义，让他来代表近代的阶级社会，至于法国在革命前的社会，或中国春秋时代的社会，我们可以称他为等级社会。① 欲知阶级从狭义言，作何解释，可先讨论近代的阶级社会与等级社会不同之点，然后再看近代阶级分野的根据，因而确认各阶级间，其差异之点何在。

中国春秋时代的社会，以及欧洲中世纪的封建社会，最可作等级社会的典型，而英美近日的资本主义社会，则可作阶级社会的典型。这两种社会的分别是很多的。② 第一，在等级社会中，各阶级分野

---

① 等级一词，在英文为Estates，德文为Stände。英美学者，除少数外，对于等级社会与阶级社会的分别，多不大注意。德国学者，对于此两种社会，多相提并论。如富莱尔（Hans Freyer）的社会学系统，便以等级社会（Ständegesellschaft）与阶级社会（Klassengesellschaft）为其主要概念，见其所著 *Soziologie als Wirklichkeits Wissenschaft*, Leipzig, 1930 及 *Einleitung in die Soziologie*, Leipzig, 1931。

② 关于等级社会与阶级社会的差别，除上面所引富莱耳的著作外，可看 Albrecht, G., *Die sozialen Klassen*, S. 61-70; Baner-Mengelberg, K., “Stand and Klasse”, *Kölner Vierteljahrshefte für Soziologie*, Bd. 3 (1923-1924) S. 275-287; Ginsberg, M., Sociology, pp. 164-168; MacIver, R. M., *Society, its Structure and Changes*, pp. 82-83; Mombert, P., “Zum Wesen der sozialen Klasse”, in *Hauptprobleme der Soziologie, Erinneruugsgabe für Max Weber*, Bd. 2, S. 247-248; Tawney, R. H., *Equality*, pp. 124-127; Tönnies, F., “Stände und Klassen”, in *Handwörterbuch der Soziologie*, S. 617-638; von Wiese, L., *System der allgemeinen Soziologie*, S. 579-585; Weber, M., *Wirtschaft und Gesellschaft*, S. 177-180, 631-640。

的根据，是法律的与政治的，而非经济的，或财产的。各阶级所享受的权利，完全不同，譬如平民要纳税，而贵族可不纳税，平民要服役，而贵族可不服役。平民的权利，虽然不如贵族，但奴隶的权利，又不如平民。各阶级的身份，不但是在生活或习惯中表示出来，在法律上也是规定的，彼此决不平等。民法方面如此，刑法方面亦然。同样的犯罪，但所受的刑罚是不相同的，因身份的尊卑而有差别。在政治上，只有上层的人统治下层的人，统治者与被统治者的分别是很显然的。这些法律上及政治上的差别，在近代的阶级社会里，已经消灭了。现代的各阶级，虽然还有贫富之分，但在法律前，大家是平等的。只要是公民，谁都要纳税，纳税的多寡，看财产或进款的多少而定，不因在社会上地位的高下而有差别。职业是公开的，可以自由选择。财产可以买卖，可以互相授受，不必要什么贵族的同意。婚姻是自由的，迁徙是自由的，不受什么主人的干涉。选举权及被选举权，大家都有，并不限于任何阶级。这是阶级社会与等级社会的第一点主要差别。第二，等级社会的身份，是固定的；阶级社会的身份，却是流动的。在等级社会中，身份是生成的，儿子的身份，与父亲的身份一样，所以士之子常为士，农之子常为农，工之子常为工，商之子常为商。虽然也有少数的人，遇到特殊的机会，也可改变他们的身份，但那是例外，多数的人，还是不变的。近代的阶级社会，便与此大不相同，上升与下降的事实，天天可以见到。不但儿子的身份，可以与父亲不同，便是一个人在他的一生里，也可改变他的身份若干次，如由工人升至工头，由工头升至经理之类，反是，由富翁变成贫民，由地主变成佃户，也是数见不鲜的事。① 我们固然不能说现在的社会流动，非常便利，上升下降，毫无阻碍。② 但如与等级社会相比，这种差异，却很显明的。③ 总之，等级社会与阶级社会的主要差异，在于等级社会中，各等级在法律上与政治上不平等，而阶级社会中，各阶级在法律上及政治上却是平等的；等级社会中，各人的地位及身份，是世袭的，很少变动的可能，而在阶级社会中，各人或各家庭的地位与身份，却常在变动之中。

从历史的观点看去，等级社会，出现于阶级社会之前，有人说是到了19世纪，欧洲的资本主义国家，都已由等级社会，走入阶级社会了。这句话当然大体是对的，但颇易引起别人的误解，因为照

---

① 近代阶级流动的材料，索罗金教授（Pitirim Sorokin）曾有结账式的报告，见其所著*Social Molility*，Part 5。靳世保教授（Morris Ginsberg）根据他自己的研究，以为现在的社会里，上升的机会虽然很多，但已爬入上层社会，那么跌下来便不容易，因为有许多势力在那儿维持他。他所以得到这样的结果，是因为他研究英国的社会，发现父亲在上级中，而儿子跌到下级中去的（他把英国社会，分为上中下三级）不过1%左右。反是，父亲在下级中，而儿子爬入上级的，倒有12%。详细材料，见他所著的*Studies in Sociology*，Ch. 9。其实细看靳世保教授的报告，从上级跌至下级的，虽不到1%，但从上级跌至中级的，便有7%，从中级跌至下级的，便有27%。这种统计，表示现代社会中，下降的事实，还是有的，不过下降乃是按步的下降，很少突然的下降而已。大约社会上升或下降的流动，总是逐渐的多，而突然的少，此说创自德国的孟伯特教授Paul Mombert，见其所著"Dia Tatsachen der Klassenbildung"，*Schmollers Jahrbuch*，Bd. 44（1920）S. 1041-1070.

② 参阅本部分第四节。

③ 有些学者，如马克斯·韦伯（Max Weber）及孟伯特等，认这一点差异，为等级社会与阶级社会分别的主要点。孟伯特说："Von einer Gliederung nach Klassen oll dann gesprochen werden, wenn zwischen diesen Gruppen ein Wechsel persönlich und in der Generationenfolge leicht möglich ist und typisch stattzufinden pflegt. Von einer Gliederung nach Ständen wird man im Gegensatz dazu dort sprechen, wo ein solcher Wechsel mehr oder weniger ausgeschlossen, wo die Zugehörigkeit zu einer bestimmten sozialen Gruppe durch Sitte und Recht eine gebundene ist." *Hauptprobleme der Soziologie*, S. 247。

这种说法,好像等级社会,到了某年某月,便完全消灭,而阶级社会,便从某年某月起,开始发展似的。其实在历史上决无此事。我们最多只可以说,等级社会,代表几种社会组织的原则,这些原则,在某一时期,曾有极大的势力。为方便起见,我们便称这一时期的社会,为等级社会。其后这种原则的势力,便逐渐衰微,而新的社会组织原则,又逐渐演化而出,19 世纪以后,新的势力,胜过旧的势力,所以我们便说,等级社会崩溃了,其实他的崩溃,决不是一朝一夕所造成的,而且等级社会的残余,在阶级社会中依然可以找得到。①

近代的阶级社会,与等级社会的差异,已如上述。现在我们可进而研究近代阶级的组织,以及各阶级间分别的根据。这种分析一定可以帮助我们格外明了近代阶级社会的意义。关于阶级在近代社会中的存在,大家都是认为没有问题的,但这个阶级和那个阶级的分别,到底在什么地方,以及现代社会里,到底有多少阶级,各人的说法,便不同了。② 从消极方面说,我们知道近代阶级的区别,不是建筑在两性的差异上面,男子与女子,不能成立对立的阶级。也不是建筑在年龄的分别上面,老年、壮年与少年,并不是三个不同的阶级。血统的分别,不能产生阶级,所以我们没有赵姓阶级或钱姓阶级。信仰的不同,也不能产生不同的阶级,所以我们没有回教阶级或基督教阶级。籍贯的分别,并不

① Albrecht, G. , a. a. 0. , S. 68.

② 现代阶级的各种定义,可参考下列文献:Geiger, T. "Zur Theorie des Klassenbegriffs und der proletarischen Klasse", *Schmollers Jahrbuch*, Bd. 54 (1930) S. 377-392; Derselbe, *Die soziale Schichtung des deutschen Volks*, S. 5-12; Mombert, P. , a. a. 0. , S. 240-243。

一定是阶级的分别,所以云南人与河北人,也可属于同一阶级。种族的分别,并不一定是阶级的分别,所以白人与黑人,也可属于同一阶级。从消极方面说,阶级与别种团体,是有分别的。但怎样才算是属于同一阶级呢?怎样才算是属于两个阶级呢?第一派的人说:阶级的分别,看一个人对于生产工具有支配权与否而定。凡是对于生产工具有支配权的人,属于一个阶级,名为资本阶级。凡是对于生产工具没有支配权的人,属于另一阶级,名为劳动阶级。第二派的人说,阶级的分别,要看他的财产的多寡而定。根据这个标准,我们至少可以把社会上的人,分成富人、小康及穷人三阶级。每一阶级的人,假如我们愿意,还可再分为若干阶级。第三派的人说,阶级的分别,要看他的入款的来源而定。靠利润来维持生活的,为资本家;靠地租来过日子的,名为地主;靠着两只手做工吃饭的,便是工人。第四派的人说,阶级的分别,要用生活程度作标准,我们能把生活程度分作几等,阶级也便有几等。第五派的人说,阶级是人与人中间的一种关系,凡同阶级的人,彼此可以通婚,可以来往,可以发生友谊,可以成为亲戚。另外社会上还有一部分的人,是你不敢与他来往的,在他面前,你发生一种自卑的心理,一种自惭形秽的心理。假如他走上你的门,你会觉得受宠若惊。这一种人,属于上一阶级。此外社会上又有一部分的人,是你不屑和他来往的,在他面前,你会发生一种自尊的心理,假如与他坐在一起谈天,好像降低你的身份似的。这一种人,属于下一阶级。这是阶级的主观说法。因为主观,所以是相对的,在甲认为是上层阶级的人,在乙也许要当作下层阶级的人看待。最后还有一派的主张，也可说是注重阶级的主观方面的。他们以为阶级的分别，看一个人对于现存经济制度的态度而定。假如他是拥护现状的，一定是在现状下享受到特殊的利益，这些人，属于一个阶级。假如他是反抗现状的，一定是在现状下，站在一个不利的地位，或者本身的地位，并无不利，但是对于那些不幸者表同情，所以也反抗现状，这些人，又属于一个阶级。此外还有以统治与被统治，有闲与无闲，来作分别阶级的根据的。这一切定义，都有片面的理由，但都不能把阶级社会的整个面目表示出来，譬如以入款的来源，来分别阶级，似乎是很清楚，但社会上便有许多人，一方面在工厂中做工，另一方面又买了几份股票，可以于薪资外还拿利润，像这种人属于哪一阶级？又如一个寡妇，他靠以维持生活的，只有丈夫遗留下来的一万元股票，按年息六厘计算，他可以拿六百块钱。如根据入款的来源而说，他当然是一个资本家了，但如看他过的生活，实在还比不上福特汽车公司里的一个小工。以资本家的名义，过小工不如的生活，是否还能算是资本家呢？又如一个自耕农，自己有百亩田地，买了一个机器来耕种，不雇别的帮手，只同自己的儿子下田工作，年终的收获，值洋千元。这一千元，自然包括地租、利润及工资在内。像这样的一个农夫，是资本家呢？地主呢？还是劳工呢？拿这一个例来说，就可看出只以一种原素，来区别阶级，有时是会发生困难的。比较妥当的办法，是同时用好几种原素，来区别阶级。譬如观察某一个人属于哪一阶级，我们不只看他入款的来源，还要看他财富的多寡，还要看他生活程度的高低，还要看他对于现存经济组织的态度，这几种标准并用。便容易解决这个问题。所以比较完善的定义，每是综合的定义。①

假如我们采用一个综合的定义，来分别社会上的阶级，就可知道马克思等所主张的二分法是不对的，因为社会上的人，有许多既不是资本家，同时又不属于普罗阶级。为使这些人在分类中有一个地位起见，我们主张用三分法，就是除资本阶级，劳动阶级之外，还添一个中产阶级。这个阶级所包括的人，有小店主，小厂主，中上级的官吏，公司及工厂中的经理及重要职员，大部分在自由职业中谋生的人，如教员、医生、牧师、工程师、音乐家等等。这些人自从工业革命以来，不但没有减少，而且有随实业发展而加增的趋势。他们的进款，是多方面的，一方面要靠工作，另一方面他们也有少数存款可以投资。他们对于现存的社会组织，既不顽固的维持现状，也不盲目的主张根本推翻。他们对于资本家既不肯逢迎，对于劳动者，也不愿鄙视。从生活的享受方面，从入款的多少方面，从经济的势力方面去看，他们总是介乎资本家与劳

① 我们在下面引用许墨留教授（Gustav Schmoller）对于阶级所下的定义，以作综合定义的代表。他说："Wir verstehen unter sozialen Klassen diejenigen grosseren Gruppen einer arbeitsteiligen Gesellschaft, die sich nicht nach Blut, Geschlccht, Verwandtschaft, nicht nach Religion, nicht nach Orts-Kreis-Provinzial-und Staatszusammengehörigkeit bilden, sondern die durch gleiche oder ähnliche Eigenschaften und Lebensbedingungen, durch gleiche oder ähnliche Berufsund Arbeitstätigkeit, durch gleiche oder ähnliche Besitzart und Besitzgrösse, durch gleiche oder äheneliche Art der Einfugung in die Ordnung der Volks wirtschaft und des Staates. durch gleichen oder ähnlichen Rang in der hierarchischen Geseilschaftsordnung, durch gleiche oder ähnliche Interessen aller Art ein Bewusstsein der Zusammengehörigkeit hagen und dem Ausdruc hgeben." *Die soziale Frage*, S. 142。

动者之间，所以称之为中产阶级，是最适宜的。[①]

以这种三分法为根据，我们能否把社会上所有的人，都归纳进去呢？在理论上似乎是可能的，但在实行时却有困难。阶级与别的团体不同之点，就是别的团体是有组织的，而阶级并无整个的组织。一个人知道自己属于哪一国家、哪一教会，但不一定知道自己属于哪一阶级，所以一个国家知道他有多少人民，一个教堂知道他有多少教友，但一个阶级，却不知道他拥有多少民众。还有，国家与教堂所给予的身份，比较是固定的，除少数例外，一个人不大容易变迁他的国籍或信仰。但阶级的身份，上面已经提到，是常在变迁的，这也是阶级范围所以难定的重要原因。[②] 但无论如何，任何阶级，在某一时期，都有他的中坚分子，虽然在阶级的边际上，总有许多流动的、跨级的人。这些中坚分子，是一个阶级的主体。他们决定阶级间的关系，使阶级在社会生活中，成为一种不可忽视的力量。

（三）阶级的起源

阶级的意义，我们已经讨论过了。现在我们要问：阶级是怎样来的？为什么社会组织不是平等的，而有高下之别？关于这个问

① 参阅 Albrecht, G., a. a. O., S. 37-38; Bober, M. M., *Karl Marx's Interpretation of History*, pp. 102-103, 328-329; Cole, G. D. H., *What Marx Really Meant*, pp. 101-108, 125-132; Ginsberg, M., *Sociology*, pp. 169-172。

② von Wiese, L., a. a. O., S. 583-584.

题的答案，现在至少有四种。① 我们现在先把这些学说，大略地检阅一下，然后再看哪一派的理论，最可以解释现代阶级产生的原因。

第一派的理论，我们可以称为武力说。这一派的见解，以为阶级的产生，是由于一个部落，或一个民族，把另一部落或另一民族征服了，结果便产生了两个阶级，一是征服阶级，一是被征服阶级；一是统治阶级，一是被统治阶级。政治与法律，是在征服阶级的手里，变成征服者的工具，用以维持本身的利益，并以控制被征服者，使其不能反抗。土地与财富，都成为征服者的所有品，被征服者，除劳力外，便一无所有，只有乞怜于征服者，方可维持其生活。征服者利用其优越的地位，压迫被征服者，使其工作，但工作之所得，除一小部分用以维持被征服者的生活外，其余的尽为征服者所吸收，所榨取。倭品哈默（Franz Oppenheimer）曾说过，在这种情形之下，征服阶级谋生的工具，与被征服阶级是完全不同的。征服阶级所用的工具，是政治的，可以不劳而食。被征服阶级所用的工具，是经济的，他非工作，不能得衣食。以后社会上的各种阶级，都是由这两种阶级演化出来的。

我们不能不承认，在原始社会里，有部落斗争及民族斗争的事实，同时也不能不承认，战胜者与战败者在社会上的地位，是完全不同的。就是现在，各洲的殖民地里，我们也还看得到，征服者与被征服者，无论从政治、法律或经济方面看去，都是属于不同阶级

① 关于阶级起源的理论，可看：Albrecht, G., a. a. O., S. 78-102；Fahlbeck, P. E., *Die Klassen und die Gesellschaft*, S. 10-16, 98-121；Schmoller, G., a. a. O., S. 150-162；Oppenheimer, F., *System der Soziologie*, Bd. 1. S. 45-48；Sorokin, P., *op. cit.*, pp. 337-345。

的。但这种说法，也有相当的缺点，就是依照这种理论，一个部落或一个民族，在没有征服别人或被别人征服之先，社会的组织是平等的。战争的结果，使征服者变成贵族，而被征服者变成奴隶或农奴。但是这种推论，是否合乎事实呢？一个战胜的部落，在出发征服别人之前，有无酋长的制度，有无僧侣等特殊阶级？他们在社会里的地位，是否与人不同？他们所受的待遇，是否比较优越？假如我们的答案是肯定的，那么一个部落，或一个民族，在战争之先，便早已有阶级了。战争的结果，只是使阶级的分别格外尖锐化，或使阶级的组织格外复杂化，但不能使阶级制度，由无而至于有。

第二种解释阶级起源的理论，我们可以称为分工说。照这一派的说法，社会演化到一个阶段，分工合作是不可免的。社会上的各种工作，需要不同的体力及智力。譬如应付鬼神，需要特殊的智力；对外战争，需要特殊的体力。这种特殊的工作，便产生了僧侣团体及武士团体。别种工作，也可产生别种不同的团体。他们的体力与智力，是遗传的，同时他们从工作中所得到的技术及经验，又用教育的方法，传给他们的子孙，于是各种工作，便有趋于世袭之势。社会上既有许多不同的工作，又有许多从事于这些不同工作的人，他们因为工作性质的不同，在社会上的地位与报酬便不一致。有些工作是得人敬仰的，得到的报酬也特多。有些工作是受人鄙视的，得到的报酬也较少，结果社会上便产生许多阶级。

分工说与遗传力量说，有密切的关系。凡主张分工说的人，都相信人是生而不平等的，这种不平等的生物现象，还可以遗传下去。得天独厚的人，在分工的过程中，自然是担任那些较为繁重、较为困难的工作。上层阶级的工作，便属于这一类，因而上层社会的人，从遗传的观点看去，也属于优秀的一类。近来主张这种说法的人很多，他们所提出的证据，证明上层阶级，在遗传方面，胜于下层阶级的，大约可以分为五项。[①] 第一是各种职业中人的智力测量，结果证明自由职业及商业中人的智力，胜于农夫及工人。第二是儿童的智力测量，证明从上层阶级中出来的儿童，其平均的智慧商数，远在劳工家庭的儿童之上。第三种是天才儿童的研究，证明自由职业团体，在全人口中所占的百分数甚低，但所产生的天才儿童，其百分数却甚高。第四种是低能儿童的研究，证明他们出身于下层阶级的家庭中的颇多，而出身于上层阶级的家庭中的颇少。第五是大人物出身的研究，社会上的大人物，从牧师、自由职业、商业的家庭中出身的，其百分数较之从工人的家庭中出身的为多。批评这种主张的人，以为智力测量，不能判断天赋的高下，只是证明各阶级的人，所受的教育，有深浅之不同而已。他们的根据，就是有些下层阶级的儿童，假如放在良好的环境里，几年之后，其智慧商数，会增加若干点。[②] 其次，历史上有许多例子，证明有许多大人物，是出身贫贱的。数年前，德国的许墨流教授（Gustav Schmoller）及毕克耳教授（Karl Bücher）曾为这个问题引起了论战。毕克耳教授是主张阶级的高下，不能代表遗传的优劣的。在他的

① 这一类的材料，可看：Sorokin, P., *op. cit.*, Part 3; Lorimer, F. and Osborn, F., *Dynamies of Population*, Chs. 8,10。

② 以为智力测量的结果，可以表示一个人的天生智力，固然是错误，但反过来说，以为智力测量，只表示教育的结果，也未免矫枉过正。因为社会上有许多低能的人，即使给他很好的环境，最优的教育，其智慧商数，也没有加高的可能。智力测量所测量的到底是什么，我觉得福利曼教授（F. N. Freeman）的说法最妥当。他说："Intelligence tests have made a marked advance toward the measurement of native capacity, but their scores are still influenced to a considerable degree by the effects of training, and in their interpretation this influence must always be taken into account." *Mental Tests*, p. 475。

论文中,他曾举出德国有好些名人,是出身贫贱的,如路德(Luther)是矿工的儿子,康德(Kant)是马鞍匠的儿子,费希特(Fichte)的父亲,是一个在乡村中织布的,温可曼(Winckelmann)的父亲,是一个补鞋匠,高斯(Gauss)的父亲,是一个园丁。① 下层阶级环境的恶劣,还可以出许多大人物,假如环境的优越,能与上层阶级相等,安知不能产生更多的大人物?所以现在如有人怪下层阶级的子弟,其智慧商数的成绩不佳,或所产生的大人物,其百分数不多,便如看到一个有病的人,与一个健康的人赛跑,而去怪有病的人落后一样。最后,还有一点可注意的,就是一切证明上层阶级在生物上优于下层阶级的统计,都是拿自由职业的人,来与劳工对比。劳工在资本主义的社会里,诚然是属于下层阶级,但自由职业的人,有一大部分是属于中产阶级的,他们在资本主义的社会里,并不是站于最高尖。假如我们以入款的多少,来定阶级的高下,那么入款最多的家庭,是否智慧商数也是最高呢?他们产生的大人物,比例的是否最多呢?他们的子女,是否都是天才呢?我们的答案,一定不是肯定的。

以上这一段遗传与环境的争论,是由于讨论分工说而引起的。对于这个问题,我们现在还不能下最后的断语。但在比较两方的论点之后,我们以为有几点比较是可以成立的。第一,人类的天赋,是不平等的,而各职业中所需要的人才,其条件亦不一致,有的条件很严,有的条件很宽。第二,对于人才条件定得很严的职业,在现代的社会里,多属于上层阶级;对于人才条件定得很宽的职

① Bücher, K., *Industrial Evolution* (Translated from the third German edition by S. Morley Wickett), p. 342.

业，多属于下层阶级。第三，由于选择作用，优秀的分子，有集中于上层社会之趋势。第四，上层社会中，有一些子弟，借先人的庇荫，得金钱的维持，不致降入下层社会，但其天赋的品质，并不优越；反是，在下层社会中，也有许多遗传优越的人，因无机会，所以终身不能露头角。这种说法，并不否认遗传，但不承认遗传有超越一切的势力。

第三种解释阶级起源的理论，我们可以称之为财产说。他们以为阶级是财产分配不均的结果。分工说以为分工的结果，才有财产不均的事实，而财产说的学者，以为原因与结果，刚与上说相反，分工是财产分配不均的结果，而非财产分配不均的原因。譬如一个佃户，为什么要在那个职业里谋生呢？因为他没有财产。又如一个小工，为什么要在别人的工厂中做事呢？因为他没有财产。有财产的人，把社会上一切报酬甚丰的职业，都据为己有，而把那些报酬较差的职业，让给那些没有财产的人。财产阶级为什么有这种能力呢？因为生产的工具，在他们的手里，无产阶级的人，假如不听他们的指派去做工，便发生生活上的危险，所以只好俯首听命。还有一点，就是报酬丰富的职业，需要训练的时间很长，无产阶级的人，因为急于谋生，所以也没有工夫，没有本钱，来受那么长的训练。结果，所有一切上等的职业，都给有产阶级独占了。所以财产的多少，可以决定一个人从事于何种职业。这是财产说的学者，认为分工是财产分配不均的结果的重要理由。财产不同，职业便不同；职业不同，进款也不同。这一套连环的原素，便使社会中产生不同的阶级。

假如分工说与遗传力量说是分不开的，那么财产说与环境力量说也有密切的关系。财产说的学者，认为阶级间的差异，如在体力及智力等方面所表示的，乃是环境不同所发生的影响。这一派的理论，其最重要的缺点，就是不能满足我们追根问底的要求，假如阶级是由于财产分配不均所产生的，那么财产分配不均，又是哪种原因所造成的呢？为要解决这个问题，我们便要进一步研究私有财产的起源，于是这一派的理论，与上面提到的武力说，便有走上一条路线之可能了。所以许多主张财产说的学者，同时也采取武力说。

以上这三种理论，都是从客观的条件上着眼的。还有第四派的学者，是从主观的条件着眼的，我们可以称为心理派。这一派的学者，以为阶级的产生，因为人类是有自私心理的。从自私的心理出发，我们总想把社会上的好东西，如地位、财产、荣誉等等，都占为已有。自己死了，便想把这些东西都传给子孙。譬如一个人在银行中有存款，每年得到不少的利息，本人死后，一定是想他的儿女还能享受这种利息。假如他有一种大实业，死后一定想他的儿子可以承继下去。假如他学会了一种特殊的技艺，一定想在未死之先，传给他的子女。这种自私的心理，是使不平等的现象发生而且继续下去的。我们根据现在的经验及观察，当然不能否认人类有自私的心理存在。但是这种自私的心理，是环境造成的呢，还是先天的根性？假如这个问题不能解决，那么心理说的根基还是薄弱的。

以上这四种理论，都有相当的理由，我们不能认为某一说完全错误，或某一说完全正确，因为每一种理论，都可以举出许多事实来证明他的。本来阶级是一种复杂的现象，在不同时期及不同地点，表示着不同的形态。所以一种理论，可以解释甲时期的阶级起源，但不一定能解释乙时期的阶级起源；能解释甲地点的阶级起源，但不一定能解释乙地点的阶级起源。为解释一切的阶级起源计，所以有不同的学说产生。譬如武力说，很可解释奴隶是为何产生的，但不能解释现代劳工阶级的起源。财产说可以解释近代资本阶级的地位，但不能解释为什么在原始社会中，僧侣那样的受人尊重。所以上面所提出的那些不同的学说，都有他的价值，是可以并存的。①

关于近代阶级的起源，我们注重财产说，认为财产的分配，是造成近代阶级的主要原素。其次分工的影响，也不可忽视。

（四）近代阶级问题的焦点

阶级的理论问题，我们已经说了很多，现在我们要讨论几个阶级的实际问题。大凡社会上实际问题的发生，一定是有一部分人，对于某种现象，感觉到不满意，而想有所以动，去改变客观的现象，使其格外可以满足主观的要求。假如阶级是现代社会里一个实际的问题，他也是在同样的条件下产生的。有人说：阶级问题，只有阶级消灭之后，才算解决。阶级是否可以消灭，我们留到下节讨

---

① Tawney 说："War, the institution of private property, biological characteristics, the division of labour, have all been adduced to explain the facts of class formation and class differentiation. The diversity of doctrines is natural, since the facts themselves are diverse." *Equality*, pp. 66-67. Fahlbeck 在讨论各种阶级起源的理论之后，也说："Bemerkenswertenweise aber kann man nicht sagen, dass eine von diesen verschiedenen Meinungen die ganze Wahrheit enthält, während die andern nichts als Irrtümer seien. Denn eine jede kann unbestreitbare Tatsachen als Stürtzen. für sich anführen. Dies ist jedoch nicht verwunderlich. Eine in Zeit und Raum so umfassende Erscheinung wie die soziale Differenzierung in Stände und Klassen nimmt viele Gestalten un und hat mehrere verschiedene Selten." *Die Klassen and die Gesellschaft*, S. 17。

论。现在所要研究的,就是在承认阶级存在的大前提之下,看看阶级问题,有无解决的方法。

阶级的实际问题,方面是很多的,但最重要的,只有两个:第一是下层阶级上升的机会问题,第二是下层阶级生活的保障问题。

什么是下层阶级上升的机会问题呢?在上面我们已经说过,从等级社会演化到阶级社会,个人的升降,已经自由得多。顾勒教授(C. H. Cooley)曾说过,社会的组织,常受两个原则的支配,一个是遗传原则,一个是竞争原则。遗传原则占势力的社会,个人的地位,是在命中注定的,生在什么家庭里面,就得到什么地位。竞争原则占势力的社会,个人的地位,为自己的能力所决定,自己有什么本领,就可做什么事业。① 假如我们应用这种观点来看社会的演化,我们也可以说,从等级社会到阶级社会,便是从遗传原则到竞争原则。自然,我们很可从近代的社会里,举出许多事实来,证明有许多人,出身于贫贱的家庭,因为自己的努力,终久战胜了艰难的境遇,而升入社会的最高层。这是竞争原则已经发生效力的证据。但是我们也不可忽略另一方面的事实。那便是,有许多才干,因为得不到机会而埋没了。因为得不到机会,所以不能发展到他们可能的最高峰,靳世保教授(M. Ginsberg),曾有一个估计,说是英国可受高等教育的人,当占全人口的50%至75%,但在实际上,小学毕业的儿童,能在大学毕业的,千人中不过四五个而已。② 汤纳教授(R. H. Tawney)根据另一估计,说是英吉利与威尔士的儿童,在小学毕业之后,只有七分之一进中学,有些区域,进中学的,

① Cooley, C. H., *Social Organization*, Ch. 18.

② Ginsberg, M., *Studies in Sociology*, p. 198.

还不到十分之一。同时四分之三的儿童，在十四岁之后，便都加入社会，做工谋生了。① 关于美国的情形，劳司教授(E. A. Ross)，曾举了一些类似的统计。他说，在美国的城市里面，100个进小学校的学生，有45个没有念完第六级之前便退学了，只有25个可以进中学，其中只有6个人能在中学毕业。美国的教育局，也发表过一个统计，说是在1905年开始学业的儿童，9个人中，只有1个在中学毕业；70个人中，只有1个在大学毕业。② 在现代的社会里，如想在政府、实业或自由职业中，得一个比较优越的位置，非受过高等教育不可。那些没有受过高等教育的人，只好在报酬稍差的职业中谋生，上层社会里，他们是很难插足的。不过这些人不能由小学而升入中学，由中学而升入大学，是由于他们的资质不佳吗？自然，我们不能否认，在这一群人里，不乏资质不佳的人，即使给他们以机会，他们也没有能力，在大学里修完学业。但是大部分人失学的原因，还是由于境遇不良所致。他们即使愿意继续求学，即使有深造的能力，但是因为出身穷困，父母没有力量可以供给他们读书，有时家庭中的经济负担，还要靠他们来分任，所以有许多天资优越的儿童，到了已经可以就业的年龄，便都抛开书本，离开学校，走入社会中去谋生了。他们去与上流社会的子弟竞争，当然是要失败的。因为机会相等的人，方可以谈竞争；机会不平等的人，是无法竞争的。

这种机会的不平等，使下层阶级中人，虽然有天赋的高材，有上升的志愿，而终无由达到目的，乃是社会上最不公平的事，也是下层

---

① Tawney, R. H., *op. cit.*, p. 90.

② Eoss, E. A., *Principles of Sociology*, p. 358.

阶级中的优秀分子所最痛心疾首的。公平的社会,应使人人都能得到充分的发展,可能的都变为实在的,同时一个人在社会上的地位,应与他天生的才干相称。能者在上,不肖者在下,才是我们的理想。①但这种理想,只有在机会均等的社会中才达得到,否则社会中一定有许多能者因无机会而屈居下流,许多不肖者因有援引而扬眉得志。前者可使社会恶化,而后者可使社会腐化,都是社会中一种病态,应当设法改良的。

下层阶级上升的机会问题,虽然重要,但所牵涉的还是少数人,多数人是并不希望改变他们的阶级的,但都热望在他们的阶级里,可以享受文明社会或工业社会所能给予的幸福。他们希望生活有保障,不要有早夭或冻饿的危险。假如他们愿意工作,便应有工作可做,社会应保障他们的工作权。工作所得的工资,除维持物质上的生活外,应当还可以过一点舒适的生活,如娱乐、旅行、交际等等。这本不是一种乌托邦的理想,只要把社会制度略加安排便可以做到的,然而现实的社会,离开这种"卑之无甚高论"的理想,还远得很呢!

请看现实的社会,下层阶级的生活,是怎样的无保障,关于疾病及死亡一方面,我们现在有许多统计,证明贫富阶级是不一样的。美国某省的纱厂工人,凡半个月的薪水,在6元以下的,1000个人中有70个人生病;薪水在10元以上的,1000人中,只有18人生病。美国五个都市的婴儿死亡率,视父亲进款的多少而有显著的差别。父亲没有进款的,婴儿死亡率为217.8‰。进款在450元

① Hammacher说过:"Das soziale Ideal heisst Identität der möglichen und wirkichen, der natürlichen und gesellschaftlichen Rangordnung."见上引Mombert论文中第274页。这种理想,只有机会平等,公开竞争的社会中可以实现。

以下的，婴儿死亡率为179.3‰；但进款在1250元以上的，婴儿死亡率只有49.2‰。德国的汉埠，各阶级的肺病死亡率，大有不同。凡家庭进款在900至1200马克之间的，死于肺病的，每10万人中有657人；但进款在10000至25000马克之间的，死者便只有172人。[①] 英国曼切斯特城的富人区域，其死亡率为10.5‰。但穷人区域中，其死亡率即为16‰。在苏格兰的格奈斯哥，穷人区域的死亡率，高于富人区域的死亡率约一倍。[②] 根据这些统计，我们可以看出，在生存竞争的过程中，下层阶级的人，受淘汰的很多，但这不能说是他们的体质，根本不如上层阶级的人，最主要的原因，还是因为他们后天的营养欠缺，疾病来临时，又得不到好医生好看护的照料，所以才有此种结果。在这种情形之下，难怪下层阶级的人要起来要求生存权了。公平的社会，是应当给大家同样生存的机会的。

生存的人，第一件大事，便是如何活下去。在工业社会中大多数的人，如何活下去的问题，实际就是如何找到工作做的问题。这个问题，在繁荣的时节，到很容易解决，一到不景气的时候，便很严重了。以最近美国的情形为例，美国在这一次不景气的时期里，有职业的人以及工厂发出的工资，其指数皆呈突然下降之象。如以1929年的情形为100，在1932年，有职业者，其指数在工业里降至61.6；在矿业里，降至36.5。再拿工厂发出的工资指数来说，如以1929年的状况为100，那么在1932年，工业方面，指数为41.4；矿业方面，指数只有21.6。[③] 这种情形，不只限于美国。据1931年国际劳

① Sydenstricker, E., *Health and Environment*, Ch. 5.

② Tawney, R. H., *op. cit.*, p. 91.

③ Epstein, A., *Insecurity, a Challenge to America*, p. 194.

工局的估计，在那一年内，失业的至少有2500万人，因此而生活受到影响的，总在1亿人以上。[①] 这些失业的工人，在有失业保险的国家里，还可勉强维持生活，但非降低生活程度不可，这也是很痛苦的。在没有失业保险的国家里，只好盼望公家或私人的慈善事业救济。这种经验，有损他们人格的尊严，固不必说；还有更难受的，就是救济事业的经费，是有限的，等到赈款无着，而待哺者尚多的时候，饥寒的威焰，便要逼人而来了。可是在另一方面，还有许多富豪，在那儿不做事而过着奢侈的生活，这种对照，最能引起下层阶级的反感。公平的社会，应当使凡愿意工作的人，都有工作可做。如有人能够工作，愿意工作，而社会不能给他工作，社会便要负维持他的生活的责任。

有工作可做的，比起失业的人来，固然是侥幸了。不过他们能够过什么生活，还要看他们拿得到多少进款而定。做工的人，也许过牛马的生活，也许过舒适的生活，完全受他们的进款多寡所支配。我们拿资本主义是发达的美国来说，虽然那儿有工可做的工人，进款已经比别个国家的工人多，但是如果美国的分配制度略为改变一下，他们的所得，还可加增许多，因而他们的生活程度，也还可以提高许多。美国的劳工统计局，在1918年，曾研究过12000个劳工家庭，发现他们的平均收入，是1513元。美国全年的收入，依估计，约有900亿元，假如除去150亿元，作发展工业之用，仍有750亿元，可以作消费之用。这750亿元，如平均分配，每人可得625元，一家五口，便可得3125元，比起劳工家庭的实际收入，约多一倍。[②] 我们固然不主张把一国的财富，来平均分配，但从这一点

① Todd, A. J., *Industry and Society*, p. 313.

② Gemmill, P. F. and associates, *Contemporary Economic Problems*, pp. 626-630.

统计看去,就可知道劳工阶级的生活程度是可提高的,假如购买力的分配,不是像现在那样的不公平。美国现在有极少数的人,占据了大量的收入。1920 年,美国人每年进款在百万以上的,有 33 人;1928 年,有这种收入的人,便有 511 个。1920 年,美国人进款在 500 万以上的,只有 4 人;1928 年,便增至 26 人。这 26 人的收入,共值 25000 万。[①] 另一方面,86% 的美国人,进款都在 2000 元以下;72% 的美国人,进款在 1500 元以下。[②] 这种贫富相殊的情形,不独美国如此,别国也大同小异。公平的社会,虽然不能使大家的进款相等(因为贡献不同的人,而得相同的报酬,一样的是不公平),但应使上下层的距离,相差不致如今日之甚。

我们屡次提到公平的社会,关于这种社会的轮廓,在上面已经粗粗的画了几笔。现在我们要问这种社会,如何可以实现。这也可以分作两方面来说。从机会均等一方面出发,我们应让人人都能受到他所需要的教育。如想达到这一点,各级的学校,不只是不收学费而已。社会还应该给入学的人一些津贴,使他在膳宿及零用方面不发生问题。有些特殊的学校里,已经做到这一点,现在所要求的,只是把这种办法推广而已。一定要做到这一步,然后义务教育,才不只是一个空名,然后穷人的子女,才有受高等教育的机会。我们当然并不主张个个人都受高等教育,我们反而赞成在各级的学校里,都要严格的选拔,那些没有能力深造的人,都要淘汰出去。不过在这种情形之下,受淘汰的,只是无能力的人,而非因为他的家庭穷困。我们主张大家的机会平等,但不相信大家都可

① Gillette, J. M., and Reinhardt, J. M., *Current Social Problems*, p. 183.

② Gemmill, P. F., *op. cit.*, pp. 623-624.

升上社会的最高层。譬如赛跑，我们主张大家要一齐出发，但几个人能跑到终点，几个人可得锦标，乃是另一问题。

离开少数人的上升问题，而来谈大多数人的生活问题，我们以为在工业社会里，应当重征所得税及遗产税，来举办各种社会事业，以保障下层阶级生活的安全，同时还可以缩短上下阶级的距离。社会里的财富，现在是集中在少数人的手里，但国家可以用政治的力量，用抽税的手段，把这些财富，转移到国家的手里。在民主政治的国家里，做这一件事，在理论上是没有困难的。因为民主政治的国家里，立法的机关是国会，而国会会员，乃是民众选出来的。在每人一票的选举法之下，国会里的会员，大多数应当是由人数最多的阶级中选出来的。中产阶级与无产阶级，在任何民主的国家里，都占多数，所以他们如站在一个战线之上，上面所说的那种抽税的政策，是不难通过的。资本阶级，虽然反对这种政策，但决不会因此而起革命，破坏社会的统一。因为所得税与遗产税的税则，即使定得很高，离没收私有财产的程度还远。有钱的人，在这种情形之下，还可以过很舒服的生活，只是不能像旧日那样奢侈就是了。有舒服的日子可过的人，是不肯革命的。

国家集中了社会上的剩余财富之后，除完成实际的义务教育，如上面所说的以外，可以在各处设立公共医院，凡是有病的人，都可免费入内疗养，如是各阶级的死亡率，不问是成人的还是婴儿的，便有渐趋一致的可能，各阶级都有同样生存的机会了。生活中的各种危险，如失业、灾难等等，都应由国家举办各种社会保险来应付他。在严重的不景气状况之下，失业保险金不足以应付那种大规模的失业局面，国家应举办许多公共事业，如修路、造林、建筑平民住宅等等，以吸收失业的工人，使无业者变为有业。至于工人的工资，国家除为制定最低工资之外，还应当控制工资，使其随生产力之上升而增涨。这样，科学进步所给予社会的利益，便不致为少数人所独占，而为大众所公有了。在这种社会里，私产依旧存在，阶级仍未消除，但私产的收获，如超过某种限度以外，便要为国家收去，为大众谋幸福。阶级虽然仍有上下之分，但阶级间的敌视态度。可以消灭得很多，因为他们的距离近了，生活程度，也相差不多了。在这种公平的社会里，阶级问题即使存在，也决不如现在这样严重了。①

（五）阶级社会的展望

我们所谓公平的社会，是不消灭阶级制度，也可以达到的。这种看法，在共产主义者或社会主义者的眼光里，一定以为是错误的，他们的目标，是在废除阶级制度。照他们的见解，理想社会里，是没有阶级的。我们现在先研究一下他们的理论，然后再看没有阶级的社会，是否有实现的可能。

共产主义者，以为人类的一部历史，便是阶级斗争史。近代的资本主义社会，是由封建社会脱胎而出的，虽然推翻了封建制度，但并没有消灭阶级。近代的社会，在这一方面，只有一点与以前不同，就是阶级的组织简单化了，社会里由许多阶级，变而为两个对立的阶级，即资本阶级与无产阶级。无产阶级的生活，因资本主义的进展而愈趋恶化，愈与资本阶级不相容。无产阶级，起初是没有组织的，但从反抗资本阶级的经验里，感到组织之必要。这种组织，随时扩张，

① 产生公平社会的方法，像这篇文章里所说的，主张的人颇多，但说得最有条理的，还算汤纳教授，看他的名著《平等论》（*Equality*, London, 1931）。

随时与资方斗争，此种对立的状态，发展到某种程度，便要发生革命。革命的目标，在夺得国家的政权。以前政权在资本阶级手里的时候，资本阶级便利用他来压迫无产阶级，来维持本身的势力。现在无产阶级既夺得政权，也可用独裁的方式，来压迫资本阶级，使他趋于消灭。这时节，生产工具，已由私人手中，转到社会的手中来了，大家都要做工，没有靠利润或地租等来维持生活的，所以大家都属于一个阶级。那便是说，大家都是平等的，没有阶级的区别了。①

在这一派的理论里，有一点是应从长讨论的，便是发生革命的时势。这一点是很重要的，因为共产主义能否实现，便系于无产阶级，是否能引起革命，能否把握政权。关于这一点，有好几种说法。一说以为资本主义的生产方法，是毫无计划的，所以商业的不景气，每隔若干年必来光顾一次。在平日，无产阶级的生活，已经够痛苦了，在不景气的时期里，痛苦一定要加深，这种时期，便是产生革命的时期。这种说法，从历史的观点看去，显然是不对的。美国从 1796 年至 1925 年，不景气的时期，曾出现 33 次；英国从 1793 年到 1925 年，同样的事，曾发生 23 次；法国从 1838 年到 1925 年，也有过 16 次；德国从 1848 年到 1925 年也遇到 15 次。② 但这些国家里，还没有产生无产阶级的革命。最近这一次的不景气，自 1929 年起，到现在还未恢复，可是几个资本主义最发达的国家，如英如美，连革命的影子，还没有见到，可见不景气时期产生革命说，是不合乎事实的。第二说以为工人的生活，是随资本主义进展而下降的。等到一个时期，工人的生

① 大意采自下列各书：Marx and Engels, *The Communist Manifesto*; Lenin, N., *The State and Revolution*; Sombart, W., *Der proletarische Sozialismus*, Bd. 1, Kap. 30。

② Mitchell, W., *Business Cycles*, pp. 387-394.

活实在太苦,不能忍受了,革命便会爆发。[①] 但在事实上,工人的工资,不但没有因资本主义进展而下降,反有上升的趋势。今以美国的情形来说,假如我们以 1890 年至 1899 年的平均实际工资(代表购买力,并非货币工资)为基数,作为 100,那么 1926 年的实际工资,其指数便为 135。[②] 英国的工资,也有同样的加增,如我们以 1900 年为基本年,其实际工资指数为 100,那么 1880 年,指数只是 83,而 1913 年,指数便为 107。[③] 关于英国,我们还有一种有趣味的材料。1889 年至 1890 年,蒲司(Charles Booth)曾调查伦敦东区的穷人数目,他以每星期进款不到 21 先令为贫穷线,发现在贫穷线以下过日子的家庭,占全区 35%。1929 年至 1930 年,伦敦大学曾复查伦敦东区的穷人数目,还是用蒲司的标准,不过因为近来货币的购买力下降了,所以定 40 先令为贫穷线。(等于 1889 年的 21 先令)他们调查的结果,发现在贫穷线以下过日子的家庭,只占全区 15%。[④] 这许多事实,证明就是在不公平的分配制度之下,工人的工资,还是往上涨的,他们的生活,只有改善,并未恶化。所以从这一方面想引起革命,也是不易

① 1848 年,马恩二氏写他们的《共产党宣言》时,觉得在资本主义的社会里,工人的前途,是很黑暗的。他们说:“The modern laborer, on the contrary, instead of rising with the progress of industry, Sinks deeper and deeper below the conditions of existence of his own class. He becomes a pauper, and pauperism develops more rapidly than population and wealth.”

② Douglas, P. H., *Real Wages in the United States, 1890-1926*, p. 130 ff.

③ Seventeenth Abstract of Labor Statistics of the United Kingdom, (1915) p. 66. W. Sombart 在他的近著 *Deutscher Sozialismus* (1934 年出版)117 页里,也有一段文章,谈到过去一百余年工人实际工资的升降问题,他所举的实际工资指数如下。

法国	55.5 (1810)	100(1900)	106(1910)
英国	37(1790-1799)	100(1913)	
美国	48(1848-1849)	100(1913)	

④ Smith, H. L. (Editor), *The New Survey of London Life and Labour*, Vol. 3, p. 126.

办到的。第三种关于革命时期的说法,比较晚出,这一派的理论,以为资本主义的发展,共经三个阶段,第一阶段是商业资本主义,第二阶段是工业资本主义,第三阶段是金融资本主义。资本主义发达到第三个阶段,一定要走上帝国主义的路,他要在外抢市场,因为市场对于金融资本主义有三种用途,一可以吸收资本主义国家的制造品,二可以供给原料,三可以接受投资。但是国外的市场是有限的,所以资本主义国家的中间,便发生了冲突,冲突的结果,一定要引起国际战争。在这个时候,生活最受痛苦的,是劳动阶级,因为战争对于他们只有牺牲,并无利益。战争如延长得越久,他们的痛苦也愈深。共产党便要利用这个时机,引起国内革命。从国际战争到国内革命,乃是共产主义者的策略。①

第三种革命时机的理论,比较的不涉于空想,而且在上一次国际战争的时候,已有一个国家,利用那个时机,走上共产的道路了。列宁在革命前分析俄国的局面,认为革命一定可以成功,其理由有六:一为被压迫阶级有极强的革命意识;二为代表此被压迫阶级的政党,有极严密的组织;三为此革命党所提出之口号,已为一般民众所拥服;四为一切反对党,其组织皆极散漫,意见不能统一;五为革命的政党,已有武装的军人及工人可以指挥,其取莫斯科与圣彼得堡,如探囊取物;六为旧政权下的军队,已完全解体,没有战斗的能力。② 拉斯基教授(H. J. Laski),以为除列宁所叙述的以外,还可加入一点,即当时之共产党,有极能干的领袖,能观察,能决断,

① Bukharin, N., *Imperialism and World Economy*, 1929; Lenin, N., *Imperialism*, 1916; Lenin, N., *Toward the Seizure of Power*, 1932.

② Lenin, N., *Toward the Seizure of Power*, pp. 224-225, 277-278.

能实行。① 这六七种条件，使苏俄革命成功的，将来在别的国家里，是否可以一一实现，殊可怀疑。列宁所述的六点，其最后一点，颇为重要，但此点只能在战败的国中发现。此一点如发生，旧政权即无继续存在的可能，但代之而起的，却并不一定是共产主义的政府。德国在战败之后，旧政府是坍台了，但新的政府，并不信奉共产主义。所以第二次大战如果发生，战败的国家，只有实现共产主义的或然性，而并没有必然性。

社会主义的目标，与共产主义是没有分别的，不过所采的手段，是和平的而非革命的。② 他们所采的方法，是教育，是宣传，是组织政党，公开的竞选。等到大众对于他们的政策表同情了，在议会中的议员，已占大多数了，便可开始实行社会主义的政策。他们

---

① Laski, H. J., *Democracy in Crisis*, pp. 235-236.

② 社会主义与共产主义的区别，我们认为是在手段方面。下面的两个定义，与此同意。Norman Thomas 说："In its broadest sense, socialism is the doctrine that land, natural resources, and the principal means of production and distribution should be socially owned and democratically managed so that production should be for public use, rather than for private profit... but socialists would employ political action and the machinery of existing states to achieve their end." Anna Rochester 说："Communism is the workers' international movement of revolut; onary, change from capitalism to socialism." 见 Spahr and others, *Economic Principles and Problem*, Vol. 2, pp. 564-565. 虽然共产主义者，以为社会主义违背了马克思的学说，但社会主义者，也可从马克思的文献中，找到他们理论及行动的根据。如在 1872 年，马克思曾说过："Der Arbeiter muss eines Tages die politische Gewalt in der Hand haben, um die neue Organisation der Arbeit zu begrunden... Aber wir haben nicht behauptet, dass die Wege um zu diesem Ziel zu gelangen, äberall dieselben seien. Wir wissen, dass man die Institutionen, die Sitten und das Herkommen der verschiedenen Gegenden berücksichtigen muss... und wir leugnen nicht, dass es länder gibt, wie die Vereinigren Staaten, England, und, wenn ich Ihre Institution en recht kenne, Holland, wo die Arbeiter zu ihrem Ziete kommen durch friedlihe Mittel." 见 Sombart. W., a. a. 0., Bd. 1, S. 391-392. 这是马克思对荷兰工人说的话。在那时，他认为美国、英国及荷兰，都可用和平的手段，达到无阶级社会的目的。

的胜利，是想以“举手”获得，而非“伸拳”去抢来的。不过在达到胜利的目标之前，社会主义者会遇到三种可能的困难。第一就是他们的政策，不一定能得到大多数的拥护。无产阶级，除共产主义者以外，固然可以拥护他们，但劳工阶级中，并不完全是无产阶级。许多有技术的工人，其意识是很朦胧的。如何可以使这些工人，这些准普罗阶级，与纯普罗阶级，同站在一个战线之上，是一个很难的问题。此外还有中产阶级的同情，也是要获得的。否则和平的社会主义，在实行时，将遇到很严重的困难。但现在各国中产阶级的意识，虽然赞同节制私产，但还没有赞同没收私产。社会主义者，有什么方法，可以使这些中产阶级，认社会主义者为同志呢？第二种困难，就是在社会主义者声势浩大的时候，资产阶级有采用法西斯主义之可能，到那时，民治主义完全破产，社会主义者无组织政党的可能，也许要转而与共产主义者携手了。社会主义者的第三种困难，就是资本主义，并非是一个固定不变的东西，也时时在那儿修正。近来一些资本主义者所提倡的新资本主义，便是想在旧制度之下，矫正一切大家公认的缺点。资本主义所产生的失业、灾难、国际冲突，分配不均等等毛病，资本主义者自己也知道得很清楚，也早在那儿想办法。有的毛病，已经矫正过来了，有的还在矫正的过程中。假如新资本主义真能做到“改过归善”这一点，那么社会主义者对于现状的攻击，将失所凭借，而社会主义者的政策，更难吸引大众的同情了。有以上三种困难，所以社会主义的实现，虽是可能的，并非必然的。

以上讨论共产主义与社会主义所标榜的理想社会，只有实现的可能，而无实现的必然。现在我们为研究的方便起见，愿意再发一个问题，那就是：即使共产主义与社会主义实现了，阶级是否便即消灭？所谓无阶级的社会，是否便会降临？

讨论到这一个问题，我们应当回忆我们上面对于阶级所下的定义。假如阶级的分别，看进款的来源而定，那么在社会主义的社会里，阶级自然消灭了，因为在那时，一切的生产工具公有，没有人靠利润及地租过日子，大家都是要工作的，所以大家都属于劳动阶级。但是阶级的意义，决不如是简单。我们是主张采用综合的定义的，在这个定义里，要包括阶级现象的各种重要原素，如入款的多寡，生活程度的高下，社会地位的高低，权力的大小，都应当顾虑到，如照这种说法，阶级现象就是在社会主义的国家里，也是消灭不了的。

为什么呢？

第一，因为我们的社会生活，是一种有组织的生活，是一种分工合作的生活。既然如此，有一部分人一定是发号令的，另一大部分人是服从命令的；一部分人是劳心的，另一大部分人是劳力的。一部分的职业，是有荣誉的，是在社会上的地位很高的；另一部分的职业，是多数人都会做的，是得不到社会上的敬重的。所以在社会主义的国家里，也有权力极大的人，其大的程度，也许超过古代的专制皇帝，另有一些人，一点权力也没有，只是受上面的差遣，做这样事做那样事而已。这些有权的与无权的，我们决不能视为属于一个阶级。有些职业，如工程师、如科学家、如发明家、如艺术家、如中央委员、如军事当局，到处受别人的敬重，受别人的欢迎；另外有些职业，如做小工的、如车夫、如理发匠，在一般人的眼光里，真是多一个无益，少一个无害。这些人，我们能说是属于一个阶级吗？所以在有组织的社会里，阶级现象是免不了的，除非大家都回到原始的时代，大家都做同样的工作，然而社会已经演化到现在这个阶段，退回去是不可能的。

第二个使阶级不能消灭的原因，就是人类在生物上是不平等的。因为如此，所以他们对于社会的贡献，是不一样的，社会上对于他们的报酬，也不能一致。① 在苏俄的工厂里，工程师与管理员，所得的报酬，便比工人为多，就在工人的阶级里，有拿五十卢布一月的，也有拿五百卢布一月的。不但如此，就是共产党的党员里，其所拿的薪水，也不是一样的。② 这些人的进款既然不一样，其生活程度自然也就不能一样。这种生活程度的不一致，在衣食住上可以表示出来，在娱乐、社交以及其他文化方面，也可以表示出来。进款的不一致，自然要连带的使财富也不一致，因为进款是可以转变为财富的。虽然在社会主义的国家里，生产工具，是不能私有的，但有许多非生产工具的财富，如地毯、如留声机、如钢琴、如汽车等等财富，是可以私有的。就是在社会主义的国家里，如果有人享受上述的那些东西，那一定是进款很多的人；进款低的人，一定没有那种希望。试想：进款不一致，财富（生产工具除外）不一致，生活程度不一致，这不是阶级现象吗？

我们当然知道，共产主义或社会主义者，也把理想的社会，分作两期实现，第一期内，工人的报酬，是看他的成绩，第二期内，工

---

① 关于这一点，马克思是承认的。他说："Still I must seize upon this occasion to state that, as the costs of producing laboring powers of different quality differ, so must differ the values of the laboring powers employed in different trades. The cry for an equality of wages rests, therefore, upon a mistake, is an insane wish never to be fulfilled. Value. Price and Profit."收入 Algernon Le. 所编的 *The Essentials of Marx* 第 146 页。

② 参考 Webb, S., "The Worker in Soviet Russia", *Current History*, (Dec, 1932) pp. 273-280; Chamberlin, W. H., Soviet Russia, 1931, p. 456; Counts. G. S. and others, Bolshevism, Fascism and Capitalism, 1932, pp. 207-208。

人的报酬,是看他的需要。所谓各尽所能,各取所需的理想,便是共产主义者,也是留在将来实现的。① 但是我们如细察人类无穷的欲望,同时再顾到地球上有限的物质,就知道"各取所需"真是一种乌托邦的理想,无论如何是达不到的。

社会上有组织的生活,以及人类在生物方面的不平等,乃是阶级社会的最后堡垒,就是共产主义或社会主义的大炮,也是毁灭不了的。

① Lenin, N., *The State and Revolution* (Vanguard Press, 1926), pp. 195-206.

下　　篇

相关研究补编

耕者何时有其田?*

中央农业实验所,在《农情报告》的三卷四期里,根据22省,891县的报告,作了一个中国各省的农佃分布表。从这个表里,我们可以知道,现在的农民,仍以自耕农为最多,占46%;佃农次之,占29%;半自耕农又次之,占25%。这个估计,与我前年在《中国佃户问题的焦点》一文里(《旁观》第十期),及去年在《从佃户到自耕农》一文里(《清华学报》九卷四期)的估计,相差无几。由此可见中国没有田的农民以及虽有田而不够的农民,仍占全民二分之一以上,这个问题诚是人民生活中一个最严重的问题。民生主义里,最重要的一部分,便是为解决这个问题而发的,可是国民政府已经成立了若干年,对于如何实行孙中山先生遗教的这一部分,竟丝毫没有表现,未免令人感觉失望了。最可笑的,就是共产党以前在江西实行的土地政策,某院长在公开谈话中,竟说他们是从三民主义中偷去的。我们觉得主义与财富不同,是不怕别人来偷的,同时也不可学守财奴的办法,把他藏在一个秘密的地方,而不拿来使用。为安定社会秩序起见,为组织民众,使其一致拥护政府,作对外的斗争起见,耕者有其田的主张,有立即施行的必要。

我在《从佃户到自耕农》一文里,曾有一个具体的建议,即是:

---

* 本文原载《独立评论》第165号,1935年8月25日。

丹麦以政府的力量,帮助农民购地,结果使国内佃户的百分数,从百分之四十二,降低到百分之十,此举中国颇可效法。

中国实行丹麦的政策,有三点仍须注意。第一,政府应效法爱尔兰减租的方法,使地主肯将土地出售。第二,应以东欧各国的成例为鉴,由政府以公平的方法,规定土地的价格,俾地主不致居奇。第三,购买土地所需之款,应由政府全部借给农民。至于此种款项之来源,或由政府举债,或发给地主以土地债券均可。政府借给佃户购地之款,利息应低,可由佃户将本息于若干年内摊还,其数目之多少,以不加重佃户负担为原则。

这篇文章,曾引起土地委员会里一位负责者的注意,他写信给我,与我讨论两个问题。第一,他觉得将佃农变成自耕农,农民问题并未解决。这一点我完全同意,因为农民问题,是多方面的,解决了一个方面,并不能说整个问题已得到解决。可是同时我们也不能顾到别的方面,而把佃农问题置之高阁。第二,他提到财政问题,认为中国的情形,并不如丹麦等国的单纯,所以规定应略具伸缩性,以免将来滞碍难行之弊。这一点是很重要的,所以我愿意在此再讨论一下。

在我上面的建议里,并未抄袭任何国家解决佃农问题的办法,因为中国的情形,不与任何国家完全相似,这是我们研究社会问题的人所清晰地认识的。但欧洲的农业国家,每一个国家的解决佃农问题办法,都有一两点可供我们参考,所以我一方面顾到本国的情形,一方面博采他国的经验,才提出上面所提到的那个办法,在我认为是很可行的。这个办法的长处有三点,第一,不加增政府财政上的担负,因为政府无论举债,或发给地主以土地债券,都是以佃户每年摊还的本利作担保,政府并不要从国库里拿出一笔钱来,送给地主或佃户。不过办理这一件事,在行政费上,也许要多支出一点,但这是于人民有益的事,多开支一点行政费,只有得到人民赞助,不会引起批评的。第二,这个办法,并不剥夺地主的既得利益,只是对于他的私产,施以统制就是了。地主对于这种办法,如要反抗,无异播布革命的种子,为自己的幸福掘坟墓。第三,这个办法,并不加重佃户的负担,可是在若干年后,佃户便可成为地主,与现在的佃户,永远不能改变其身份,反将佃户的身份,传给子孙的,自然不可同日而语。

关于最后这一点,有详细说明之必要,因为一方面佃户的担负既不加增,另一方面,这个佃户,于若干年后,便变成地主了,许多人以为这种说法,近于神话,几乎是不可能的。其实我所说的办法,是很浅近的,凡略为懂得一点农业经济的人,都很明了的。现在我再来说一遍。

关于佃户的负担,据张心一先生等调查句容的结果,得到下列的结论:

以钱租论,价值百元的田地,地主所收的租钱如下表:

上等水田	6.6 元
中等水田	7.1 元
下等水田	7.9 元
上等旱地	6.8 元
中等旱地	7.2 元
下等旱地	7.4 元

地主投资买地所得的利息，每年自6.6%，到7.9%。买下等田地，比买上等田地的利益大。

由此可见佃户每年所交的租，其价值约等于田地价值的6.6%到7.9%。我们所谓不加重佃户的负担，是想一方面帮助佃户购入所耕的田地，一方面要使佃户每年所摊还的本息，不要超过他平时所交的租的价值。

其办法可举例如下：

今有地主甲，有地值100元，租与佃户乙耕种，每年收租平均为7元。政府可令地主甲将土地让与佃户乙，给甲以值洋100元的土地债券，而令乙分期将此100元的本利还清。为欲使佃户的担负不加重，利息可以定为每年6厘，这与现在地主所收的租值相比，似乎低了一点，但与减租后的租值，相差无几。佃户乙平日交租时，系一年两次，现在还本息的办法，也是每年两次，每次3元5角，共为7元，与平日所交的租相等。但33年之后，100元的本利便完全付清，土地便完全归乙所有了。今列表如下，以示分期摊还本息，33年还清的方法。

（单位：元）

付款次数	付款数目	利息	本期付出之本	尚未还清之本
1	3.50	3.00	0.50	99.50
2	3.50	2.98	0.52	98.98
3	3.50	2.97	0.53	98.45
4	3.50	2.95	0.55	97.90
5	3.50	2.94	0.56	97.34
6	3.50	2.92	0.58	96.76
7	3.50	2.90	0.60	96.16
8	3.50	2.88	0.62	95.54
9	3.50	2.87	0.63	94.91

（续表）

次数	付款数目	利息	本期付出之本	尚未还清之本
10	3.50	2.00	0.65	94.26
11	3.50	2.83	0.67	93.59
12	3.50	2.81	0.69	92.90
13	3.50	2.79	0.71	92.19
14	3.50	2.77	0.73	91.46
15	3.50	2.74	0.76	90.70
16	3.50	2.72	0.78	89.92
17	3.50	2.70	0.80	89.12
18	3.50	2.67	0.83	88.29
19	3.50	2.65	0.85	87.44
20	3.50	2.62	0.88	86.56
21	3.50	2.60	0.90	85.66
22	3.50	2.57	0.93	84.73
23	3.50	2.54	0.96	83.77
24	3.50	2.51	0.99	82.78
25	3.50	2.84	1.02	81.76
26	3.50	2.45	1.05	80.71
27	3.50	2.42	1.08	79.63
28	3.50	2.39	1.11	78.52
29	3.50	2.36	1.14	77.38
30	3.50	2.32	1.18	76.20
31	3.50	2.29	1.21	74.99
32	3.50	2.25	1.25	73.74
33	3.50	2.21	1.29	72.45
34	3.50	2.17	1.33	71.12
35	3.50	2.13	1.37	69.75
36	3.50	2.09	1.41	68.34
37	3.50	2.05	1.45	66.89
38	3.50	2.01	1.49	65.40
39	3.50	1.96	1.54	63.86

（续表）

次数	付款数目	利息	本期付出之本	尚未还清之本
40	3.50	1.92	1.58	62.28
41	3.50	1.87	1.63	60.65
42	3.50	1.82	1.68	58.97
43	3.50	1.77	1.73	57.24
44	3.50	1.72	1.78	55.46
45	3.50	1.66	1.84	53.62
46	3.50	1.61	1.89	51.73
47	3.50	1.55	1.95	49.78
48	3.50	1.49	2.01	47.77
49	3.50	1.43	2.07	45.70
50	3.50	1.37	2.13	43.57
51	3.50	1.31	2.19	41.38
52	3.50	1.24	2.26	39.12
53	3.50	1.17	2.33	36.79
54	3.50	1.10	2.40	34.39
55	3.50	1.03	2.47	31.92
56	3.50	0.96	2.54	29.38
57	3.50	0.88	2.62	26.76
58	3.50	0.80	2.70	24.06
59	3.50	0.72	2.78	21.28
60	3.50	0.64	2.86	18.42
61	3.50	0.55	2.95	15.47
62	3.50	0.46	3.04	12.43
63	3.50	0.37	3.13	9.30
64	3.50	0.28	3.22	6.08
65	3.50	0.18	3.32	2.76
66	2.84	0.08	2.76	—
总数	230.34（本利）	130.34（利）	100（本）	

由上表,可见在33年之内,佃户乙共付地主甲本100元,利130.34元。这33年内所付的本利,等于33年内应交地租之数。可是照现在交租的方法,付完了230.34元的租以后,地还是甲的;而照我所提出33年之内摊还本利的方法,付完了230.34元之后,地便是乙所有了。这种简便易行的方法,我们希望民生主义的信徒,郑重的考虑一下。

二十四,八,十六。

中国农村的两种类型*

比较中外农村生活的人，常常指出中国农村的自给自足性。其实中国农村的所谓自给自足，其含义如何，尚待推敲。假如我们说：中国的农村，比起欧美的农村来，其自给自足的程度，要高一些，大约没有人可以否认。假如我们说：中国农民的需要，靠当地的生产及劳务，便可满足，那就未免离事实太远。

中国农民的生活里，最重要的问题，当然是吃。一般的农民，其所生产的粮食，是否够一家数口的消费呢？在灾荒的年代，粮食的不够吃，乃是显然的。即在五谷丰登的年月，许多地方的农民，还是不够吃的。从外村、外县或外省、外洋，输入粮食，就是不够吃的象征。另外还有一种统计，也可作讨论这个问题的参考，就是人与地的比例。我在内地旅行，每到一个县份，常去搜集两种统计，就是人口与耕地。在华南一带，假如每一个人所分到的耕地，平均不到两市亩，就有向外输入粮食的必要。而华南的县份里，一个人分不到两市亩的耕地，乃是常有的事。至于衣的不能自给，在洋布输入之后，已经成为普遍的现象。即在穷乡僻壤之中，男耕女织的传统，已给新兴的纺织工业打破了。布匹已不是家庭中的产品，而是市场中的一种商品，须用金钱去换来的。至于盐与医药，更非多

---

* 本文原载《世纪评论》第1卷第12期，1947年3月22日。

数的农村所能自给,乃是有目共睹的事。

在不能自给自足的状态之下,中国的农民,用什么方法,去满足他们生活上的需要呢?换句话说,他们用什么手段,去换取他们所需要的物资与劳务呢?

从这个问题出发,我们发现中国的农村,可以分为两类。为使这个分类,易于记忆起见,我愿意称第一种农村为宁波型,第二种农村为绍兴型。

宁波型的农村,其特点是什么?鄞县通志中有一段,说鄞县所产的粮食不够吃,可以作我们描写这个类型的起点。通志上说:"鄞县农田面积,据土地陈报,为749066亩,占全县土地45%。农户约34000余户,占全县户口十分之二,平均每户耕地约20亩。全县出米1188000石。据民国二十二年户口调查,为685930人。以平均每人每年食米2石5斗计,全年需米171万余石,尚不敷52万余石。二十四年宁属各县民政现状统计,鄞县米粮生产额1125000石,消费额200万石,亏额875000石。须乞籴洋米,及温台各产米区之接济。至其余农田所产特用作物,间有大宗出口,固不能弥补此粮食之缺额远甚。"

我们如只看这点数字,一定以为宁波人民的生活是很艰苦的,实则宁波人民的生活程度,远在一般内地之上。乡村中的组织,如学校与医院,其规模的宏大,也没有几处可以比得上的。宁波人到底用了什么方法,达到现在的境地呢?光绪年间出版的鄞县志,有一段回答了我们的问题。县志中说:"鄞县生齿日盛,地之所产,不给于用,四出营生,商旅遍于天下,如杭州、绍兴、苏州、上海、吴城、汉口、牛庄、胶州、闽广诸路,贸易綦多。或岁一归,或数岁一归,携带各处土物,馈送亲友。甚至东洋日本,南洋吕宋、新加坡、西洋苏门答腊、锡兰诸国，亦措资结队而往，开设廛肆，有娶妇长子孙者。”

这些在外面娶妇长子孙的宁波人，多少与乡土已断绝了关系，我们可以存而不论。最要紧的，是那些在外谋生，或岁一归，或数岁一归的宁波人。他们虽然在外面工作，但与家乡还保持着密切的经济关系。也许他的妻子还留在家乡，也许他还有别的亲人，在家乡要他赡养。他在外面赚钱，可是并不在外面把所赚的钱都花去。他常常把钱积蓄起来，有便人回家时，便托他们带回去给家人用。或者他于年底要从外面赶回家去过年，除了带一些钱回去之外，还要带衣料，带日用品，送给他的妻子、父母、亲友。就靠他们在各个码头上赚钱，然后住在宁波的人，生活上的需要，才得到圆满的解决。

所以宁波的农民，解决生活问题的方法，是输出劳务，换取金钱，而以金钱购得宁波所不生产而为宁波人生活所必需的物资。在这种方式下过日子的，不只宁波而已。台山、梅县都是属于宁波型的。就是我们家乡歙县，也属于这一个类型。记得乡中有一俗语，“无徽不成镇”，表示沿新安江一带，在外谋生的徽州人很多。我所熟悉的歙南一条河流，沿河 60 里，每年出产的粮食，只够几个月吃的。所以每年一过正月初旬，沿河的村庄，有许多人挑着铺盖，辞别亲友，外出谋生。这些劳务的输出，使得留在家中的人，可以舒服的生活下去。

绍兴型的农村，与宁波型有异。绍兴粮食的不够吃，是与宁波相同的。去年 11 月间，我路过绍兴，县长告诉我，绍兴县可耕地为 200 余万亩，但水田只有 90 余万亩。全县人口，为 80 余万，县境内生产的稻米，只够 8 个月的消费。但绍兴有许多土产，在战前，将此种土产输出，换入粮食，绰绰有余。这些土产，最著名的有四：一为锡箔，战前可出 300 万块。二为平水茶，每年可以输出 20 万担。三为绍酒，战前可出 30 万缸，每缸 500 斤。四为内河鱼，战前每年可出 600 万斤。这些特产的总价值，以战前的价格计算，约等于绍兴县所出稻谷的总价值两倍半。有这许多物资可以输出，绍兴人的衣食可以无愁了。

属于绍兴型的农村也很多，如沿太湖的蚕丝区，沙市附近的棉花区，均属于此类。这些地方的农民，所出产的粮食，也许还够吃，也许不够吃，但是他们都不能靠粮食来解决生活上的一切需要。可是他们很幸运的，除了粮食之外，还能生产一种或几种别的物资，而这些物资，又都能在市场上找到销路。他们以出售这些货品的钱，来换取他们别的需要。他们生活的舒适与否，要看这些货品在外面的销场及其价格而定。

宁波型的农村，其特点在输出劳务。绍兴型的农村，其特点在输出物资。许多农村是中性的，就是劳务与物资，每样都输出一点。这种中性的农村，在数量上虽然很多，但作为研究的对象，并没有两端型的有趣，可以不必细论。

这种农村的分类法，目的在帮助我们了解实际的农村，以作各种改良工作的根据。两种农村的经济问题及社会问题，都是不相同的。从事实际工作的人，先要认清对象是属于哪一类型，然后提出来的改良计划，才不致文不对题。

但我们于分析中国农村的类型之后，还得到一个重要的结论，就是中国一家，繁荣不可分。自给自足的时代，早已过去。无论哪一类的农村，其繁荣与否，不全系于当地的收成，还要看当地过剩的劳力，过剩的物资，是否有出路。宁波型的农村，其劳力是要靠别的社区中容纳的；绍兴型的农村，其物资是要靠别的社区中吸收的。即使某一个宁波型或绍兴型的农村，在其本村中是天下太平，但别处则烽火连天，民不安命，那么那种太平，那种繁荣，也是暂时的。不久宁波型的农村中，就可见他们的子女，原在外面就业的，现在都失业归来；绍兴型的农村中，也将发现他们运到外埠去的货物，找不到主顾，卖不起价格。那时候，太平也将变为混乱，繁荣也将转为凄凉。

因此，我们将听见和平的呼吁，从各地的农村中喊出来。

三十六，一，二十八。

论耕者有其田及有田之后*

一　耕者如何能够有其田

在十几年以前，我曾在《清华学报》里，发表过一篇论文，题为《从佃户到自耕农》。在那篇文章中，我曾作下列的结论：

(1)佃户是乡村中一个被压迫的阶级，我们如要为他们谋福利，当设法使他们成为自耕农。

(2)美国的佃户，有许多靠自己的力量，便升为自耕农的，但中美的情形，相差太远，中国的佃户，如无外力的帮助，很难改变他们的身份。

(3)丹麦以政府的力量，帮助农民购地，结果使国内佃户的百分数，从42%，降低到10%，此举中国颇可效法。

(4)中国如实行丹麦的政策，有三点仍须注意。第一，政府应效法爱尔兰减租的办法，使地主肯将土地出售。第二，应以东欧各国的成例为鉴，由政府以公平的方法，规定土地的价格，俾地主不致居奇。第三，购买土地所需之款，应由政府全部借给农民。至于此种款项之来源，或由政府举债，或发给地主以土地债券均可。政

---

* 本文原载《新路》第1卷第2期，1948年5月22日。

府借给佃户购地之款，利息应低，可由佃户将本息于若干年内摊还，其数目之多少，以不加重佃户负担为原则。

十余年的光阴，匆匆的过去了。佃户的地位，似乎没有什么改良。抗战胜利以后，国内各方面的人士，对于这个问题发生兴趣的人，逐渐的多起来，土地改革的方案，我们也看到不少。根据各方面的意见，我愿意对我上面所述的第四点，便是如何使耕者有其田的步骤，作以下的修正。

(1)佃户的租额，应照土地法上的规定，以375‰计算。

(2)地价应规定为现租额的七倍，由佃户分七年交纳，取得土地所有权。

(3)在佃户尚在清偿地价的时期内，田赋仍由原土地所有人交纳，佃户同时不向地主另交地租。

这个办法的好处，就是在清偿地价的时期内，佃户与地主之间，地主与政府之间，所有的支出与收入，都没有变更，所以社会上一点骚扰也不会引起。可是地主与佃户心里都很明白，七年之后，土地的所有权，便要转移了，地主可以从容的另谋生路，不致张皇失措，佃户想到不久担负便要减轻，心中必定感到很大的安慰。

此种改革，一方面可以提高佃户的生活程度，另一方面，可以消灭一个在生产过程中已无功能的地主阶级，使他们另谋生计，由不生产者变为生产者，所以对于整个的社会，是有利的。

二　只变动生产关系而不变动生产力不能算是根本的改革

中国佃户的百分数，根据南京金陵大学卜凯等的调查，张心一先生的估计，以及中央农业实验所的调查，都不算是很高。概括的说，中国的佃户，在农民中，只占30%左右。假如上面所提的办法实现，那么七年之后，这些佃户，便都变为自耕农了。

自耕农的生活程度，是否比佃户高得很多？中国全国的农民，假如都是自耕农，农村中是否便会繁荣？凡是在乡村中住过的人，或者在乡村中做过调查的人，或者有亲戚朋友在乡村中当自耕农的人，对于上列的问题，恐怕不会给一个肯定的答复。中国的自耕农，现在的生活是苦的，以前也是苦的。假如农村中的生产力没有重大的变更，他很难希望脱离贫苦的日子。在二千多年以前，就有人描写过中国自耕农的生活。《汉书·食货志》记载李悝治魏时的自耕农生活如下：

> 今一夫挟五口，治田百晦，岁收晦一石半，为粟百五十石。除十一之税十五石，余百三十五石。食，人月一石半，五人终岁为粟九十石，余有四十五石。石三十(钱)，为钱千三百五十。除社闾尝新春秋之祠，用钱三百，余千五十。衣，人率用钱三百，五人终岁用千五百，不足四百五十。不幸疾病死丧之费，及上赋敛，又未与此，此农夫所以常困。

现在的自耕农，与李悝时代的自耕农，其生活程度有何差异？他一年收获所得，除了交税、祭祀、衣食等的花费之外，是否还有很多的剩余？我们只要放眼观察一下，就知道二千余年以来，自耕农的生活，实在是没有进步，没有可以值得羡慕的。

这种生活，在生产力没有变更的时候，是没有什么好的办法，把他加以改进的。中国古代的仁君，最多只能做到薄赋敛。薄赋敛的结果,也只能使这些自耕农生活不致恶化而已。这虽然在中国的历史上,已经是难能而可贵,但是这种典型的中国自耕农生活,如与近代文明国家的自耕农生活相比,相去实有天壤之别。

近代文明国家的自耕农生活程度,所以能够上升的原因,就是因为他们把握着新的生产力。曳引机及其他新式农业机械,是新的生产力的象征。有了这种新的生产力,一个农夫,可以耕种的田地,便扩充了若干倍。我们用人力与兽力来耕种,所以每一个农夫,只能耕种 3 或 4 英亩的土地。但是已经采用或局部采用了机械耕种的国家,农民所能耕种的面积便扩大了,如德国的平均农场为 22 英亩,瑞典为 25 英亩,丹麦为 40 英亩,美国为 174 英亩。在这样大的农场上,收获自然非小农场所可比。因此这些国家的农民,以其收获所得,除了交税,除了满足衣食住的需要之外,还有剩余,可以作教育、医药卫生、娱乐、旅行、交际、慈善事业及储蓄之用。他们生活程度之所以提高,因为他们有大农场,用机器耕种,每人的收获量丰富的缘故。

三　如何变动农业中的生产力

我们为想提高中国农民的生活程度,使其可以与文明国家的农民相比拟,非变更他们的生产工具不可。

可是在过去二三十年之内,提倡中国农村改革的人,很少在这个问题上用心思的。只有这次抗战胜利之后,善后救济总署的主持者,才大胆的在农业机械化一问题上,作初步的尝试。现在有好些省份,如河南、浙江、湖北等省,都得到了一些曳引机,作开垦荒地的工作。我于1946年的11月,曾到过湖北京山县的罗汉寺,参观那儿合作农场上曳引机的工作。我同农场上的技术人员谈话,知道罗汉寺一带的土地,在抗战期内,已有六七年没有耕种过了。野草的根,入土很深,如用牛耕,每日只能犁地2亩,但用曳引机,每日可以犁地约100亩。因为机器的效率高,所以京山合作农场,开垦2万华亩荒地,共拟招收400家农户,每户可以分得农田50亩。50亩这个数目,比较长江一带的平均农场面积,至少要大二倍以上。所以将来合作农场上的农民,其生活程度,一定可以比普通农民要高些,这是可以想象得到的。

京山农场,是在荒地上建筑起来的,所以没有地权的问题。在人烟稠密的地方,如欲推行农业机械化,许多困难的问题便发生了。

第一,农业机械化之后,需要农户的数目便减少了,这些多余的农户安插到什么地方去了?

第二,细碎的农场,像目前中国乡村中所呈现的,并不适于机械的使用。为使曳引机可以发挥其作用起见,现在的农场,应当如何合并?

第三,假定农场已合并了,参加工作的人,其土地权的收获及其个人工作的收获,如何计算?

这几个问题,在理论上都是需要解决的。解决了这些问题,然后中国的农业机械化,才可以实现。

四　农业机械化的步骤

我们先讨论第一个问题。

农业机械化的一个目标，就是要提高农民的生产效率，以少数的农民，来耕种中国的已耕地。在已耕地并不减少而农民数目减少的条件下，每一农民的收获量，自然增加，因而他的收入，他的购买力，他的生活程度，也就自然随之而提高。所以曳引机到了农村，引起一部分人民的离村，乃是我们所想达到的目标，不必惊奇。我们所要考虑的，乃是这些剩余的农民，应当安插在什么地方。我们的答案，是把他们安插到别的职业里。因此，农业机械化，应当与中国现代化或工业化同时进行。我们应当计划，假如在下一年内，新兴的工业、矿业、交通业、运输业，以及其他的职业中，需要若干人力，我们便以等于这些人力的曳引机，送到农村中，去换出农民来。这样的办，农村中的生产力不会减少，因而到别的职业中去的人民，在粮食上也不会发生问题，可是在别的职业中，因为这批生力军加入了，生产便会加增，事业得以发展，结果一定可以使全国的收益加增。这个办法，并无新颖之处，欧美与苏联，在现代化的过程中，人口的移动，都是从农业转到别的职业，我们不过采用他人已经走过的途径而已。

我们在此要特别指出的，就是这儿所提出的农业机械化办法，乃是一种渐进的办法，由局部的机械化，以至全部机械化的办法。我们所以不主张农业立刻全部机械化的原故，一因曳引机不是一下就可以造得出许多部的，但是如欲中国的农业全部机械化，大约需要250万部左右的曳引机，其他的机械还未计算在内。这一大笔资本，不是短时期内可以创造出来的。其次，即使我们能够弄得到这么多的曳引机，我们也不应马上采取全部机械化的办法，因为如采用这种办法，马上就会发生大规模的失业问题。根据别个国家的经验，农业以外的职业，吸收人口的能力，在短时期内，是有一定限度的。原因是就业机会的产生，由于资本的加增，而资本的加增，无论是利用外资，或自己积蓄，都不是想要多少就有多少的事。每一种实业中，不加增资本，而加增就业的机会，只有在降低生产效率一个条件下可以达到，而降低生产效率，是与社会进化背道而驰的，为我们所不愿意采取。美国自1910年至1930年，农业以外的就业人口，从2570万人，加至3830万人。在20年之内，加了1250万人，平均每年只加60余万人。苏联自1926年至1939年，工人及雇员的总数，除开就业于农林渔业的不计外，从830万人，加至2460余万人。在13年之内，加了1620余万人，平均每年增加125万人。假定我们的工业化，其速度可与苏联相比，也就是说，假定我们每年可以从农业中提出125万人，参加别种职业的生产，那么我们每年送到农村去的曳引机，最好每年只能代替125万人的工作。多造曳引机，只有使工农的就业人数失调，不是妥当的办法。苏联在推行集体农场时，没有顾到这一点，以致曳引机到了农场之后，一部分的农民，无法安插，结果只好打破社会主义的信条，对于加入集体农场的农户，每户分配私有农场一英亩左右，以便他们可以充分利用其闲暇。在集体农场上是用新的生产力，而在私有小农场上，还是利用旧的生产力，即人力及兽力。由此可见农业全部机械化，不是短时期内可以完成的，我们因此应当作长时期的打算。

五　土地国有与农业机械化

我们现在可以讨论本文第三节内所提出的第二个问题，就是农场的合并问题。

目前我们这种小农场制度，阻碍了新生产力的使用，是很为显明的。我们如欲利用曳引机来耕种，非铲除现在田亩间的经界不可。如何使这个目标实现，同时又使农民肯自动的来赞助这种运动，乃是我们所要讨论的问题。

我们现在假定以七年的时间，来完成耕者有其田的工作。在七年之内，现代化所需的劳力，由现在都市中的游民或乡村中无地的雇农来供给。七年之后的第一年，中国农业以外的实业，假定可以吸收125万人。此项劳力，应当用什么方法来吸收呢？

为讨论的方便起见，我们假定此125万人，将平均分配于100个都市的新兴事业之中，于是每一都市，应向其附近农村吸收12500人。为使这个目标易于达到，政府有几件事，是要事先妥为筹划的。所应筹划的第一点，就是要制造或购买若干曳引机，使其所产生的能力，等于125万人。第二，政府应在100个都市的附近，兴办合作农场。在合作农场之上，是用曳引机耕种的。每一都市，既要向附近的农村吸收12500人，以每一农户平均有工作人口2.5计算，等于5000农户。此5000农户，也就是要转业的农户。政府于兴办合作农场，圈定农场范围之后，应以保证转业后之所得，不会减于过去五年平均所得之条件下，劝导合作农场中一部分的农民转业。转业之农民，其土地移转给政府，政府所付的地价，也是等于地租七倍的债券，分七年付清。转业的农民，一方面得到政府的保证，在新的职业中，其所得不下于过去五年的平均数，另外还可坐食地租七年之利，所以他们应当是赞成这种办法的。

此5000农户转业之后，合作农场上的劳力，大为减少，但因有曳引机的替代，所以生产力并未减低。这些加入合作农场的农户，我们假定他们都是自耕农,但其田亩之多寡是不等的。政府对于他们的参加,只附一个条件,就是所有的土地,都要以债券收归国有。政府于七年之内,付以等于地租七倍的地价。所以合作农场成立七年之后,农场上的土地,便由私有移转为国有了。合作农场成立前的七年,是土地由地主转入自耕农手中的时期;合作农场成立后的七年,是土地由自耕农手中转为国有时期。合作农场的推广,也就是国有土地的推广。等到农业机械化全面达到了,所有的农地,也都变为国有了。这是利用生产力来变更生产关系的办法。可是加入合作农场的自耕农,是否可以赞成这种办法呢?我们的推想,假如合作农场的办法,对于他们有利,他们是会赞成的。而有利与否,要看合作农场上的收获如何分配以为定。

六　农业机械化之后的收获如何分配

我们现在可以讨论本文第三节内所提出的第三个问题了。

我们理想中的合作农场,是由参加农场工作的自耕农的土地,与5000户转业农民的土地合并而成的。这样的一个农场,其土地面积,如平均分配于参加农场工作的自耕农,则每一农户的所得,可能比他参加合作农场以前的土地面积大好几倍,这是我们最要记着的一点。但是因为有曳引机帮助耕种,所以土地面积虽然大了好几倍,这些农民也照顾得来。他们耕种的所得,在合作农场成立后的七年内,因为土地权还未完全移与国家,所以要照常纳税,也许是等于收入的10%。另外我们假定曳引机是要租金的,此项租金，也等于收入的10%。余下来的部分，除提出若干公积金外，其余的在七年之内，一概照自耕农参加合作农场时所贡献亩数的多寡分配。今有甲乙二自耕农于此，甲在参加时有田30亩，乙在参加时有田20亩，那么乙的所得，应为甲的所得的三分之二。在此七年之内，转业农民五千户的所得，由政府代收。政府于收到此五千户农民原有土地上分配得到的实物或代金后，以37.5%，付与转业农民，作为转业农民应得的地价。余下来的62.5%的实物或代金，政府即用以收回自耕农的土地。自耕农在每一年内所应得的地价，等于一年的地租，如是者七年，自耕农的土地，便为国家所有。

在合作农场办理以后的七年之内，自耕农的收获，除了本人土地上的收获外，另外还加上37.5%的地价所得，所以他的收获是加增了。他的支出，表面上似乎加了一项，即曳引机的租金，但是如无曳引机，他得买牛或者雇用人力，此项支出，照浙江省试用曳引机的计算，可能大于曳引机的租金。收支相抵，他是有利可图的。七年之后，所有合作农场上的土地，都为国有了。政府对于这个农场，或者收租，或者把自耕农一律当为国家农场的雇员看待，一律付给薪资。无论是采哪一种办法，对于农民都是有利的。因为农场的面积较前扩大了，所以自耕农而使变为国家的佃户，其所得也会超过他在自耕农时代的所得。试举一例说明此点。假定在自耕农时代，某甲有田20亩，每亩收获谷物3担，共为60担，除去田赋十分之一约为6担外，余下的为54担。加入合作农场之后，因为有转业农民留下的土地，每一合作农户分配得到的土地，一定要大好几倍。现在假定只大三倍，又假定每亩的收获量亦如前，共为180担。除去向国家纳租37.5%应为67.5担外，尚余112.5担。他的收入，比在自耕农时代还多，所以他的生活程度也会好转，这都是新生产力所造成的结果。

七 结论

我们所提出的土地改革计划，不但是生产关系的改革，也是生产力的改革，似乎比主张耕者有其田的人，更进一步。这种计划的实行办法，尚待详细的规划，理论上也许有若干点，还要修正。这样一个大问题，我们不敢说是看得已经十分周到，希望国内对于这个问题有兴趣的人士，共同加以研讨。

四月七日，清华园。

我写完《论耕者有其田及有田之后》，送给一些朋友去批评，承徐毓枬、戴世光、陈振汉、韩德章诸先生把他们的意见写出来给我，读后非常感激。韩德章先生的四点意见，及陈振汉先生的第二点意见，全是补充性质，不必答复。其余各位先生所提出来的意见，我综合答复如下：

（一）消灭地主阶级，是否公平？

公平的观念，历代常有变更，历来属于"价值"范畴，不能像科学原理的可以用事实证明。我个人的看法，以为一个阶级，假如他在生产过程中，有其贡献，那么消灭他是不公平的。假如他在生产过程中，并无贡献，只过一种寄生的生活，那么消灭他是公平的。

同时，我们还要看我们所采用的方法，是否合理。地主阶级，虽然已失其功能，但他们乃是社会制度的产物，社会对于他们地位的形成，也要负一部分责任。因此，我们不可以为某人是地主，便要驱逐他，或者杀掉他。我们应当给他一个机会，使他可以从一个不生产者，变为一个生产者。这就是我们提议以七年的时间，来消灭这个阶级的理由。我的文章，是谈土地问题时，在此范围之内，自然不必牵涉到别的不劳而获的阶级。徐先生说我的文章中不攻击别的巨富，为不公平，其实此乃为题目所限制。别的问题，应当在别的题目下讨论。

（二）一番工作为什么要两番做？

徐先生及戴先生都提出一点来质问我，那就是：为什么不直接将土地收归国有，而要分作两段办理。他们两个人既然都提出同样的问题来，显然是我没有把我的意思说得清楚，其实我的意思是很简单的：我所以要分作两段做，因为是要解决两个不同的问题。第一个是生产关系问题，这是可以全国同时解决的，可以在七年之内到处解决的。解决之后，全国便没有地主，也没有佃户，而只有自耕农。地主剥削佃户的事实，在七年之后，可以完全不存在。第二个问题乃是生产力问题，这不是短时期内可以解决的，我们要逐步的推进，须要比较长久的时间。

在我的文章中，我曾提议，在全国农民都成为自耕农之后，我们即可开始农业机械化的工作，第一年由农村中吸收125万人，令其转入别的职业。此125万人，假定等于50万农户，中国目前大约有农户6000万，那么50万农户，不过总农户一百二十分之一而已。

所以在我们开始改良农村生产力的第一年，只有很少数的农户要转业，也只有很少数的农户要加入合作农场，因此也只有很少数的土地，要收归国有。以后机械化的范围逐渐扩大，国有土地的面积也就逐渐加增。

这两种工作所需的时间既然不同，自然不能在同时内完成的。

如照徐先生所提出的办法，国家只须视工业人口上之需要，逐渐圈地，办理合作农场，把地权收归国有，那么我要问：在合作农场以外的佃户，是否让其依旧向地主纳租呢？假如徐先生的意思，是在合作农场没有推行之前，地主与佃户的关系依旧，那正是我所反对的。我以为生产关系的规定，是法律方面的事，只要舆论赞同，或行政者有此勇气，则变更法律，不过是议会中举手之劳，实在是很容易的。而生产力的变更，却不可一蹴而几。我们不能因为后者推动得慢，而把前者也搁下来。

同样的，我以为戴先生所谓佃户因为土地有两次改革，因而对土地所有权问题不发生兴趣，也是过虑。他以为佃农变成自耕农以后，一定要被劝导转业，或参加合作农场。其实是不然的。如上面统计所表示，只有少数的佃户，在成为自耕农之后，是马上又要走到转业或参加合作农场之路的。大部分的佃户，在成为自耕农之后，因为农业机械化迟缓的缘故，是要花很长的一段时间，也许是终身要在他自己的农场上耕作的。但是他的收获，没有地主向他要租，这是使他的生活程度，即使没有机械化，也可以略为提高的一个因素，所以徐先生谓要提高生活程度，不必牵涉地权之说，我不同意。难道一个交租的农夫，和不交租的农夫，中间就没有一点分别吗？

(三)　农业机械化与人口问题

戴世光先生及陈振汉先生,都提到人口问题。他们一方面看到农业机械化后转业人数的有限,一方面看到我国人口自然加增率之高,因而怀疑:即使转业者每年有125万人,农民的生活程度,是否可以提高。我对于这个看法,极表同情。我在没有写这篇文章以前,脑海中原来另有一个题目,名为“三管齐下的经济建设”,说明农业机械化、工业化及节制人口,应当同时办理,才可以收提高生活程度之效。后来觉得人口问题牵涉太广,有另外写文章说明之必要,所以在这篇文章中,便没有提。其实我很同意陈戴二先生的看法,认为如乡村中移出的人数,不能超过增殖的人数,那么生活程度是很难提高的。可是我也要说明一点,就是中国人口,在目前那种高的自然加增率之下,如不立即推行工业化及农业机械化,则农民的生活程度,有更趋于恶化之虞。农业机械化,虽然不是提高农民生活程度唯一的因素,却是许多因素中,一个很重要的因素。

中国手工业的前途*

最近读到一本时代评论小册，题为《人性和机器》，是讨论中国手工业的前途的。著者一共四人，费孝通、张荦群、袁方三位先生，都是我现在清华的同事，另外还有一位张子毅先生，是云南大学的社会学教授。

他们对于中国的经济建设，有一个基本的主张，就是在发展机器工业的过程中，不可放弃手工业，他们说：

> 建设中国的新经济本是一件复杂的工作，单靠大工厂的树立不够，单靠农村工业的复兴也不会够，可是因为现在一般舆论太忽略农村手工业，所以我们愿意提出这个意见。我们深切希望大家不要一口咬定说手工业是绝对没有出路，随之而兴的当然是都市的大工业。也许最切实同时最合宜的出路，却是一个调和的方式，维持多数小工业在农村里，只在农村里容不下的工业，才在都市中发展出来。

在这一段文章里，费先生等显然的把两个概念，混为一谈。他

---

* 《经济评论》第1卷第20期，1947年8月16日。本文是针对费孝通、张荦群、袁方、张子毅《人性和机器——中国手工业的前途》（生活书店1946年版）的讨论文章。

们提到“农村工业”,“农村里容不下的工业”,又提到“农村手工业”。到底农村工业与农村手工业是一物二名呢,还是根本上不相同的东西呢?

一　农村工业与农村手工业

我们以为,这两个概念,应该代表两种不同的东西。农村工业与都市工业是相对的,这个概念,表示工业所设立的地点,凡是设立在农村中的工业,就名为农村工业,设立在都市中的,就名为都市工业。农村手工业,是与机器工业相对立的。这个概念,表示工业所用动力的来源,如用的是“有生能力”,就是手工业,如用的是“无生能力”,就是机器工业。农村的工业,可以是手工业,也可以是机器工业。

费先生等的意思,是愿意保持农村中的手工业呢,还是想把机器工业设立在农村中呢?这两个意见是不相同的,在两者之中,费先生等应有所选择。可是我们综观全文,觉得他们有点徘徊,不能当机立断。在有些地方,他们似乎反对保持农村中的手工业,因为他们反对甘地的主张。他们说:

> 在这里似乎有两条路可走。一条是甘地要印度人走的,若是大家不穿洋布,土布不还是可以维持,农村手工业也就不致崩溃?甘地是从人性出发,来解答东方的共同问题。我们自然同意这是可能的,但是用道德力来控制个人欲望,因而控制经济,至少需要有修养的人才能做得到。从一般人民说,似

乎是要求过甚。

可是在另一个地方，他们又说：

> 我们要安定民生，绝不能抹煞手工业的存在，同时也不能让手工业自生自灭。他甚至将要成为经济计划中一个很缺乏弹性的项目，其他的项目应当和他取得调适。

一方面他们觉得甘地在印度所提倡的办法行不通，另一方面他们却又主张，在中国的经济计划中，手工业是一个很缺乏弹性的项目，别的计划都得来迁就他。到底他们要不要手工业呢？从上面这一段文字看去，他们似乎很爱惜手工业，要努力去保存他，但继着他们又说：

> 我们主张把机器逐渐吸收到传统工业的社会机构中去，一方面使农村经济得到新的活力，另一方面使农村工业因机器及动力的应用而逐渐变质。

既然要把机器吸收到传统工业中去，使手工业因机器及动力的应用而逐渐变质，那就是等于说，我们得步先进国的后尘，用机器的生产，来代替人力的生产。等到农村工业已经逐渐的用了机器，已经由用机器而变了质，那时手工业便已被抛弃，被代替了。由这个理论推下去，似乎费先生等的观念，与我们的并无差异。归根到底，手工业在中国是没有前途的，因为他代表着落伍的生产方法，无法与现代化的机械生产方法相竞争。

二　农村的机器工业

工业机械化之后，也就是手工业变了质之后，应当设立在什么地方，是一个很可以研究的问题。假如我们让工业去自然发展，有许多工业会给都市吸去的，因为都市中，特别是交通方便的大都市，确有适于工业生存的优越条件。但是如果我们能将工业的位置，作一有计划的分配，则在原子时代，设立工业于乡村，是有国防上的理由的。原子弹的威力，我们从广岛长崎，已经可以窥见一斑。这两个原子弹对于都市破坏之大，使我们深切的认识，把工业集中于少数都市，从国防的观点看去，实在是很不安全的。现在我们谈分区建设工业，已经是主张工业的分散，而不是主张工业的集中了。

另外我们还有一个理由，就是机器工业到了农村之后，可以使农村变质，使农村成为一个更适宜于人类居住的社区。关于这点，英国牛津大学农业经济研究院院长奥尔文先生说得最透切。他以为英国乡村，人口只有数百人，希望得到文明社会中人类应有的享受。这种乡村，维持不了一个好医生，也无法成立一个完全的小学。教堂中请不到一个谆谆善诱的牧师，也无法组织一个歌咏队。戏院当然是无法成立，图书馆也不能开张。他以为这种缺点，如政府能有计划的将若干种工业，分散到乡村中去，便可补救。工业到了农村之后，可以发生两种好的影响。第一，谋生的机会加多了，有志的青年，不一定要向都市跑，在乡村中，也可找到他愿意献身的职业。第二，村庄的人口可以加增，现在的小村庄，都可以转变而为一种工农混合的新社区。在这种新社区内，人口决不只数百，可能加到数千或数万。在这种社区中，可以产生新的文化、卫生、娱乐、商业等组织，来满足人类的需要。以前乡村中那种单调的、寂寞的、寡趣的生活，现在可以改变了。

都市产生了近代机器工业，同时也产生近代文明，以及这种文明赐给人类的各种享受。我们希望机器工业下乡之后，近代文明也连带的下乡，也带给住在乡村中的人民，一种更有趣的生活，更丰富的享受。但是这个观点，似乎是费先生等所不能接受的。他们对于都市的生活，似乎都有点厌弃，似乎都想逃避。他们说：

> 人不能单独生活的，在单独生活中，会失去生活的意义。人之所以生活是为了别人，没有了对别人的责任，自己的生活意义跟着就会消失。这就是说，个人人格的完整，需要靠一个自己可以扩大所及的社区作支持。自从机器把人口反复筛动之后，他集合了许多痛痒不相关的人在一起工作，在他们之间，只有工作活动上的联系，而没有道义上的关切，现代都市中住着的，是一个个生无人疼，死无人哭的孤魂，在形式上尽管热闹，可是在每一个人的心头，有的是寂寞。

我们以为这段文章虽然写得很美丽，但是不正确的。农村固然是个社区，都市也是一个社区，所不同的，是前者单纯而后者复杂，前者单调而后者丰富，前者受固有环境的支配，后者多自由活动的余地。一个生长在乡村中的人，他的邻居是祖先早已选好的，他很难搬家，所以不容易选择新的邻居。他的朋友，他的敌人，都是前定的。假如甲村与乙村，数百年来，是常常械斗的，他如生在甲村，只能把乙村看作敌人。他的职业，甚至于与他最亲密的妻子，都是别人替他安排的。在这种情形之下，似乎命运决定了一切，个人的意志，很少活动的余地。可是他如搬到都市中去住，生活的许多束缚，便都得到解脱。欧洲中世纪时，一个农奴，如逃往都市中去住一年，便成为一个自由人。自由是都市中的特色。你可以在都市中，选择自己的职业，选择自己的妻子，选择自己的邻居，选择自己的朋友。你可以对于自己的生活，照着自己的爱好去安排，而不受固有的物质环境及风俗传统所束缚。所以我们常有一种感觉，就是在乡村中，你是住在一个别人安排如式的环境内，不一定称心顺意。在都市中，选择的范围较广，取舍的机会较多，所以在都市中住惯的人，都不愿再回到乡村中去，连费先生等都包括在内。

都市所以有这种诱人的魔力，除了我上面所说的自由外，还有都市中的文化，较乡村中尤能满足人类的需要。假如生病，在都市中可以得到好医生、好看护，你如喜欢研究，在都市中可以得到图书馆、试验室，你如爱好艺术，在都市中可以得到同志，彼此观摩。你如喜欢音乐，在都市中可以有各种戏剧、各色娱乐，来投你的所好。都市中对于满足人类欲望的货物与劳务的供给，是乡村所难望其项背的。

我们同意费先生等的说法，个人人格的发展，需要一个社区来支持。但乡村中活动是那么狭，见闻是那么陋，交游是那么寡，如何能够得到人格上各方面的发展？在都市中，一个人的兴趣，可以充分的发挥。他可以对于全国，对于全世界发生接触。所以一个人的人格，只有在都市的环境中，方能得到充量尽致发展的机会。

我们希望机器工业下乡之后，能改变乡村的环境，使其较近于都市。我们可以肯定的说，机器工业如与农村发生关系，农村是不免要都市化的。这种都市化的结果，假如我上面的分析是不错的，那么对于原来住在乡下的人,是一种贡献,而不是一种损失。

三 机器工业与失业

费先生等对于手工业的留恋,以及对于机器工业的厌恶,多少与他们对于失业问题的看法有关。他们说:

> 新工业的建设和手工业应该发生什么关系?是否会像以往一般促进手工业的加速崩溃。手工业崩溃不要紧,我们并没有理由去姑息他。可是新工业兴起,是否能解决因手工业崩溃而引起大量人民的失业和贫困的现象?还是攸关民生的大问题,假若不详细探讨,大量失业的发生,会使任何建设计划,在没有完成之前中断的。

照他们的看法,机器工业的兴起,会引起手工业的崩溃,会招致大规模的失业。为避免这种不幸起见,他们提议说:

> 我们愿意为中国经济建设思考的朋友们,能转过来看看中国经济的传统形态,而发现分散工业在广大农村中,使我们一大部分可以分散的工业,和农村配合,来维持大多数人民生活,是一条比较最切实的出路。

这儿我们要问:我们愿意分散在农村中的工业,是传统的手工业呢,还是新式的机器工业?根据我在上面的讨论,似乎他们很愿意把机器吸收到传统的手工业中去,而使他逐渐变质的,那么他们愿意分散在农村中的工业,乃是新式的机器工业,而不是传统的手工业了。假如机器工业真能造成大规模的失业,那么无论把他设立在什么地方,失业是终不可免的。难道机器工业设立在都市中则引起失业,设立在农村中就可维持大多数人民的生活,而不会引起失业问题吗?

根本上,我们是不同意机器工业招致大规模失业那种说法的。在讨论这个问题之先,我们得认识失业与转业之别。譬如某人从甲业中被遣散出来,好几个月找不到别的事业,这是失业。假如某人从甲业中出来之后,不久就在乙业中找到工作了,这是转业,而不是失业。我们承认机器工业的发展,有时会造成转业的问题,但不致造成大规模失业的现象。

我们可以先从事实方面考察一下,不要把主观的成见,看作客观的真理。我们愿意发出一个问题,就是在欧美等国家,在工业化的过程中,也就是在以机械的生产,代替人力的生产那一过程中,曾产生大规模的失业现象没有。欧美的社会中,诚然有失业问题,诚然时时有人失业,特别在商业不景气的阶段,但此与机器的发明与利用无关。假如失业问题是机器造成的,那么欧美各国,在工业化之前,其就业的人数,应当多于工业化之后。然而事实并非如此。英国在机器未发明之前,人口不到 1000 万人,就业的人数不过 500 万人。假如机器可以造成大规模的失业,那么现在就业的人数,应当不到 500 万人。可是英国自从工业化之后,人口加到 4600 万人,就业人数加到 2400 万人。美国在南北战事之后,才大规模的工业化。在 1870 年,人口只有 3800 万人,就业人数,只有 1200 万人。1940 年,美国人口有 1 亿 3000 万,就业人数,有 4500

万。事实证明了在工业发达的国家中，新的职业是逐渐加增的。机器工业，并没有减少就业的人数，反而加增了就业的机会。

我们再从理论上，来说明机器工业何以不会招致大规模的失业。试以织布业为例。今假定在手工业时代，某社区中，每年织布100 匹，共用工人 100 人，每匹售价洋 100 元。机器代替手工生产，假定效率加增一倍，100 匹布只要 50 个人便织成了。在这种情形之下，是否有 50 人便要失业？如要回答这个问题，我们得假定织布的效率加增之后，可能发生的各种结果。

第一种结果，假定织布效率加增一倍，布价也可便宜一倍，因而市面上对于布的需求，也加增了一倍。以前每人织布一匹，布价100 元的时候，市面上可销 100 匹布。现在每人织布二匹，布价 50元的时候，市面上可销 200 匹布。在每人织布两匹的效率下，织布工人还需要百人，并不发生失业的问题。

第二种结果，假定在同样的效率及价格之下，市场上的需要，加增了三倍。以前只销 100 匹布，现在因布价便宜，销到 300 匹了。假如每人织布的效率，还是两匹，那么 300 匹布的生产，便需要 150人。在这种情形之下，织布工人不但不会失业，织布业中，因利用机器的结果，还得添新工人。

第三种结果，假定在同样的效率及价格之下，市场上的需要，虽有增加，但只加了 50%。以前销了 100 匹，在新的状态之下，却销了 150 匹。假如每人织布的效率，还是两匹，那么 150 匹，只需要75 个工人，似乎有 25 个工人要失业了。但是我们如细加思索，就可知道这 25 个人，也许要转业，可是不会失业。因为照上面的假定，在手工业的生产效率之下，每匹布的价格是 100 元，100 匹布的总值是 10000 元。在机器工业的生产效率之下，每匹布的价格是

50 元,150 匹布的总值是 7500 元。以前社区中的购买力,有 10000 元花在布匹上面,现在只有 7500 元花在布匹上面了。余下来的 2500 元购买力,非用于消费,即用于投资。这种新的消费与投资,都是可以创造新的职业的。这种新的职业,便可安置从织布业中遣散出来的 25 个工人。

上面这个分析,只有一个假定,就是生产效率加增的时候,生产出来的货品,其价格有下降的趋势。这个假定,有许多事实可以说明,在理论上也有其必然性。因为货品的成本,最主要的是工资,生产效率加增,每一件货品上所花的人力,必然减少,因而成本必能降低。成本降低之后,在竞争的经济社会中,价格也一定随之下降。事实方面,我们可以举一个很显著的例子。英国的纺纱业,是机械化最早的工业。在手工业时代,每纺一磅纱,要费一先令二便士,到了 1840 年,一磅纱的成本,已跌到一便士了,而且机器纺出的纱,较手工纺出的,货色还要好些。这是物美价廉的一个好例子。

四　结论

总括我们上面的讨论,可以得到三点意见:

(一)机器生产,是效率高的生产,手工生产无法与之竞争,因之在中国工业化的过程中,手工业一定是逐渐衰微,而终于消灭。

(二)机器工业,可以设立于都市,也可以设立于农村。工业分散到农村之后,不但适合国防的要求,也可改进农村的生活,提高乡村人民的享受。

（三）机器工业的出现，并不产生失业问题。从历史的材料看去，利用机器的国家，都能随机器的发展，加增就业的机会。从理论方面看去，生产可以产生收入，收入非用于消费，即用于投资，两者都是可以产生职业的。机器工业既是生产的，所以他也是造业的，而不是消灭职业的。但机器工业的发展，有时造成转业的必要，则是无可讳言的。

中国工业化问题的检讨*

中国的工业化，近来还在萌芽时期，以后的数十年，一定还会发扬光大。但在工业化的过程中，有许多困难的问题，是需要解决的。作者最近得到一个机会，在常州、无锡、上海等处参观了三十几个工厂，并与从事工业有年的人，对于中国工业化几个重要的问题，作了若干次的讨论。这篇文章，就是要报告这次考察与讨论的结果。

一　资本

一个国家的工业化，需要许多的条件，其中最重要的一个，便是资本。中国是一个缺少资本的国家，但发展工业，没有资本，是不行的。我们可以从哪些地方，取得我们所必需的资本呢？这个问题，大约凡是注意中国工业化的人，都会考虑到的。回答这个问题的一个方法，便是去研究欧美以及日本等国的经济发展史，看看这些国家的资本，是如何形成的，然后考虑这些国家的经验，

---

* 本文原载《独立评论》第231、232、233号，1937年4月25日、5月2日、5月9日。

有无可以供我们参考的地方。这是一个很好的方法，但在这篇文章中，不拟运用。这儿，我只愿意提出一般工业界的先进对于这问题的意见。他们以为发展中国工业的资本，可以有四个重要的来源。第一便是由现有的工业，来供给发展工业的资本。这不是一个理想，在我所参观的工厂中，有好些在设立的时候，资本不过数万或数十万，而现在的资本，居然到了数百万的。这个数目的增加，一部分是由于招添新股，但一大部分的新资本，还是由工业本身孳生出来的。他们在每年结算营业账的时候，有的多提公积金，有的保留红利不发，到了相当的时期，便把工厂的资本额扩充，如常州大成纱厂，在民国十九年时，资本只有50万元，民国二十四年，便增至200万；又如无锡丽新纺织印染公司，在民国九年，只有资本30万，现已增至270万，都是用上述的方法膨胀的。别的例子，类此的甚多，不必枚举。所以我们希望一切从事工业的人，都要认识并且担负这个创造新资本的责任，不要把每年的盈余，都当作红利分走，应当积少成多，使工业资本，每年都有加增。工业资本的第二个来源，便是由政府取缔投机事业，引导社会上的游资，走上生产事业的途径。中国人口众多，一方面虽然贫民触目皆是，但另一方面，拥有巨资的也不在少数。他们的资本，在过去多投资于买卖公债、地产、标金等投机事业，自从政府采取新货币政策，并整理公债之后，这一方面的投机事业，已无游资用武之地。地产买卖，自从数年前地价惨落之后，投资者已有戒心。所以在这个时候，由政府用奖励的方法，如保息，或减税等，来鼓励正当投资，一定有好多资本，可以作发展工业之用。工业资本的第三个来源，便是鼓励华侨投资。华侨每年由海外汇回中国的款，近来每年常在2万万以上。这2万万的资本，其用途如何,惜尚无人加以研究,我想此中一定有一部分,可以引导其注入工业中的。除却这2万万零星的汇款以外,我们知道华侨中有许多巨富,颇欲投资于祖国,这种热心,政府应特别加以奖励。如在上海开设中国酒精厂的黄氏,在爪哇素称巨富,其财产达3万万之巨,酒精厂的资本150万,在黄氏创办的事业中,还算是小规模的,以后中国各种工业的发展,借助于黄氏的机会,应当还多,所以对于黄氏在中国初办的事业,应当特别加以爱护。又如在上海开设永安纱厂的郭氏,是澳洲的华侨,他们在中国纺织业中投资之巨,除无锡荣氏的申新纱厂外,无与伦比。像这一类的华侨事业,如政府特别加以爱护,一定可以吸收更大的华侨投资。工业资本的第四个来源,便是利用外资。过去私人利用外资而成功的事业是很多的,如商务印书馆在初办时,曾与日本金港堂合作,其初两方各出10万元,嗣后华股陆续增加,到民国三年,便将日本股份全数购回。又如五洲固本皂药厂,本为德人盘门氏所创办,到了民国三年,由上海巨商张云江收回,又让与项松茂,经营20余年,便成为今日国人自办最大的肥皂厂。又如中国亚浦耳电器厂,原为德人亚浦耳所创办,民国十四年,亚浦耳回国,便将全部机器生财,盘与国人,现在居然也可以与荷商飞利浦、德商亚司令、美商奇异、匈商太司令等合组的中和灯泡公司竞争,而得到相当的胜利。又如在纺织业中首屈一指的荣宗敬氏,其所辖的九个纱厂,第二厂原来是日人开设的恒昌纱厂,第七厂原为英商安利洋行设立的东方纱厂,但先后均由荣氏接收下来。又如康元制罐厂现在的厂址,原为日人所办的工商制罐公司,民国十二年,康元制罐厂接盘工商制罐公司,遂将老厂迁入,合并办理。又如阜丰面粉公司,其设备的新颖,在国内可称第一,据经理孙氏言,公司中有一部分机器,值洋150万元,即系由英国借贷而来,利息七厘,五年还清。由以上所举的几个例,可见利用外资,不问他是合伙,或是借贷,或由外人单独经营,如国人肯自己努力,结果都可以获得很大的利益。不过在上面所举的利用外资三种方式之中,其由外人单独经营一方式,便是让外人在华设厂,是利弊互见的,我们应当设法去其弊而收其利。近来讨论这个问题的人,每注重于弊的一方面,如外人在华经营事业,每不肯受中国公司法及其他法律的限制,又某种国家,每因经济问题而牵涉到政治问题,所以我们听到某国的投资,总怀疑他后面有不良的动机。但是利用外资的弊,是可以用外交的方法铲除的,同时如我们的国家力量增强,所有的弊端,都不难一扫而空。至于利的方面,外人在中国投资,除加速中国的工业化外,还可使中国金融市场的利率降低;农民的产品,添一顾主;失业的工人,多一谋生的机会;空虚的国库,多一税源。例如日本在青岛所设纱厂,据民国二十二年海关报告,该年由火车装运之货,如棉花、煤斤及其制品,所付运费共计500万元;所缴棉花税捐,亦不下280万元;采购华棉90万担,价银3000万元;采购鲁省煤斤,50万元;华工工资,360万元。虽然日商直接由纱厂中,得到许多的利润,但间接对于中国的利益,是不必否认的。中国人在利用外资的条件下,应设法积蓄财富,以便遇有机会,即可使外资变为华资,使现在外人开设的工厂,将来可以变为国人自己经营的工厂。这种结果,并非不可能,上面所举的例,已可证明。我们再看美国,在1913年,虽然在国外的投资,达20万万元,但外人在美国的投资,也有50万万元。美国是一个新兴的国家,所以在欧战前,利用外资的数量,超过本国资本的输出。但在欧战中,美人一方面把外人手中的美国股票买回,一方面把历年积蓄的资本,投资外国，到了1930年，除去美国政府借与欧洲各国的债款不计外，美人在外国的投资，竟达152万万元之巨数，与英国在欧战前的国外投资总数相仿佛，但英国人花了一世纪的工夫所做到的成绩，美国人在15年之内，便完成之。由此可见一个没有资本的国家，在工业化的初期中，利用外国的资本，是无妨的。只要利用的人肯自己努力，肯藉国外的资本，孳生本国的资本，那么在某一时期，虽然欠外国人的债，而经过若干年后，也可一跃而为债主国。美国是一个好榜样，而我国实业界的前途，如上面的例所表示的，也可以使我们发生一种信心，就是中国人如自己肯努力，是可以取利用外资之利的。但如中国人自己不努力，那么中国的殖民地化，也可因利用外资而加增其速度。为祸为福，关键还在中国人的本身。

二　技术

工业中的技术问题，可以分作技术设备与技术人才两点讨论。

技术上的设备，中国现在是落伍的，无可讳言。落伍的现象，从两方面可以看出。第一，各工厂中所用的机器，大部分都购自外国，本国人自造的，还不多见。第二，就拿这些外国机器来说，也是陈旧的多，而新颖的少。这种落伍的设备，中国工业界中，亟应设法改良。无锡庆丰纺织有限公司，是设备最好的工厂，它的经理唐星海先生曾说过：

> 工欲善其事，必先利其器。企业之成功，全在产量多，产品良，产费廉之三大要端，故凡可以增进产量，改良产品，减低

产费应有之设备，决不能稍事吝惜，因小失大。科学进步，年有改观，机器改良，日新月异。今年称为新颖者，明年即属陈旧。所谓实业者，实为进趋之事业，非可一成不变，墨守旧章，而能与人角逐者，故凡有可以增进产量，改善产品，减低产费之新颖设备，亦应随时改进，力避落伍。

唐先生的理论，诚然是正确的，但实践这种理论，却有相当的困难，即以庆丰而论，他的纺织机器，都是在1932年以前的。1932以后的纺织机器，我除在永安第一纱厂看到数架外，别处并未见到。反是，1920年的机器，我在很多的纱厂中还见过面。这种现象所以存在的原因，第一由于中国的资本缺乏，第二由于中国的重工业不发达，第三由于中国人口的众多。前两种原因是很明显的，第三种原因，我愿举两个例来解释。我于参观华成烟草公司时，顾少卿厂长曾指出两架包烟机来使我注意，一部是购自外国的，价洋5000元，一部是本国人仿造的，价洋1000元。我问他：既然本国人可以制造这种价廉的机器，为什么不多造几架。他说：这种包烟机，一部可以代替100个女工，本公司不愿见许多旧的工人失业，所以不拟多造。又于参观美亚织绸厂时，曾与蔡声白先生论中日织绸厂中设备不同之点。蔡先生谓日本织绸厂中，一女工可管三四机，有管到八机的。中国织绸厂中，十年以前，两人管一机，近来则一人管一机。如厂方将设备改良，使一人兼管两机，工人每不肯合作，仍要求一人只管一机，原因系彼等抱有饭大家吃主义，如一人管两机，必有若干人失业，有此顾忌，所以工人都愿意停留于一人管一机的阶段。以前我常说中国人口数量的庞大，阻碍了生产力的自由发展，于此又得一证。

我们一方面虽然承认中国工厂中，技术设备的落伍，但另一方面，也要承认中国近年来在技术上的进步。我们有一时期，所有的机器，都要向外国人买，近年来有好些机器，中国人已能自己仿造了，而且仿造的结果，还可做到价廉物美的地步。上面所举的华成包烟机，便是一个好例。此外如华生电扇厂，有一螺丝钉制造机，如向外国购买，需洋4000元，本国人自造的，只需1000元。康元制罐厂的玩具部，有一制造发条的机器，是不轻易让人参观的。据项康原先生说，这个机器制造出来的发条，货色与舶来品并无差别，但只售2角1磅，外国货要4元1磅。像这一类的例子，很可使人兴奋。由此可见中国人对于机器，不但有模仿的能力，而且还有改进的能力，只要假以时日，那么追上欧美，也不是十分困难的事。

关于技术人才在中国的缺乏，也是大家所承认的，不过我们如用历史的眼光，来看这个问题，就可看出中国近年来的进步。大成纱厂的经理刘国钧先生，在他与我的通信中，有一段可以表示20年前技术人才缺乏的情形，他说：

> 民国三年，即来武进城内，与友人合组大纶机器织布厂，创全国未有之单纯单纱织布厂之新记录。国钧虽自己只在私塾读书一年，未曾进过学堂，办此机械织布新工业，学识不足。但想外人非生而知之者，制造机器，无中生有者很多，吾人买得此等进口现成布机，只须认真苛求，无有不能织布者，自信只要功夫深，铁亦磨成针。以此自励，并未聘请工程技师，全凭苦干。于民国四年二月开工排机，至六月尚无成效。常有夜半思得一事，披衣而起，或乘半夜车往申求教。又费时四五月，毫无眉目（因彼时有织布机械知识者甚少，且购此旧机，无

人负责装置),请来机匠,连换三次,终未见效。在万分困苦中,国钧易服工衣,私进上海怡和织部,练习二天,并得一机匠,返常研究,始克略具头绪。日在车间研究,忘食午膳者有之,烫伤轧坏我皮肉有之,此为国钧在发展工业过程中最初之困难。

这种困难,现在办纱厂的人,是不会感到的。下面我们再引一段一个过来人所述的永利化学工业公司事迹。这位过来人说:

技术艰深,那是最初动手就在觉悟中的,不过也没有想到艰深到如此地步。那时苏尔维法的秘密,在世界上还是金瓯无缺,统制在一个组织之下。各国纵然也有几家少数独立碱厂,那是自己暗中摸索出来的,从来没有真正在碱厂做过工的熟练技师放出来代人家设计,各国也没有现成的机器发卖。不像近年,日本厂家,能出高价,就有阿快斯君代他设计,并且保管他出货的品质和产量。难易之分,相隔天渊。我们那时候花几万元金钱,费几个月功夫,造成一座机器,开动不到一个月,就而全部毁坏,变成废铁的。从新再造吧,未见得新的一定比旧的有把握。徘徊审慎,这个烦恼,真没有言语可以形容。至于开一天工,停下修理十天半个月的玩意,更是家常便饭,有时教人吐不出气来。昏天黑地的干,一共七八年,工程上这样幸而敷衍下来了。

办理永利的人所遇到的烦恼,办理开成、天原、天利的人是不会遇到的,可见中国的技术人才,是逐渐加多了。另外还有一件事,可

以证明中国技术人才的加增的,就是中国各工厂中,外国的工程师,已经少见了。有一个时期,中国工厂中离不了外国工程师,正如以前的国立大学,离不开外国教习一样。现在,像我所参观过的三十几个工厂中,只有两家还用外国的技术人才,其余的工厂,技术方面,都由中国人主持。上海水泥公司的经理华润泉先生,说过一句有趣的话。他说,工厂中有一个外国技术人员,便如多添了一处租界,使管理的人,发生许多麻烦,因为厂中所定的一切规则,外国人都可以不遵守,这种租界,自然是取消愈早愈好。工厂中外籍技术人员,除不易管理外,薪水过高,也是使中国人不愿请教的一个原因。以后中国的技术人员,越来越多,外籍的技术人员,在中国工厂中,恐难有立足之地了。

技术人员的加增,自然要归功于政府的留学政策,及大学政策,不过现在中国的技术人员,从量的方面看去,还是不够用的,而且中国的技术人员,并不是在每一方面都是有代表的,特别在重工业方面,现在恐怕还要借重客卿。救济的方法,治标自然是继续过去的留学政策,治本还在充实本国的大学及研究院。

以上所讨论的,特别注重于上级的技术人才。但中国不但缺乏上级的技术人才,就是中级的技术人才,也是随处都感不足。这种人才,本来应当由职业学校供给,但中国过去对于职业教育,太不注意了,以致现在一切的工厂,对于此种人才,只好自己训练。许多工厂中,都招收练习生,许多是高中毕业的,也有在高小毕业的,在厂中受过相当时期的训练以后,才可在厂中担任工作。这种办法,在最近的将来,各工厂一定还会继续下去的,因为社会上训练这种中级技术人才的机关,现在还不够用。

三 管理

过去许多工厂的失败，都是由于管理不得其法。管理问题，非常复杂，现在分作四方面讨论。

第一，我们先论厂屋与机器的管理。过去有许多办理工厂的人，把招股所得的资本，大部分拿来建厂屋，买机器，只留一小部分的钱来做流动资本，于是在开工出货的时候，时感周转不灵，不得已，只好将厂屋及机器作押，向银行借贷。年底计算，如有盈余，先还银行欠款，次分官利红利，对于公积及折旧等事，不知亦不能顾及，如此10年或20年之后，厂屋及机器都陈旧了，生产力量减低，而生产费用却加高，与同行的竞争，当然失败，金融机关或政府方面，如不加以救济，这种工厂，只有宣告破产。我们如研究中国的工业失败史，一定可以发现许多厂家，都是循着上面所述的途径，走到破产的归宿。根据在工业界有多年经验的人的观察，中国各工厂，流动资本与固定资本（指厂屋及机器等）的分配，当为一与三之比，如使其比例为三比一，即使流动资本三倍于固定资本，则办理工厂的风险，就要减少许多。因为流动资本的数量加多，则向银行借款的机会便减少，因而利息的担负也就减轻，所以在股本招足的时候，以几成建厂屋，购机器，以几成作平常事业上的活动，乃是管理工厂的人，第一个要细心考虑的问题。在资本缺乏的中国，欲使一般开办工厂的人，把流动资本的百分数提高，乃是一件不很容易的事，不过无论如何，我们应当以此为标准。除此以外，办理工厂的人，在资产负债表内，决不可忘记把公积与折旧列入，而且最好在分配盈余之前,便把这两项用度提出,因为不如此,即使厂方有一个时期可分盈余,而终以厂屋与机器陈旧,无钱抵补,也会破产的。据唐星海先生说,日本纱厂之所以能保持胜利,设备永不落伍,便是因为注重公积与折旧之故。唐先生特别拿出一本上海纺织株式会社的某一期营业报告书给我看,该社的资本600万两,公积金已有358万两,已超过资本额的一半。在那一期的营业报告书内,有一利益分配表,极可注意。在盈余的125万两中,不到三分之一,便是39万两,是以官利红利的名义,分与股东的,其余的部分,有25万是折旧准备金,45万归入下期计算,其余的便分入几种公积准备金。我们只要看一下这种报告,就知道这个纺织株式会社的基础是很稳固的,一般商业上的风险,决打不倒这个蒂固根深的组织。中国现在也有好些工厂,注意到这个根本的问题,阜丰公司,便是一个好例。在二十四年度的账略中,阜丰表现出他的资本,虽只100万元,而公积已有八九十万元,折旧也有78万元。阜丰的设备,能够日新月异,当然要归功于这种管理的方针。

第二,论人的管理。工厂中的人事管理,可以分作职员与工人两方面讨论。职员的任用,是一个很严重的问题,有一个在上海办理工业多年的人,前几年事业失败了,我曾请教他的同行,打听这位先生失败的原因。据许多人说,这位先生在用人方面,没有采取人才主义,总是先用亲戚本家,其次用同乡,其次再用别地的人,这种用人方针,是他失败的主要原因。我想在中国的旧伦理观念之下,用人不脱这种窠臼的,实在不多。为避免当事者的麻烦起见,对于职员的进用,莫如实行考试制度。商务印书馆,便是实行这种制度的。该馆所定的规则,凡是进来的人,除了有特别技能,或者很高的程度之外,其他的都要经过考试。年轻的刚离学校的学生,考取进馆之后,高小程度的要做三年学生，初中毕业或高中毕业的，至少也要当二年或一年的学生。他们不是单挂学生的名义，还要受两种训练：第一种是业务上的训练，第二种是普通知识的训练。这种考取再加训练的职员，其服务的能力，当然比靠讲情面进来的，要高得多。此举很可为一般工厂所取法。职员入厂之后，应当有严密的奖惩方法，来加增他们的工作效率。凡是讲科学管理的工厂，如商务印书馆，如康元制罐厂，对此均有细密的规定。但也有好些工厂，其加增效率的方法，完全靠经理或厂长以身作则。一以法治，一以人治，两种制度，在小规模的工厂中，其优劣不易看出，但在大规模的工厂中，无疑地应当采取法治，只有严密的规章，加上严密的稽核，才可使各个职员各尽其职，为工厂的生产而努力。

管理工人的目标，概括地说，共有两个，第一是要加增工人的工作效率，第二是要预防工潮。提高工人工作效率的方法，各厂采用的，约有四种：一为入厂时的体格检查，于是身体孱弱，不堪工作的，都被淘汰了。二为入厂后的训练，在好些工厂中，训练不只是技术的，同时对于做人之道、普通常识、精神训话等，也多加以注意。亚浦耳厂的经理胡西园先生曾说过，如想每个工人成为一个好的工人，先要使他成为一个好人，这是一句值得注意的话。第三便是用奖励的方法使工人生产的多少，与他收入的多寡，发生密切的关系，件工制为多数工厂所采用，便是由于这个原因。四为办理工人宿舍，使工人与外界少接触，藉免传染恶习，同时因起居有时，饮食有节，工人的精神，也不致在不正当的娱乐上浪费，其影响于生产的能力是很大的。关于预防工潮，据多数厂家的意见，最有效的方法莫如由厂方自动的为工人谋福利。在我所参观过的工厂中，工作环境可以说是都在水平线以上，华成、庆丰、大成等厂还有冷热气的设备。至于无锡的华新丝厂,其环境与学校相仿佛,即与外国管理最良的工厂相比,亦不多让。据云:工作环境不良之工厂,多系小厂之用学徒制的,以后如同业公会的组织严固,此种现象,或可改善。除工作环境的改良之外,各工厂中,对于补习教育、运动及医药设备、养老金、团体寿险等,已有多数加以注意,尤以前数项为普遍。天厨味精厂,对于服务满十年的工人,给以一年的工资,名为惟旧酬金。商务印书馆鼓励职工保险,保费由公司出一半,个人出一半。康元制罐厂,鼓励集团结婚,凡参加上海市集团结婚,其参加费20元,由厂方赠与,此外厂方每两月举行集团结婚一次,一切布置,由总务部负责,茶点亦由厂方酌备,参加的人,不得发喜帖,或设宴款客,以省费用。大成现正筹设公墓,使工人因病逝世的,不必另筹墓地。以上这几点,是比较特别的,但也可以表示近来厂方为工人谋福利的趋势。

第三,论物料的管理。工厂的工作,就是购进原料,使他变成制造品,然后以之出售。自购进原料以至制造品的出售,中间都可发生很多弊端,使成本加重的。办理不善的工厂,有两种弊端是普遍的。其一是买卖的舞弊,即在买货卖货时收取佣金;或以次等原料,冒充上等原料,交付工厂;或与商人勾结,减低货色分量,从中渔利。其二是制造时的舞弊,如故意浪费,或从中偷料,而以废物名义售出,以图非分之利。如在纱厂中当事的人,出售废花;或在丝厂中工作的人,出售废丝等事,都可以表明这些工厂管理的不得法。管理已上轨道的工厂,没有一种材料,是可以当废物看待的。记得以前在美国参观一个屠场,场中的司事对我说过,在那屠场中,没有一件废物,只有牛羊临死时的一声哀鸣,屠场中不能利用。这种经济的物料管理法,给我一个很深的印象。这次在无锡参观华新丝厂时,厂长薛祖康先生说是他的厂中,也没有一点废物,使我感到很大的兴趣。我便问他,茧中的死蛹，是否也有用途，他说，死蛹可以作肥料出售，或拿来培植桑树，决不可视作废物。我想每一个工厂中，如管理的人，真肯用心，决不难发现废物利用的途径。至于有意的作弊，废除之法，只有一方面对于进用职工时，加以谨慎；另一方面，对于防止作弊的方法，须严密制定。有好些纱厂的经理告诉我，他们厂中，在某一时期，存了若干棉花，纺成了若干包纱，织成了若干匹布，这些纱或布，放在什么地方，可以查考一下簿记，便立刻回答得出。一个工厂中，如有这种严密的簿记，作弊是不大容易的。

最后，我们可以论钱的管理。商务印书馆的王云五先生，对于钱的管理，曾发表下列的意见：

> 本馆举办新式会计最早，近年迭有改进，规定颇为严密。款项之进出，咸须经过多人之手，并随时受审核部之检查，故数十年来绝少弊端。查我国工商业之失败，除因营业上正当之损失外，多有由于主管人之移用公款，经营私利者。本馆除主管人均能安分尽职，恪守信义外，会计制度之严密，使公私款项，绝对不能相混，实亦本馆数十年来维持不败之一要因。

王先生所说的主管人移用公款，经营私利，我在上海也听到许多的报告，如某纱厂的失败，系由经理之子，挪用厂方款项，私作投机生意；某罐头公司的失败，亦因经理挪动公司款项，投资于个人所创办的事业。所以新式会计的采用，以及会计，出纳，稽核等事务的分立，一方面可使职责分明，一方面可取互行监督之效，实为一切工厂中急不可缓之需。

以上所论四点，一厂屋与机器，二人事，三物料，四金钱，已经把工厂管理的四个主要方面都谈到了。过去失败的事业，每把失败的原因，归咎于他人，但我们敢说其中有一大部分，其失败系因自己腐败，并非由于外界的压迫。反是，如一个工厂在上述的四方面，都有办法，那么外界的压力，是打他不倒的。

四　外货竞争

现在有一种流行的见解，以为中国的工业化是很困难的，因为中国的市场中充满了外国的货物，他们有大力为后盾，中国厂家的出品是无法与他们竞争的。这种见解未免过于悲观。我们可以提出许多事实，证明中国的工业大有可为，只要我们肯好好地埋头苦干，外货的竞争是毫不足畏的。先拿纺织业来说。外国人不但以他们纺织品运到中国来销售，而且还在中国各商埠设厂制造，与中国各工厂发生正面的冲突。假如外国的货物真可摧残中国的工业，那么纺织业应当在中国已无立足之地，但实际的情形大不然。中国纺织纱厂虽然有许多关门，但那是因为本身腐败所致，正如一个生了肺病的人，就是没有风寒的袭击，也有一日会寿终正寝的。反是，如自己的基础稳固，那么外人即使在上海青岛再多开几个纱厂，也不能动其分毫。我所参观过的纱厂，便有许多在过去的不景气时期中依然年年赚钱的。举一个例来说，常州的大成纱厂成立于民国十九年，我搜集到他们历年的报告书，知道他们除在此短时期中增加了许多的资本外，十九年盈余凡 7.9 万元，二十年盈余 45 万，二十一年盈余 36 万，二十二年盈余 24 万，二十三年盈余 24 万，二十四年除盈余 24 万外，另提折旧 28 万。二十四年年底，大成的资本已由 50 万加至 200 万，折旧准备已存有73万,历年还分给股东那么多的赢余。外人对着这个管理得法基础稳固的大成,还不是眼看着他繁荣吗?又如中国的丝业,在过去自然是失败的,失败的原因,大家都归咎于日本丝的竞争。但在过去最不景气的数年中,无锡的永泰丝厂于民国二十二年只经营3厂,二十三年便添至5厂,二十四年添至6厂,本年度便添至15厂。永泰所出的厂丝可以与任何国外的丝厂出品比拟,在纽约永泰有直接的经理,在伦敦里昂等处永泰也有代办,所以价格不受中国出口商的操纵。由于永泰创办者及其同事的努力,所以别的丝厂虽然失败,而永泰却有欣欣向荣之势。又如中国所消费的酒精,以前大部分均求给予外洋。自中国酒精厂设立以后,外洋输入之酒精数量骤为减退。据黄江泉先生说,中国酒精厂的胜利由于下列三原因:一因该厂出品品质优良,较之国外输入之酒精有过无不及;二因价格较贱;三因该厂随时可以出货,无青黄不接之虞。以上所述的三点,是由中国人自己努力便可达到的,外人亦无可如何。又如调味之物,国人以前多喜用味之素,民国十二年,吴蕴初先生于工余之暇,着手研求,先购舶品,详为分析,嗣依学理,试行制造,不到一年,便告成功,不但品质可与舶品相颉颃,即成本廉平,亦足匹敌,于此将此项制品定名为味精。以前舶来品的销路,每岁不过数十万,现在味精的销路已经超过他许多倍。舶来品的主人也无法加以压迫。又如亚浦耳电器厂,以150万的资本,来对付荷,德,美,匈合组的中和灯泡公司,中和的灯泡卖3角1只,亚浦耳只卖2角1只,现在亚浦耳灯泡的销路还在逐日扩充中,而且在南洋群岛以及南非洲等处,凡华侨足迹所达之处,胡西园先生总是采取猛进政策,设法推销出品。所以虽有外力的打击,胡先生总觉得前途是光明的。又如儿童玩具在中国素来是外货独霸,但康元制罐厂自添设玩具厂之后,据云只靠10余万元的出品,便可抵制舶来品 80 万，将来康元的出品如能加至三四百万，则外货将在中国市场中绝迹。康元所以能做到这一点，便在价廉，如小汽车是儿童最喜欢玩的，德货价在 2 元以上，日货价亦 9 角，而康元出品只售 4 角，其余类此的例，不胜枚举。工业界的先进，现在不但不怕被人打倒，而且还有打倒别人的勇气。这种现象，实可令人乐观。

上面所举的例，至少可以证明一点，就是外货的压迫虽然凶猛，决打不倒那些自知发奋为雄的工业家以及他们的工厂。在外货的压迫之下，中国的工业还是可以发展的，我们决不可长他人的威风，灭自己的志气。所以一般流俗者的判断，把一切中国工业上的失败归咎于外货的压迫，我们决不可轻信。

在恢复我们的自信心之后，我们应当平心静气对于外货竞争的影响，略加分析。我们先说在外国制造的外货。这些外货与国货在中国市场中竞争，其能占胜利之点有五：一为利息的担负低。外国的工厂资本雄厚，不必时刻向金融资本家乞怜，即向银行借款，其利息亦常在三四厘左右，中国工厂如向银行借款，利息常在八九厘以至一分，故担负较重。二则外国工厂之生产常为大量，较中国工厂之小量生产为合算。开成造酸公司的林大中先生，关于此点，曾举一例，彼谓现在大阪所制硫酸，成本为 8 元一箱，中国成本为 14 元一箱，差异之唯一原因，即在日本为大量生产，如中国需要硫酸之数量加增，可以大量生产，那么中国造酸的成本也可减低与日本一样。三为外国工厂对于原料的采用甚便，凡工业中之一切需要，均可取给予市场。中国工业化的历史甚短，有许多原料自己不能供给，临时向外国采购，费钱而且费事，如亚浦耳电器厂有时向外国购买电料，原料只值三四元，而电报费可以花到三四十元，这是欧美的工业家不会感到的苦痛。四为外国工厂中的技术较中国一般工厂为进步，且国内科学发达,技术设备常日新而月异,中国环境不同,尚不足以语此。五则外国的政治已上轨道,秩序安宁,法治的观念已深入人心,故非法税捐,土劣敲诈,军队破坏,土匪骚扰等事,可谓绝迹,中国现在还不能完全做到这一点,所以难免给工业家以额外的负担。

以上所述的五点,国货虽然比外货吃亏,但国货也有八点是占便宜的:第一,国货有关税的保护。第二,外货运华,须付运费及保险费,始能达到中国的市场,国货可以不必有此负担。第三,外国工人生活程度较高,所得的工资常数倍或十余倍高于中国工人,当然在成本上要加增许多。第四,外国不但工人的工资高,就是职员的薪水以及其他营业上的开销都较中国为大。第五,外货在中国行销须假手于买办阶级,国货工厂可直接与各地商人交易。第六,外人对于中国内地市场不如中国人之熟悉,即费巨款调查,终以言语不通,习惯不同,而有隔膜。第七,近来国人民族思想之发达,已非十余年前或数年前所可比,喜用国货的人已逐渐的增加。第八,政府对于国货的提倡,数年来不遗余力,对于成绩优良的国货还有免税及运输减等计算等优待,近又筹设国货公司,对于国货的推销加了不少的助力。

外国制造的外货在中国与国货竞争,有五点占胜利,八点吃亏,为减少吃亏的程度起见,所以外人纷纷来华设厂,这种在中国制造的外国货,虽然可以减少吃亏的程度,但决不能与国货占同样的便宜。上面所述国货占便宜的八点,前三点国货工厂与外国在华所设的工厂共之,但自第四点以下,外货工厂终因系外人经营之故,享不到国货工厂所享的利益。我们把这个问题分析一下,已经发现中国的工业并非身临绝境,只要我们尽量用我们的优点,设法避免我们的缺点,那么在中国市场上与一切的外国货竞争,胜利也许在我们这一方面。由于这种分析,并且在各地看到了胜利的榜样,我们深信中国工业的前途，是光明抑是黑暗，大权是操在我们自己的手中。外货的竞争是不足畏的。足畏乃是自己的退缩，自己的气馁。

五　政府与工业

政府与工业的关系可以分作两方面研究。第一，我们可以研究政府对于工业采取一种什么政策去鼓励他、发展他。关于此点，政府当局已屡有言论表示，现在也还有各种设计在进行中，本文不拟加以讨论。第二，我们可以研究工业界对于政府有什么希望。关于此点，我愿意把此次考察所得到的意见归纳为下列数点。

第一，工业界希望政府制定有关工业的法律时，要尽量采纳工业界的意见。过去的法律如公司法、工厂法，在实行时发生许多阻碍，就是因为不甚切于实情。以后政府起草各种法律规程，如在事先博采各方面的意见，这种困难当可减少。

第二，工业界希望政府早日取消转口税，地方特税，修改进口税率，使原料所纳的税较制造品所纳的税为低，并且修改统税征收的方法，使外厂无从偷税，政府的财务行政费也可减少。查转口税的废除，本已由行政院二〇四次会议通过，又经中央政治会议第四四九次会议核定，原来本拟于二十四年六月一日起实行的，只以1300万的税额无法抵补，所以延至今日还未见诸事实，但财政当局对于此事已在筹划之中，预料不久便可裁撤的。地方特税有许多是不合法令的，如厘金早已明令废止，而类似厘金的通过税在甘肃、宁夏、青海、陕西、江西、湖南、广东、广西等省依然存在。这种事实，预料地方财政上了轨道之后也可消灭。至于原料所纳的税高于制造品所纳的税，对于国内工业当然是一打击，如美亚织绸厂指出国外绸货进口只纳税80%，而织绸所需的人造丝则纳税250%；又如亚浦耳电器厂指出变压器之进口税不过10%至15%，而制造变压器所需之原料如纱包铜线纳税20%，钢片税12.5%，绝缘物纳税20%，对于国内的电器工业似有不利。我曾把这个问题提出来请教国定税则委员会的专家，据他们说，原料所纳的税应较制造品为低的原则是他们所愿意维持的，但原料与制造品的界限有时亦不易分，每有一种货物，甲业认为原料，而乙业认为制造品的，所以税则的制定，欲其尽如人意，亦正不易。但政府方面总在时刻设法，使大多数的人对于税则能够满意。关于统税征收方法的修改，纱业中人提出来的最多，他们以为与其派驻厂员在厂收税，不如每月查考纱厂的锭数收税，如此可以不必派驻厂员，而外厂亦不易偷税。这是值得财政当局考虑的一点。

第三，关于技术人才，工业界都希望政府多加培养，特别是中级的技术人才。关于此点，教育部早已顾及，民国二十二年九月，教育部在行政院第一二六次会议中曾提出一案，请确定各省市中等学校设置及其经费支配标准。据教育部声述，在民国十九年，职业学校数目不及中等学校总数十分之一，经费才及十分之一。教育部的议案即想矫正此种缺点，在提案中规定各省市中等教育经费之分配，限至民国二十六年度达到下列标准：职业学校不得低于35%，师范学校约占25%，中学约占40%。此案已经通过，由行政院通令各省市遵行。教育部并拟自二十五年度起，就首都及其他适当之地点，逐年筹设规模较大设备充实之模范中等职业学校一所或两所，其设科以各地不易举办之学科，或确能开发当地原料与改进当地固有职业与企业之学科为主要标准。我们希望这两种计划能顺利推行，使不远的将来，工业界对于中等技术人才再不感无处聘请的痛苦。

第四，工业界希望政府多做检验的工作，对于原料加以严格检验，以免购入劣货。面粉公司所运的小麦，毛纺公司所运的洋毛，常在原料中发现大量的沙石及废物，花费许多金钱，运输此种废物，实为不经济之举，如检验严格，当可减少此种弊端。又有小规模之工厂，对于制造货品，偷工减料，廉价出售，用户虽受蒙蔽于一时，但终会发觉被骗的事实，于是对于国货减少信仰，正当工厂无形中大受损失，故政府应对于每种制造品定一标准，在标准以下之货物应严格取缔，对于运往外洋之国货尤应严厉执行检验。如是则作伪的人有所顾忌，而国货的名誉，在国内以及国外，当可蒸蒸日上。

第五，工业界希望政府扶助各业，实施统制。统制的必要，在生产过剩的工业中最易感觉得到。过去有些工业因出产毫无计划，以致货品充塞市场，彼此跌价竞争，以致一败涂地。眼光灵敏的人便提倡由同业自动统制，现在如火柴业、煤业及水泥业，已有相当的统制方法。关于供过于求的工业，政府自应利用同业公会，统制生产数量，同时对于评价一事，政府的代表应注意消费者的利益，以免自私者利用统制之名而行垄断之实。关于出产尚不能满足国内需要的工业，政府亦应设法利用保息等政策促其发展。惟工业界对于有些省政府利用统制名义，私定省的保护关税，排斥外省货物，则均一致反对，希望中央政府设法制止。

第六，工业界希望政府发展水陆交通，使制造品得以廉价输入内地。并应早日开辟南洋航线，以免在南洋市场中与外货竞争立于不利的地位。现在我们自己没有直接的南洋航线，以致一切货品的运输，往南洋的都要在香港转手，加增运费常在三四倍以上。如中国欲在南洋华侨中保持国货的市场，则南洋航线的开发实为急不可缓之图，至如欧美航线之开发虽然也很重要，只好俟诸将来了。

第七,工业界希望政府能集中若干专家替新兴事业设计。此点王云五先生言之最详,他说:

兴办实业开始时之计划,较成立后之经营为难。前者需要深远之眼光与广博之知识;后者只须在规定范围内忠实进行,或从事局部之计划足矣。以故各种实业之经营专家尚易罗致,而计划专家则甚难得。我国人才本已缺乏,与其希望每一实业均能获得计划之专材,毋宁集中此少数之专材备公众之顾问。最好能由中央政府就国中主要都市分设实业顾问机关,网罗专材,为当地之实业家担任计划而酌取手续费。此项机关自当搜集各地方各业之产销资料以及物价情形,于从事计划之时,并可以拟办实业之利害得失忠实相告,俾拟办实业者知所去取。如是则于代办计划之中,兼寓统制实业之效用矣。政府果能举办此事,将于实业界协助不少。

王先生所说的实业顾问机关,私人已有办的,但都是小规模的,且限于某种工业,如大规模的干,自然要由政府来负这个责任。

第八,工业界希望政府能多设试验工厂,以解决制造过程中的各种难题。现在纺织业已有此种试验工厂之设备,将来可由各种同业与政府合作设立此种机关,则开工厂的在技术上遇有困难当可迎刃而解。

第九,工业界希望政府设立产业股票交易所,使工业资本得到更大的来源与流动。现在的证券交易所,过去并未能尽此种职责,以致一般有资本的人不敢投资于工厂的股票,因购买此种股票后,则资金呆滞,如有急需,不能变现。如有股票交易所,则股票立刻可以易现金,交换既易,资金的来源自然加增,对于新兴事业需要资本的,股票交易所可与以很大的帮助。

第十,工业界希望政府对于在海外出售的国货,将金钱汇回本国时,给以较优的汇率。如丝厂将丝售于纽约,所得美金,汇回中国时,如市价为美金29元半,可易法币百元,此丝厂希望得一较优的汇率,即美金28元半或29元,即可易得法币百元,有此种奖励,则国货之出口将日渐加增,而入超问题亦可得一解决之道。惟此事是否可行,及如何行法,恐须经一严密之考虑。

第十一,工业界希望政府能以低利贷款于工业界,或使其他金融机关实行此点,表示此种希望者甚多。惟实行时恐最困难,一因政府现无巨款可以出借,即有款可以出借,如市场之利息甚高,而政府故意将利息降低,则此举等于对接收借款者加以津贴,一家有此要求,他家亦可作同样要求;一业如此要求,他业亦可作同样要求,如此种事情发生,政府必无大力以满足众望。而且市场之利息如高,政府以低息贷款于工业,则金融业必先受打击,因金融业之存款,系以高利息吸收来的。如政府以低利贷款于工业,金融业不步其后尘,将无生意上门,如步其后尘,则必破产。所以低息贷款一事,在理论上困难甚多,殊难实现。不过中国市场上利率之高,实为工业化一大阻碍,如何可以使其降低,实为一个值得研究的问题。

以上所举的11点,虽然不是每个工厂都有这些要求,但每一点总有好几个工厂表示希望过的。现在政府正在注意扶助中国的工业界,那么工业界的意见是值得细心考虑的。

二十五,十二,九。

中国工业化的途径*

自　　序

工业化对于中国的重要，我在过去若干年，曾写过许多文章来说明。当时我的注意点，是在工业化与人民生活程度的关系。去年得到一个机会，在欧洲游历了半年，走了许多国家，其中德国与苏联，给我的印象最深。我研究这两个国家工业化的工作，发现他们想由工业化所达到的目标，并非人民生活程度的提高，而为国防力量的增进。因而回顾中国目前的处境，提高人民的生活程度，虽然是重要的，但增进国防的力量，则尤为迫切。卢沟桥事变的发生，使我觉得这种态度，有提倡的必要。中国现在需要工业化，还是不易的真理，但我们目前所急待建设的工业，应为国防工业及与国防工业有直接关系之重工业。民生工业的建设，应居于次要的地位。

这是我们现在所应建立的工业化目标，如何达到这个目标的问题，自然是复杂的，在本书中，我特别提出三个最重要的问题来讨论，就是资本、人材与组织。

过去数年，我虽然与若干行政机关发生过关系，但在本书中所发

---

* 本书 1938 年由艺文研究会出版，商务印书馆发行。

表的意见，完全是个人的，这是我要附带声明的一点。

吴景超，二十七年七月六日

第一章　工业化的必要

中国如何可以由贫弱到富强，乃是过去百余年来，多少志士仁人，日夜筹思的一个大问题。

关于这个问题的答案，实在太多了。我们假如把所有的答案，都搜集起来，可以写一本很好的中国近代思想史，或一本很好的中国社会运动史，但这种工作相当的繁重，不是我在此处所想做的。在这本书内，我只愿意简单的说明一个观点，那就是：我们如想使中国由贫弱到富强，工业化是最重要的工作。

工业化的特征有二：第一是生产方法的机械化，凡以前用人力的地方，现在都可以机械代替。第二，因为生产方法的改变，土地只需要少数人用机器来耕种便行，所以人口职业的分布，在农业中自然只占小部分，在别的实业中，如工业、商业、交通业、运输业等占大部分。根据这个标准，我们可以说世界上有些国家，是已经工业化的，如英美；又有一些国家，是还没有工业化的，如中国。这两种国家，前者代表富强，后者代表贫弱，是显而易见，凡是有观察力的人都看得到的。

机械化的生产，可以提高生活程度，可以使一个贫的国家，变为富的国家，我以前曾写了好些文章（大部分收在《第四种国家的出路》一书里）说明此点，兹不赘述。中国大多数的人民，其所用的生产方法，还是筋肉的生产方法，并非机械的生产方法，所以种田只能耕数亩或十余亩，织布一年只能得数匹，终岁辛苦的结果，拿来养活自己及一家人，自足已是万幸，剩余乃为例外，不足更是常见。一个农家的生产，既然没有多少剩余，来养活别人，所以别人也得从事于农业，以获得衣食的原料。中国别种实业不发达，至今还是以农立国，便是因此。用机械方法来生产的国家，情形与此便大不同。他们一年工作的结果，拿来养活自己及一家人，不足自为例外，剩余乃是常事。这种剩余，可以用之于教育、娱乐、卫生、社交、旅行等方面，以增加生活的乐趣。这种国家的农民，因为是用机器生产，一家耕种的收获，可以养活好几家人，所以国内大多数的人民，可以在农业以外活动，因而别种实业，遂因之而发展，我们再研究一下这些国家的经济史，知道他们在两百年前，人民的贫困，与中国大多数的人民也相仿佛，现在生活程度的提高，乃是两百年来工业革命的结果。中国如想由贫而富，只有采取富国所经过的途径，那便是工业化。

在目前这种外患严重的时期，我们对于如何使中国由弱而强一问题，一定看得比如何使中国由贫而富一问题更为重要。中国的弱，其症结所在，现在已很显然。我们的爱国心，并不薄弱；兵士的勇敢，不但是国人同声赞美，便是外国的观察者，也加以称许。同时我们又有统一的意志，杰出的领袖，都是敌人方面所缺乏的。在这些有利的条件之下，我们何以不能每战必胜，把敌人一下赶出国境呢？我想大家一定都会回答：我们的武器不如人，乃是目前抗战不能胜利的主要原因。我们与敌人比较，所缺乏的不是勇敢，不是纪律，也不是天时、地利、人和等条件与我们不利。我们所缺乏的，乃是飞机，大炮坦克车，及一切机械化的设备。假如我们在机械化的武器一点，能与敌人相等，或超过敌人，那么中日之战，早可结束，最后的胜利，早已属于我们了。但是我们如再追问一句；我们为什么会缺乏这些机械化的武器呢，答案还是我们没有工业化。因为制造飞机大炮等武器，非有工业的基础不可。世界上生产飞机大炮最多的国家，也就是工业化最深刻的国家。日本的工业化,比我们早走几十年,所以他们对于制造武器的能力也比我们大得多。我们现在缺乏这些武器,便是从前国人没有注意工业化,没有实行工业化的必然结果。

工业化的必要,就是因为只有循着这条途径走去,人民的生活程度才可提高,国防的力量才可增进。中国的人民,如不愿老过穷苦的生活,老受敌人的压迫,非急起直追,设法使中国于最短期内工业化不可。

第二章　工业化两个目标的权衡

在上一章里,我们已经提出工业化的两个目标,便是富与强。富便是提高人民的生活程度,强便是加增国防的力量。在工业化已经完成的国家,这两个目标都已达到。像英美等国家,人民的生活及其享受,远非我们所能比拟。他们在国际中的地位,也是站在最高层,没有人敢去欺侮他们。我们工业化的程度,假如有一天赶得上英美,那么他们人民所享受的,我们也能享受;他们的地位,我们也能获得。

但是一个刚要走上工业化的国家,对于上述两个目标,却应当权衡轻重,分别缓急先后,这两个目标,虽然是都要工业化才可达到,但他们所需要的工业,其性质却大有不同。假如我们以为提高人民的生活程度,较加增国防的力量,还更重要,那么我们所提倡的工业,便应当是民生工业。换句话说,我们应当赶快设立一些工厂,制造人民日用所必需的货品,以供给人民的消费。我们要研究人民在衣食住行各方面,现在需要一些什么货物,然后设立工厂来大量制造,其结果是市场上的消费品加增,大多数的人民,便可比以前吃得饱,穿得暖,住得舒适。反是,假如我们以为在目前这种弱肉强食的世界中,国防的需要,高于一切,那么我们要提倡的工业,便是国防工业。我们应当多设炼钢厂、炼铜厂、机器厂、飞机厂、枪炮厂、弹药厂、汽车厂、汽油厂等等可以供给国防军事需要的工厂。这些工厂制造出来的货品,并不能提高人民的生活程度,但是可以加增国防的力量。

现在一般赞成中国急要工业化的人,对于这两种目标,多采兼筹并顾,不分轻重的态度。假如中国的财力与人力,都是充裕的,那么民生工业与国防工业,同时进行,倒是一种很好的政策。可惜事实并非如此。事实是:我们的财力与人力,都是很缺乏的,假如我们在民生工业上,多花一分财力,一分人力,国防工业便要吃一分的亏。所以像中国这种国家,在刚要走上工业化的大路之前,对于这两个大目标,实有权衡轻重,表示鲜明态度的必要。

抗战的经验,应该可以帮助我们决定一种态度。在抗战之前,我们已有的工业,是属于那一类呢?我们在沿海的大都市中所设立的工厂,是为供给人民日用必需品而设立的呢,还是为供给国防军事的需要而设立的呢?我们只要把津沪等处的工厂名单,拿来检阅一下,就可知道这些工业,大部分是民生工业,而非国防工业。过去我们的工业化,倾向于富的目标,而忽略了强的目标。但是结果是怎样呢?我们辛辛苦苦创造出来的事业,在敌人的炮火之下,大部分化为灰尘。由此我们可以得到一种教训,就是一国的财富,如不是建筑在强的基础上,那种财富,是没有保障的。我们以前谈富强,总是把富字摆在强字前面,以后我们应当矫正这种错误,应当先强而后言富。我们应当把国防工业,看得比民生工业更为重要。我们的财力人力,当应大部分放在国防工业上面。

我们如把这个根本态度决定之后,就得准备在最近一二十年之内吃苦。我们都要立志在国防还没有巩固之前,不预备提高生活程度。提高生活程度是一个很好的目标,但我们在目前还有更急迫的需要,所以不得不把提高生活程度一事,退迟一二十年,再去设法实现。在最近一二十年之内,人民的生活程度,自然要设法维持,使其不要下降,最好还要使现在呻吟于贫穷线以下的人,能略为提高生活的水准。但除此以外,不要另存奢望。只要工业化真的开始了,美满的生活,是终可以实现的,但实现的时期,无妨使他展迟,使他稍缓,以便全国人民的精力,都可集中在国防工业上面。

苏联与德国在过去若干年的努力,便是照着这儿所说的标准进行的。

苏联在许多资本主义国家的中间,树立了社会主义的经济组织,执政的人,在推翻旧政权之后,便感到有时被外界攻击的危险,所以把内政略为整理,秩序略为恢复之后,便实行五年计划。第一个五年计划成功之后,继着便来第二个第三个五年计划。这些五年计划的内容,最主要的一点,便是完成国防工业的建设。列宁很早就提醒他的信徒,告诉他们苏联的前途,并不系于农产的丰收,那是不够的;也不是系于轻工业的发展来供给农民生活上的需要,那也是不够的。苏联的前途,系于重工业的发展,没有重工业,苏联决无希望成为一个独立国。为使重工业发展起见,苏联应当在别的地方省俭,甚至少开几个学校都可以的。列宁的继承者,秉着这个宗旨进行,所以在过去的几个五年计划中,对于轻工业并不十分重视。在苏联旅行过的人,都可以看得出来,一般民众在衣食住等方面的享受,还在英美诸国之下。但是他的重工业,特别是国防工业,在过去十年之内却有惊人的进展,使他在最短期内,成为世界上数大强国之一。苏联对于国防工业的重视,我们还可以从几种统计中窥其大略。如在 1934 年,工业出品的总值中，消费品只占 42.6%；生产工具的价值，却占 57.4%。在同年度内，苏联政府的支出，用在工业及商业上的，占全预算35.1%。其中用于重工业的，占 21.5%，用于轻工业的只占 2.6%。所以无论从出品总值或投资数量各方面看去，苏联把重工业放在轻工业之上，乃是显而易见的。所以在西比利亚一带居住的人民，可以没有鞋袜可穿，但苏联的飞机，却可从莫斯科绕过北极而达美国旧金山之南。莫斯科的房子可以不够住，但等到阅兵的一天，莫斯科的红场上，坦克车却是成群结队的。

德国自从希特勒上台之后，数年之内，从一个被压迫的国家，进而为一个独立自主、气焰逼人的国家，最重要的原因，就是希特勒善于利用德国已有的工业基础，来发展国防工业。重工业是国防工业之基础，德国近数年内，重工业日在发展的途径中，但轻工业却无丝毫进展。今如以 1928 年德国的工业生产指数为 100，重工业的指数，在 1932 年，竟跌至 35.4。1935 年起，德国重整军备，那年重工业的生产指数便升至 102.4，1936 年 10 月，更升至 123.7。轻工业的生产指数，在 1932 年，只跌至 74.0，但在 1935 年，他的指数，还是 85.6，到 1936 年 10 月，只升到 102.4。所以拿 1936 年与 1928 年比较，德国重工业的生产，已增加约四分之一，而轻工业的生产，可以说是没有什么变动。德国的政府还采取工资不动政策，所以现在的德国人，在生活的享受一方面，并不比十年前好，而且因为物价加增，工资不动的缘故，一般人民的生活程度，比起 1928 年来，也许还要下降一点。但德国的人民及政府，为加增国防的力量起见，是准备受这种苦痛的。我于 1937 年 6 月，路过柏林，那时国社党正举行四年执政成绩的展览。我们从图表中，可以看出德国的国防力量，在希特勒上台四年之内，实有显著的加增。过巴黎时，我又去看正在举行的万国博览会，苏联馆与德国馆遥遥相对，他们的陈列，在各馆中是最有精采的。当时我就有一个很深刻的感想，就是这两个国家，政治的组织，思想的系统，虽然好像是站在两个极端，但是他们对于国防工业的重视，牺牲一切别的东西来发展他，却是不约而同的。

假如苏联与德国的经验，有什么可供我们采择的地方，无疑的便是他们对于发展工业的态度了。工业化诚然可以使我们富，使我们强，但在这种国际竞争的时代，自己没有力量，就要成为别人的鱼肉，我们应当以图强为第一要义。工业化是必要的，但我们应把国防工业放在第一，而置民生工业于其次。

第三章　工业化的资本

工业化是一种很花钱的工作，这一点我们在开始便要认识清楚。为使中国的国防基础巩固，人民的生活程度，能够维持相当的水准，我们的政府及社会，得设法在最近一二十年之内，筹集数十万万元的款项。有一部分应当是外汇，因为工业所需的资本，最重要的是机器，我们现在还不能制造工业化所需要的一切机器，其中的一大部分，最近非在外国购买不可，所以要有充足的外汇。其余的款项，可以国币充数，用以建筑厂屋，购置原料，发付工资及利息等之用。这种分类，并非严格，因为机器有一部分，可用国币购置，而购置原料及付息等事，有时也需要外汇。

这数十万万元的款项，有什么方法筹集呢？具体的办法，自然要金融及财政的专家来用心，但我们在此也可以指出几条可以努力的方向。

先说外汇的筹集。

第一种外汇的来源，应当是国内农产品的输出。这儿所说的农产品，乃是广义的，除却农作物之外，还包括林业、渔业、畜牧业的产品。我们只要检查一下海关的报告，就可发现每年输出的农产品，如桐油、猪鬃、鸡蛋及蛋制品、生丝、茶、牛皮、羊皮、羊毛、肠衣、芝麻、棉花、杂粮等物，其总价约在2万万元左右。在过去的放任政策之下，已经有此成绩，假如以后政府采取一种鼓励的政策，这些农产品的出口数量，一定还可以加增。我们从促进中国工业化的立场来说：目前政府的农业政策，除设法使衣食的原料自给外，便应设法使农产输出品的生产增加。苏联在实行第一个五年计划时，有许多机器，也要从外国输入，这些机器，有一部分便是以输出农产品的方法去换来的。这种经验，我们很可效法。中国现在还是一个以农立国的国家，我们拿农业产品去换外汇，以外汇购机器，便是以农业的剩余，来扶助工业的建立。不过这种见解，与社会上一部分人士所提倡的以农业引发工业之说，并不相同。他们的主张，是要发展农业，加增农民的购买力。农民的购买力增加之后，对于工业制造品的需要自然加增，于是工业乃应运而生。照这种农业引发工业的说法，应运而生的工业，一定是民生工业，农民购买力的加增，决不能引发国防工业。我们主张以农产品去换机器，但我们首先要购的机器，乃是建设重工业的机器。这些机器制造出来的货物，可以加增国防的力量，但非人民日常生活所必需。政府提倡农产输出品的生产，农民如奉命而行，其进款自然加增，但因民生工业，在最近期内，不见得有同等的发展，所以一方面是进款加增了，而另一方面，则消费货品，并无同等的加增，其结果一定是货价上涨，生活费指数上升。在这种情形之下，人民自然要准备吃苦，但吃这种苦，总比遭受敌人的蹂躏要好得多。为完成工业的建设起见,我们大家在心理上都要有吃苦的准备。

第二种外汇的来源,便是输出矿砂。中国在工业化的过程中,一定要开发地下的富源。这些地下的富源,如煤、铁、铜、石油等等,在开发出来之后,便要在国内利用,以完成国防工业的建设。不过还有一些矿产,如钨与锑,中国的出产,在世界上居第一位,世界上许多工业化的国家,对于这些矿产,都要中国供给,我们很可以大量的输出,以吸收外汇,或与若干国家,订立契约,拿这些矿砂,易取他们的机器。除此以外,中国的煤锡等矿,如大量开发,一定可以供给国内的需要而有余。这些剩余的煤锡,也可与钨锑一样的输出国外,以换取外汇。

第三种外汇的来源,便是吸收华侨投资。过去若干年来,华侨的汇款,是我们国际收支平衡的主要原素。这些华侨的汇款,我们固然要设法领导,使其流入工业建设的途径上去,但比这个还重要的一件事,就是应积极设法,使华侨中的富户,把他们在国外积蓄起来的资本,移一部分到中国来办事业。我们的华侨遍天下,总数在一千万人以上,其中大部分虽然没有什么资本,但也有少数的华侨,在他们居留的区域里,是号称首富的。过去因为国内的秩序不安,法律没有确定的保障,所以他们对于投资祖国,视为畏途。以后我们应当设法鼓励他们到祖国来办事业,给他们以特殊的利益,充分的保障。

第四种外汇的来源,便是出售金银及古物。出售金银,我们在过去实行法币政策之后,已经实行。以后我们还要在国内加增金银的来源,以便继续的出售。中国的银矿,大约没有多少希望,但金矿却还不少,以后应当积极开采,以裕外汇。此外藏在民间的金银,其数量一定还不少,在相当的时期内,我们应当发起一种献金运动,吸收这些民间的蕴藏,运往国外,以换取生产的工具。至于古物,我们并不主张全数出售。但有一部分雷同的东西,实在可以送往国外拍卖,我们是一个贫弱的国家,现在不是玩古董的时候。假如我们可以借这些古董的力量,来使中国工业化的速度加增,使中国富强的日子,早日来到,那么我们敢说,即使现在把这些古物拍卖了,他们流落海外的日子,也是暂时的。等到我们富强的时候,还可以把他们收回的。那时我们的国立博物院中,不但本国的古物,应有尽有,便是外国的古物,也可收集许多来陈列的,喜欢抱残守缺的人,大可不必作过分的忧虑了。

第五种外汇的来源,便是欢迎外资。我们研究欧美各国的经济史,便可发现一件很普通的事实,就是大多数的国家,在工业化的过程中,没有不利用外资的。有一位研究铁路史的人说过,世界各国的铁路,除了英国之外大部分是利用外资建筑的。美国现在可以说是工业最发达的国家,但在欧战以前,美国还是一个债务国,他欠别国的钱,比他在国外投资的数目还要大些。欧战给他一个机会,从债务国变成债权国。别个工业化已经完成的国家,差不多都有类似的历史。在工业化开始的时期,本国的资本不够,总要利用外资。外资进来以后,他们便利用外国的资本,孳生本国的资本。到了相当的时期,本国的资本,已逐渐蓄积起来,于是把以前借来的外债,一一还清。再过相当的时期,国内的资本更丰裕了,除用在国内的事业上之外,还可以投资到国外,这时便成为债权国了。

所以利用外资,如得其法,是一件有利的事。

中国以前所借的外债,很少是用在建设上面的。借来的外债,在国民政府成立以前,又多不能按期还本付息,因而国家的信用,一落千丈,加以自从民国成立以来,内乱时时发生,社会的秩序不安定,外人更不愿在中国投资。自从国民政府成立以后,对于外债的整理,大有进步，而且经过长期的努力，统一已大体完成，假如没有最近的事变发生，以后利用外资，来使中国工业化，应当不是一件困难的事。就是在现在这种困难的环境中，我们还是可以利用各国对我的同情，吸收一部分外国的资本，来做建国的事业。至于利用外资的方式，政府早已规定合资、特许及借贷三种，只要主持得人，运用得宜，两方都能开诚布公，以友谊的态度合作，那么无论采取哪一种方式，都可以的。

至于国内资金的筹集，我们也愿意指出几条途径。第一便是税则的改良。过去若干年，政府对于关税、盐税、及统税的改良，已收相当的效果。如以1929年的情形与1936年相比：1929年关税的收入是24500万，盐税的收入为8500万，统税的收入为3900万，三种统收，共为36900万。1936年，关税的收入，增至32500万，盐税的收入，为20500万，统税的收入，为13600万，三种税收合计，共为66600万，比起1929年来，计加增税收约30000万。整理旧税，得此成绩，已属可观。以后除对于整理旧税，须继续努力之外，还应创办新税，开辟新的税源。在这些新税之中，最有希望的，应当是所得税与遗产税。遗产税还在研究中，所得税最近已经实行，但税率似乎还有修改的余地。我们主张个人的所得，每年在1万元或2万元以上的，国家应当用很高的税率，把他吸收到国库里面来，以为建设之用。在今日的中国，一个人的收入，如在1万元或2万元以上，便容易过一种奢侈的生活。在国家贫弱的今日，奢侈的生活，是一种不道德的举动，国家应当用高度的所得税率，来矫正他，统制他。这种办法，一方面可以加增公有的财富，一方面使贫富的距离，不致相差太甚，也可消减国内革命的种子。至于公司方面，国家除对他征收累进的所得税外，还应限制红利的百分数。德国与意大利，已经有许多法律，规定若干公司的红利,不得超过六厘。超过的数目,或由国家征收,或由国家规定,用以购买国防公债。这种办法,我们很可参考。至于遗产税的征收,更是变私产为公产的好法子,政府应当设法,使其早日实现,我们更希望国内的富人,要自动的把遗产献给国家。他们应当知道,许多子女的不和及腐化,都是遗产在那儿作祟。做父母的以后对于子女,如只负教养的责任,不传给他们以遗产,而以遗产献给国家,其结果一方面可以使子女养成独立有为的人格,另一方面,还可加增国家的财富,使公有的建设事业,可以加速的进行,公平的社会得以早日实现。

筹集国内资金的第二种办法,便是发行建国公债。现在国内的银行、保险公司、信托公司,各种实业公司,以及私人的帐房里,还有许多剩余的资本。这些剩余的资本,乃是历代的人,所积蓄起来的。在平常的时候,利用这些资本的权利,操在许多私人的手里。他们可以利用这些资本,来做投机生意,或开一个跑狗场,一个跳舞厅。以后政府不可再采用这种放任的政策,而应采取相当的统制。发行建国公债,便是统制这些剩余资本的一个方法。这种建国公债,应当强制的令国内各种金融机关购买,或者由政府规定,各种金融机关,须以其吸收得来或代为保存之现款,以百分之几购买建国公债。推销这种建国公债之结果,等于转移了社会上一部分投资的方向。以前剩余的资本,利用之权,完全操在私人手里的时候,一部分的剩余,一定用在不正当的事业上面,除资本家外,别人并无利益可图,现在由政府以公债的方式吸收过来,便可多开若干工厂,充实国家的力量,使全国人民的生命、财产与名誉,都可多得一层保障。我们不主张政府以公债的方式,把社会上所有的剩余资本都吸收过来,因为工业化的工作,不是政府可以包办的。政府当然要担任一重要部分,也许是最艰难而不易获利的部分，但决不是全部分。另外还有一部分，应当由社会上爱国之士出来担任，与政府通力合作。这些实业家，在整个统制政策之下，得到政府的允许，也可利用社会上剩余的资本来办事业。

筹集国内资金的第三种办法，便是由政府来控制私人投资。现在国内投资的方向，是毫无控制的，谁有钱，谁便可以办事业，而且可以办任何事业。至于这种事业成立以后，对于国利民生，有何影响，政府是不大过问的。假如社会上剩余的资本是很多的，那么滥用也还没有什么大的影响。可惜我们国内剩余的资本是有限的，多开一个跑狗场，也许要少开一个弹药厂。所以我们对于这点很可宝贵的剩余资本，应当很谨慎的利用。这儿我们又可拿德国的经验来作参考。德国在第二个四年计划里，把要举办的事业，分别他的轻重缓急，排成一定的次序。最重要的为军需工业，其次为粮食的供给，第三为工业原料的国内制造，第四为输出品的加增，第五为建筑工人卫生宿舍。凡私人投资，须得国家的核准。政府认为急待举办的事业可以很容易的得到新资本。政府认为不必办的事业，私人不得投资。我们有我们自己的问题，当然不能把德国所排好的事业次序，抄来当我们的次序，但类似的一张表，却是非有不可的。我们在工业各部门之内，应当按其轻重缓急，排一次序，明白公布。凡排列在前面的工业，政府鼓励人民投资；凡排列在后面的工业，政府阻止人民投资。这并不是说排列在后面的工业，中国便不需要，乃是在现在中国缺乏剩余资本的情形之下，我们权衡轻重缓急，认为他们可以迟些年月，再为建立。为适应目前的国情起见，我们自然要把重工业及国防工业放在前面，鼓励人民在这些工业上面投资。鼓励的方法，或保息，或免税，或津贴，都可以行。只有这样的统制，国内剩余的资本，方可用在我们所需要的工业上面。

筹集国内资金的第四种办法,便是大规模的推行节约运动。中国先哲所提倡的道德,其中勤俭两字,最合于目前的需要。勤便是加增生产,俭便是节省消费,储蓄资本。社会里的上层阶级,对于奢侈品及生活上的非必需品,都应当摒弃不用。因为这个时期,还是一个工作的时期,不是享受的时期。社会上还有许多不良的风俗,如无谓的应酬,婚丧的铺张,以及各种各式的迷信,都是消耗资本的,我们应当从节约运动的立场,把这些风俗检讨一下,来做一个大规模的改革。也许有人会疑虑,以为这种节约运动,如大规模的推行,一定有许多人失业。我们承认社会上的应酬减少,许多酒馆菜馆要受影响。破除迷信之后,许多堪舆家,看相算命的,以及尼姑和尚之流,饭碗都要打破,冥纸店,香烛店都要关门。但另一方面,社会上因为这种改良,便可储蓄下来许多资本。资本是由储蓄而来的,我们在节约上的工夫做得愈细密,社会上剩余资本的增加,也愈迅速。这些剩余的资本,便可用以创办许多新的事业,这些新的事业,无疑的可以容纳许多工人。所以从整个社会着想,节约的结果,并不减低生产,并不加增失业,只是改变了生产的性质,更换了职业的分布就是了。

与节约运动有联带关系的,便是推行国货运动。我们试一检阅海关的报告,进口货品录中所列举的货名,多至1800余种。其中有许多是奢侈品及生活上的非必需品。在节约运动之下,根本就不应当进口。现在如由政府制定法律,限制他们的进口,在国际上也许要发生相当的麻烦。但是购买这些货品的人,都是社会上少数的有钱阶级,假如他们能发动爱国心,立志不买这些舶来的奢侈品,那么这些货品因市场上无要求的缘故,自然不会进口的。此外进口的货物中,有好些虽然不是奢侈品,如砖、石灰、蜡烛、猪肉、玉蜀黍、小米、茶叶、酱油之类，但是现有国货可以代替，我们真不解这些货物，何以还会进口。由此更可见推行国货运动，实有提倡之必要。我们这种主张，与前人那种闭关自守的主张，完全是两样的。我们虽然提倡国货，但同时也欢迎国际贸易。不过进口货的性质，我们应当加以检讨。以后进口的货物，不应当是小米茶叶而应当是生产工具。我们每年的外汇数量是有限的，小米茶叶的进口，便可减少生产工具的进口。假如我们在消费方面，多用国货，生产工具，便有加增输入的可能，所以提倡国货，间接的便可加增工业化的速度。

最后一个筹集国内资本的方法，也许是最重要的一个方法，便是加增各种经济事业的生产。我们在上面已经提到加增农产品的生产及开发地下富源的重要。大约在工业化的初期中，我们资本的来源，大部分要靠农矿等实业，但经过相当的时期以后，工业也可逐渐供给我们所需要的资本。譬如我们在国内要建筑第一个机器厂，这些机器，便要购自国外。现在我们只能拿农产品与矿产品去换这些机器，所以第一个机器厂的成立，可以说是利用农矿等业的剩余换来的。但是我们有了制造机器的机器之后，那么第二个机器厂的设立，便不必完全购买外国机器，其中有一部分的生产工具，便可在第一个机器厂中定购，这便是工业供给生产资本的一个好例子。除了农矿工等实业之外，别的实业，如运输业、交通业、商业等等，都可以产生剩余财富，来做各种新建设的资本。不过如想达到这个目标，各种事业，不但在生产的技术方面，要设法改良，就是在管理方面，也要使其科学化与廉洁化。科学化的结果，可以减少一切浪费。廉洁化的结果，可以消减一切营私舞弊的行为，引用私人等恶习，使公共事业的所得，能为社会所公有，而不为少数主持的人所吞没。过去有许多事业，年年亏折，但经过贤明的人整理之后，便可以获利，由此可见管理得法,实为产生剩余资本的一条大道。

我们已经说过工业化是一种很花钱的事业。苏联在 1934 年,投资于国家经济各部门的钱,共达 302 万万卢布,其中用在重工业上面的不下 103 万万卢布。即以黑市场上 10 卢布等于 1 国币的汇率来计算,苏联那一年在重工业上的投资,也达 10 万万元国币的数目。德国完成四年计划所花费的钱,我们无法估计,但以 1935 年会计年度来说,德国政府在各种税上的收入,达 96 万万马克,比 1932 年会计年度,多收 30 万万马克,1935 年度所发行的公债,也达 41 万万马克。所以只拿这一年新的税收与公债的收入合计,便达 71 万万马克的巨数。如以一个马克值国币 8 角计算,也有 56 万万元。这两个国家的成绩,我们便用尽上面所说种种筹款的方法,恐怕也难达到。不过我们假如努力去做,那么每年筹集 5 万万元的建设资金,应该不是一件十分困难的事。假如外资这一条路能够打得通,5 万万元的总数,是更有把握了。严格的说,像我们这种落后的国家,如想对于列强迎头赶上去,一年 5 万万元的建设,是无论如何也不够的。但在最初的数年,我们无妨以筹集 5 万万元资本,为我们每年投资最低的数目。等到各种建设事业,积极进行,资本的蓄积,速度加增之后,我们再把投资的数量加高。这样的继续进行一二十年,成绩一定是很有可观的。

第四章　工业化的人材

一种事业的重要原素有二,一为财力,二即人力。中国工业化的资本,如何筹集,我们已经讨论过了;工业化所需要的人材,如何培植,乃是本章所要讨论的。每种事业所需要的人材,简单的说,大约可分上中下三级。拿一个工厂来说，厂长、总工程司，以及各生产部门的主任，可以目为上级干部。副工程司、技师以及各主任的助理，各生产部门的高级职员，如设计、绘图、会计等工作人员，可以目为中级干部。至于监工机工、考工员，以及有技能的职工，可以目为下级干部。

这三种干部人材，在目前的中国，并不能完全供给，所以应当急行设法培植。这三种干部人材的性质不同，所需训练的时间及方法，也有差别，所以我们可以分开来讨论。我们在此，只能提出几点重要的意见，至于具体办法的规划，乃是教育专家之责。

关于上级干部的人材，在最近数年来，我们决不能完全自己供给，而有利用客卿的必要。一个农业的国家，职业的分类是很简单的，中国的传统职业分类，是士农工商四种，俗又有三十六行之说。我们还没有看到一张大家承认的三十六行职业表，但无论如何，三十六种专家，决计不能满足工业化的需要。我们如取英美等国的名人录来参考一下，就可发现其中有许多专家，是中国所没有的，但这种专家，却为工业化的国家所必需。这些专家，也不是一年数年便可培植出来的，所以我们不得不利用客卿。我们在过去数十年内，私人及公家，都有利用客卿的经验，根据这些经验，我们应当可以发现利用客卿的几条原则。第一条原则，就是在利用客卿之前，我们对于客卿的国籍，应当有慎重的考虑。过去有某一种国家，在我们没有正式向他们聘请之前，每每自动的要把顾问送上门来，这种国家，素来不怀好意，其派顾问到中国来都是别有用心，乃是举世皆知的事实。所以我们如要聘请客卿，最好向欧洲的小国中去请，或在那些对于中国无政治野心的国家中去请，至少也要在与我们敌人站在相反立场的国家中去请。这种客卿，如聘请过来，一定可以为我们利用，而不会来利用我们。至少在我们危急的时候,他们的政府,也决不会把他们调遣回去,而使我们的事业发生困难。第二条原则,就是我们所请的客卿,一定要头等人材,二三等货色,我们可以不必请教。过去我们便常犯这个毛病,以致请来的客卿,除了月支巨薪之外,毫无贡献可言。聘请专家,不是一件容易的事,只有专家才会认识专家。所以我们如想请一个钢铁厂的工程司,决不能把这件事委托一个政客,或一个外交家。他们对于炼钢根本是外行,如何能请得到一个好的炼钢工程师呢?即使我们国内没有认识专家的专家,但鉴别专家资格的能力,是具有常识而能审慎从事的人所可以做得到的。我们看看这个客卿的学历,调查他的经验,访问国外同行对于他的意见,那么这位客卿,是否头等人材,是否可以胜任我们的工作,便不难判断了。可惜许多客卿,是没有经过我们这些考察的手续,便来到中国服务的,难怪滥竽充数的事,是数见不鲜了。第三条原则,就是我们利用一个客卿,除请他指导生产的事业以外,还要帮助我们训练人材。他应当在他的中国同事之中,训练一些人员,以便他在去职回国之后,国内有人可以继续他的工作。这是产生我们自己的专家一个好法子,只有这样做去,我们的上级干部,才可以有独立自主的一天,而不会永远停留在依赖他人的阶段中。

上级干部,除利用客卿之外,还应树立一种合理的留学政策,去培植本国人来担任。过去我们留日、留美、留欧的学生是很多,但政府并无一种留学政策。因为放任的结果,所以产生好几种流弊。第一种流弊,是过去有许多留学生,花了许多金钱,到外国去学国内便可学得到的东西。如有许多人到外国去进中学或大学,毕业回来,程度最好也不过与国内的大学毕业生相等。他们还有不如国内大学毕业生的地方,就是对于国情的隔膜。这样的留学,并无一点好处。第二种流弊，是留学生选读的科目，与国内的需要，毫不发生联系。现在留学回来的人，有许多是失业的。他们所学的东西，国内并无用处，同时国内又有许多事业，找不到适当的人材。这种供求不相应的现象，乃是政府没有留学政策的自然结果。第三种流弊，是我们过去的留学生，大都重理论的研究，而缺乏实际的经验。他们所学习的课程，大部分是要满足学位上的需要。这些课程，只能传授一些理论上的知识。所以我们的留学生，每长于理论，而缺乏办事能力。他们能做院长，却不一定能做厂长；能担任工学院的教授，却不一定能做一个总工程司。

最近政府对于留学生，已经放弃了从前的放任政策，而采取相当的干涉政策。如规定出洋留学的人，须在国内大学毕业，而且还要有几年服务的经验，又如公费留学生所习的科目，都有详细的规定，并不由留学生自己选择，都是比以前进步的地方。以后最好还要进一步的统制，对于服务经验，应当采取严格的定义。如出洋学习制造枪炮的人，一定要在兵工厂中，有过服务的经验；在大学的物理系中，当过助教两年，并不能拿来代替。在中国的兵工厂中，有过服务经验的人，出洋再去学习制造枪炮，自然会带一些问题出去，而得到一些答案归来，而且归来之后，还可以到原机关工作，不发生失业的问题。其次是对于留学科目的选择，不应当由少数人关起门来随意决定，而应当与各方面主持生产事业的人，详细的讨论之后，再下判断。这种留学生，既为满足某种生产事业的需要而派出，那么学成回国之后，一定会为某种生产事业所吸收。最后我们要注意的，就是政府应当设法使留学生在国外，学习与实习，有同样的机会。留学生在实习方面所花的工夫，至少要与在学校学习的工夫相等，或略多于学习的时间。在国外学习，机会是很多的，任何有名的大学，都肯收纳中国的留学生。但实习的机会，如让学生自己去寻觅，不无相当的困难，所以政府在派出每一个留学生之先，应当替他预为布置实习的地点。如想做到这一点，政府与各国的大工厂，各事业机关，应有相当的联络。以上所条举的三点：第一，留学生在出国之前，对于所习的科目，须有实际的服务经验；第二，留学的科目，应适合于国情，能够满足生产事业的需要；第三，留学生在国外，学习应与实习并重——这三点，应是新留学政策的骨干。在这种政策之下所培植出来的留学生，才可以担任各种事业中上级干部的工作。

中级干部人材的培植，须靠国立的各大学。现在的国立大学，假如不经过一番改造，恐怕不能满足新中国的要求。近来的大学毕业生，在将要毕业的一年，有一种普遍的恐慌，就是怕一出学校的大门，就要走入失业的队伍里。造成此种现象的主要原因，一因中国各种生产事业，都不发达；二因过去办教育的人，对于社会上的需要，并没有做过研究的工夫。以后大学的设立，大学中院系的添减，以及各院系中每年招收新生的数目，教育的当局，应与主持经济事业的当局，以及各种同业公会联合会，取得密切的合作。简单的说，我们应先看社会上需要一些什么人材，然后去培植这种人材，来满足社会上的需要。

在这种原则之下，大学中课程修改的必要，是不成问题的。理工科的学生，在过去有一个时期，理论的讲授，多于试验室中的工作。现在已有许多国立大学，看重试验室中的工作，所以现在的毕业生，已不像以前之只能开口，而不能动手。但现在的理工学生，都缺乏实习的机会。学校中所得到的材料，都是从外国课本中来的，所以他们在毕业之后，对于国内各生产部门的实际情形，许多是茫然的。我们主张理工科的学生，在毕业之前，应有一年的实习经验，最好教育当局与经济当局，事前要为这些毕业生做一个通盘的筹画，要使大学生毕业前实习的地点，就是毕业后就业的所在。在计划经济之下，这件事并不十分困难。

在工业化的过程中，我们需要理工科的毕业生，同时也需要文法科的毕业生。各级政府中的行政人员，各生产事业中许多事务的职员，以及各机关中设计、研究、统计、会计等人员，都要文法科的学生来担任。现在文法科的课程，其需要改良，较之理工科尤为迫切。理工科所教授的材料，我们无妨采用外国课本中所供给的，因为数学、物理、化学、工程等原则，并无中外之分，在外国适用的原理，在中国也可适用。社会科学，便富有地域性。政治、经济、社会等科目，如完全用外国的课本，结果一定使毕业生明于国外的大势，而昧于国内的情形。在外国课本的陶冶之下，毕业生可以熟读了欧美各国的宪法，但不能解释中政会与国民政府的关系；可以高谈李嘉图的地租论，但不知佃户对于地主如何纳租；可以分析美国黑人与白人冲突的根源，但根本不明了中国边疆上少数民族的问题。这种缺点的急待矫正，乃是很显然的。矫正这种缺点的方法，一方面应由学校当局，减少文法科教授上课的钟点，鼓励他们做实地调查及研究的工作。学校中一定要养成一种风气，使文法科的教授及学生，看重实地调查研究的工作，等于理工科的教授及学生，看重试验室的工作。只有在这种风气之下，文法科课堂中所讲授的材料，才可由外国的变为中国的；文法科所用的课本才可由西文的变为中文的，另一方面，文法科的学生，除在校中及假期内，要多做实地调查研究工作，多与中国社会接触之外，在毕业前的一年，与理工科的学生一样，应有一年的实习经验。他们实习的机关，也应当就是毕业后收用他们的机关。

这种办法实行之后，大学教育才是适合国情的，因为他先看清楚社会上的需要，教育出来的人材，便是满足这种需要的。这种教育又是生产的，因为每一个大学毕业生，在学成之后，都有一个工作的地点，贡献他们的能力，促进国内的生产，不像现在一部分的大学毕业生，毕业后便失业，只能过一种寄生的生活。

下级干部的人材，我们应当多设职业学校来培植。现在各地的情形，是中学校多于职业学校，中学生多于职业学校的学生。这种现象，是最不合理的。我们都知道，以前的中学校，其重要的目标，便是训练学生，使他们在毕业后有考入大学的能力。培植这种能力，本来未可厚非，但是过去的教育当局，却忽略了很重要的一点，就是中学毕业生，大部分是不进大学的，只有很小的一部分，才进大学。其中一个原因，便是大部分的人，没有进大学的经济能力。不过即使各级的教育，都是义务的，中学大学，都不收费，都有津贴，我们也不主张人人都进大学，因为人之智愚，天赋便不平等，有许多人根本便无进大学研究的资质，有许多人便是进大学读过四年，也没有多大益处。大学是为社会上最优秀的一部分人而设的，费用可以免除，但选择必须严格。所以中学的目标，如只为训练一小部分青年，使其作进大学的预备，那么他的数目，超过职业学校的数目，便不应该。现在社会上有许多中学生，毕业后不能升学，但又没有一种谋生的技能，这种人的前途，比大学毕业后失业的学生，尤为黑暗，尤为可怜。

为矫正这种不合理的现象起见，我们应当多设职业学校，来代替现在的中学校，社会上只需要一小部分人，去考现在的中学校，由中学毕业后，再进大学。大多数的人，应当在受完义务小学教育之后，便入职业学校。这些职业学校的设立，也要事先计划，最好由各地的教育当局，与各地的同业公会，共同设计，务使各地职业学校中的毕业生，在本地的生产事业中，就有服务的机会。这些职业学校中的课程，也要大加修改，许多花时间很多而对于实际生活上并无用处的课程，都可以不必学习。譬如外国语一门，根本就可除去；国文可以不必去念那些高深的古文，只要学到能写通俗的信，能看普通的杂志报章，就很够了。历史地理等功课，在小学中已经学过的，更不必再花许多功夫去复习。大部分的时间，最好集中于一种技能的学习。每一个职业学校的毕业生，都应当能够动手去做一种工作。毕业的年限，也不要固定为三年或四年。中国以前各种手艺中的学徒，三年便可毕业。现在学校中传授一种技能，已经是科学化，系统化，应当还用不到三年。至少有许多职业，一年或两年便可毕业的。这并非说职业的学习，出了学校便告完成，许多人在就业的期间，还可以继续学习，继续进步的。

以上我们对于三种干部人材的来源与培植方法，已大略的说了一个轮廓，但只注重于技术方面如何培养，将来政府培植各级人材时，除技术外，还应注重人格。中国过去的教育理论，本来是德行与知识并重的，有一派的哲学家，把人格的修养，看得比知识的获得，还更重要。以前所谓人格的修养，便是学如何做人，所谓父子有亲，君臣有义，夫妇有别，长幼有序，朋友有信，便是做人的大道。不过现在的各级学校中，对于这些做人的大道理，都不大讲求，这是应当极力矫正的。但在讲求人格教育之先，有一点不可不先为解决，那就是人格教育的内容。现在的时代变了，新的环境，要求新的伦理。五伦中君臣一伦，现在已失其原有的意义，其余四伦，旧的观念，有许多是不适用的，需要修改。但新伦理中最重要的，便是如何做一个好公民。在建设新中国的过程中，凡参加这种工作的人，除有一定的技能，对于某种工作的担任，能胜任愉快之外，还要有廉洁无私的操守，奉公守法的精神，对于新中国建设的目标，有清楚的认识，对于新中国建设的成功，有坚定的信仰。有这种涵养的各级干部，才是我们所需要的。

第五章　工业化与政府组织

中国工业化的工作，有一点不能仿效英美的，那就是政府在这种工作中所处的地位。英美等国的工业化，可以说是由人民发动，而由人民完成的。政府只在立法及监督上，做了一些工作，但政府本身，除了最近若干年之外，并没有实际参加生产的工作。假如中国也效英美的成规，那么工业化的工作，一定很迂缓，漫无计划，因而不能满足我们对于工业先进国迎头赶上去的要求。不过我们检查一下过去的经验，就可知道有些重要的实业，如运输与交通，在英美等国，多在私人的手中，而我们则大部分由国家经营。我们的政府，对于生产事业的参加，自始即较英美等国为积极。以后我们的政府，对于生产事业参加的范围，比以前还要扩充，直接主办的事业，比以前还要加增，这是从各种趋势可以看得出来的一点。

但是我们也决不能走另一极端，以苏俄为我们的模范。苏俄的生产事业，全部分在政府的手中。这种办法，当然是一种很有趣味的试验，但各种生产事业的推动，都要由政府出力，其效率如何，大可研究。不过我们对于此点，也不必在此处花很多的工夫来讨论，因为中国现在的政府，根本就不预备垄断一切生产事业，而且政府所奉行的主义，也没有垄断一切生产事业的主张。现在政府的主张，是国营经济事业，固应积极经营，民营经济事业，也要尽量奖助。国营与民营事业的分野，现在还无详细的规定。但只拿工业来说，政府过去所注意的，似为国防工业，及重工业中需要巨大资本，高深技术，非民力所能立即举办的。至于民生工业，以及重工业中，民营已有成绩的，以后当然还是由社会上的实业家，出来举办。所以中国工业化的工作，一定是政府与人民合作进行，政府既非束手旁观，也不包办一切。

政府对于工业化的工作，既要负一部分的责任，所以不可不讲求经济行政的组织。只有在严密合理的组织之下，一切工作，才可以有计划，有效率，不重复，不浪费。

自从国民政府成立以来，经济行政的组织，大约可以分为三个时期。第一个时期，包括抗战以前的数年。第二个时期，自抗战发生起，至民国二十六年底为止。第三个时期，自民国二十七年一月起，是最近的一个时期。第一个时期中，经济行政组织的演化，我们无容细述，但在抗战的前夕，主管经济行政的机关，是很复杂的。在行政院中，与经济事业有关的，有实业、财政、交通及铁道四部。直属于国民政府的，还有经济委员会，及建设委员会。直属于军事委员会的，还有资源委员会。这许多机关，分工并不严密，进行的事业，自然难免重复与磨擦。当时也有许多研究行政效率的人，看清楚这种现象的不合理，做了许多调整的方案，但终因人事问题，没有能够顺利的通过。到了第二个时期，便是抗战发生之后，经济行政组织，更为复杂化了。除了上述的机关之外，军事委员会中，还添了第三部与第四部，并成立了农产、工矿、贸易三个调整委员会。这些机关与原有的实业部，工作如何划分，并无明文规定，于是事权更不集中，责任更不分明。好在这种混沌的局面，并不长久，到了第三期，便完全矫正过来了。第三期中，经济行政组织，有重要的调整。交通部与铁道部是合并了。实业部改为经济部。军事委员会的第三部，第四部，及资源委员会，并入经济部。建设委员会完全并入经济部，经济委员会之水利部分，并入经济部，公路部分归交通部，卫生部分归内政部。军事委员会新设的三个调整委员会，农产与工矿两委员会，改隶经济部管辖，贸易调整委员会，则归财政部。

经过这次的调整之后，中央的经济行政组织，可以说是大体已经合理化及统一化。生产事业的各部门，除运输与交通，归交通部管理之外，其余各部门，已集中于经济部。现在除国际贸易与货币银行，归财政部管辖，是否合于理想一点，尚可讨论研究外，其余的是无可訾议了。以后如有新的生产事业，最好责成现有的机关去办理。如以现有的机关、财力与人力，不能应付新的需要，最好去充实他，改进他。不要因贪一时的方便，又添设新的机关，以致事权又不统一，重陷于以前那种重复混沌的局面。用这种观点来批判，政府最近在经济部之外，又设一个农产促进委员会，乃是极不合理的。

现在政府的经济行政组织，虽然不再需基本的改造，但每一个机关的内容，却需要充实，各个机关之间，需要更密切的联络。拿充实机关的内容一点来说，有几件事尤当注意。第一，我们需要一个更充实的设计组织，现在负设计之责的，在各部有参事厅。实际的情形，参事厅中的人员，为数甚少，而且大部分的时间，都用在撰拟或审核法规的上面，设计的工作，无暇顾及。我们以为参事厅中的参事，数量上虽然不必十分增加，但专门委员，却宜加增许多。他们的职务，是在中央规定的政策之下，统筹全局，拟具计划，以供长官的采择。新的事业，应当在参事厅中萌芽，在社会中生长。不过巧妇难为无米之炊，参事厅中的专门委员，即使学有专长，经验丰富，但无正确的经济资料，以为根据，那么拟出的计划，一定多为纸上空谈、闭门造车，出门未必合轨。因此我们于充实设计的组织之外，还要充实统计的组织。各机关主持统计事业的人，对于生产事业的各部门，须有精密可靠的统计。拿燃料的统计来说,我们对于各地的煤藏,各煤矿现有的生产量及可能的生产量,各地现在对于煤的需要,及如增加某种生产事业之后,增加的需要共有若干,此种材料,须搜集完备,然后对于加增煤斤生产的设计,才可以具体化,而不致流为空谈。不但在物的方面,须有各种统计,即人的方面,如现在各煤矿的厂长、经理,及工程师,其学历经历如何,办矿的成绩如何,亦均须一一搜集。有了这种材料,政府在举办新矿的时候,那些公司可以合作,那些人材可以利用,也都有所参考了。这不过是一个例,其实煤的统计,曾经过好几个机关的努力,成绩还算好的。别种经济状况,别种生产事业的动态,我们所有的材料,便极不充足,其中如农业、工业、商业的统计,尤为残缺不全。没有这些材料做根据,我们便无法估计国内现有的生产能力,无法判定某种计划的重要性。所以我们急要充实各机关的统计组织,多做实地的调查,以加增统计资料的可靠性。过去有许多统计资料,是由上级机关制定表格,交给下级机关去填报。下级机关的职员,根本便没有做调查的工作,只是提起笔来,随意填写。某县长曾告诉我一个故事,说是有一次中央有一个机关,发下一张调查表,其中有一个问题,是该县每年共产西瓜若干个。这张表先交一个科员去填,他在答案中,用亚拉伯字码写了一百万个,便是“1”字之后,还有六个圈。某县长在审查这张表时,觉得一百万个太多了,就提起笔来,把后面的三个圈一笔勾销,于是一百万个西瓜,便变成一千个了。这种统计,毫不可靠,有不如无。以后主持统计事业的人,对于搜集材料的技术,须得严重注意才好。以上是说国内经济资料的搜集。关于国外经济资料的搜集,以后更为重要。我们对于世界各国,特别是几个大国的经济发展如法令的制定,进出口货的性质、数量及价格等,都要细为调查,以供国内从事生产事业的人之参考。

现在这类的材料,我们只靠各地领事馆的无系统及局部的报告,没有多大用处。以后几个大国的大使馆中,应当设商务参事,由经济部会同有关系各部选派。这些商务参事与其属员,应对于所在国的经济状况,作有系统之研究及报告,并随时答复政府之咨询。如此做去,我国的经济发展,才可与世界各国,发生有利的联系。

主持经济行政的各机关,需要更密切的联络,乃是有过行政经验的人所共感的。现在政府中有一个大毛病,便是部自为政,各人干各人的,各部长官除在每星期举行一次之院务会议,及不一定每星期都举行之谈话会外,其余接触的时间,是很少的。即偶有接触,亦多为社交式,而非公事式。至于各部的上级干部,如司长技正,参事秘书之流,更少接触的机会。所以这一部的工作,别一部的人,很少有人知道得清楚。但是工业化的工作是有机体的,需要各部分的合作。譬如开设炼钢厂一事,固然要由经济部负责进行。但炼钢厂的经费,须财政部筹划。炼钢厂的出品,有一部分供给兵工署的需要,一部分供给新路上的钢轨,所以炼钢厂业务的规定,须先与军政部及交通部会商。炼钢厂的运输问题,需要交通部代为解决,所以关于地点的选定,也要征求交通部的意见。至于炼钢厂人材的培植,又为教育部的主管范围,须得教育部的扶助。即以此例而论,牵涉的部,已有五个,类似的例,是很多的。为使各种新的生产事业,得以顺利迅速进行起见,我们提议于行政院之下,设一经济会议,由经济、财政、交通、军政、教育五部长官,为当然会员。工业化的大计,均在这个会议中决定。经济会议,除设秘书厅,主管议事日程外,并应设各种合作委员会,使各机关的上级干部,有共同商议设计的机会。近来教育部与经济部及另外几个部会,组织一个建教合作委员会,便是要沟通各部间的行政计划。以前技术人材的培植,完全由教育部负责,现在别的部会亦可贡献一部分重要的意见。譬如工科大学的课程,应当如何设置,不但教育部的高等教育司可以贡献意见,便是经济部的工业司、军政部的兵工署,也可贡献意见。这种合作委员会,应当设于经济会议之下,数目应当加增,参加的人,应当推广。这样的经济行政,才是合作的,而不是几个人的独脚戏。

有了好的组织,还要有好人来主持,然后经济事业,才有成功的可能。所谓好人,一要有能力,有识见,能从大处着眼,小处下手,能独当一面,而又能与人合作。二要廉洁,除薪水及预算上规定之特别办公费外,不妄取公家一文,不受属员送礼,不受私人赂遗。在目前这种做官发财的传统观念尚风行一时之际,我们所提出好人的两种资格,第二种尤为重要。我们固然不要用糊涂的善士,但聪明的贪污,尤要不得。前者不能成事,后者一定败事。以后政府所举办的经济事业,是否能够成功,是否可以博得民众的信任,最要紧的一点,就系于主持经济行政的人,是否廉洁。我们要时刻的注意,严密的监察,要看政府中各经济行政机关的长官,其操守是否无可訾议。社会上对于一个大员操守的批评,大体是公平的。一个人如果贪污,决瞒不住他的亲信,他的属员,他的朋友,因而终久也绝瞒不过社会。我们对于一个官吏在从政之前,其生活程度如何,是访问得出来的。从政之后,其每月的合法收入,也是可以一查便知的。假如他在走入仕途之后,生活程度,有突然的进展,私人的享受,与妻女的装饰,有意外的奢侈,那么局外人即使不去查他的存款,也会对于他的人格,发生怀疑。这种人在政府中,便是害群之马,不管他的能力如何,非请他下台不可。我们对于工业化所需要的各级干部,还要注意其人格与德行,对于领导这种工作的政府官吏,自然更要提高人格与德行的标准了。

第六章　工业化与同业组织

工业化的工作，既要政府与社会共同合作，而非由政府包办一切，所以不但政府要有严密的经济行政组织，就是社会本身的经济组织，也要健全。但是中国素来是一个无组织的国家，各方面都是如此，经济生活也不是例外。在无组织的情形之下，我们至少可以发现三种弊端。第一是生产的无计划。有计划生产的先决条件，就是每种生产事业，要有精确的统计，表示供求的实际情况，然后生产的结果，才可以做到供求平衡，而无供过于求及求过于供的状态。现在的生产事业，是无组织的，每种货物在国内的供给，数量若干，需要的数量，又为若干，可以说是没有人知道，因为生产者都是各自为政，各寻出路，彼此既不交换情报，也无一个总机关来搜集情报。其实同业间假如自己没有组织，政府即设一总机关来搜集情报，结果一定是挂一漏万，残缺不全。在这种瞎碰的生产状况之下，求过于供，或供过于求，都是常见的事。求过于供，物价必然上涨，消费者受很大的损失。供过于求，物价必然下降，生产者便要受很大的损失。假如生产者有同业公会的组织，无计划生产的现象，便可矫正。我们可以引一个例子，来说明此点。二十五年春季我们的火柴工业，陷在一种最困难的境地。据研究过这个问题的人说："火柴工业因其生产能力，远在全国需销总量以上，故时时有生产过剩之厄。经营其事者，虽明知跌价竞销，不足以度危厄，顾为周转所关，只得饮鸩止渴。"因而在二十五年春季，货价惨跌，全体亏累，崩溃在即。这种无计划生产所发生的结果，只有用有计划的生产一方法来矫正他。于是火柴工业的领袖，便组织一全国火柴产销联营社，其目的在组织全国的同业，限制生产，使与需要相平衡。火柴工业破产的危机，因有此同业组织，才得到挽回。同业组织，既可以矫正供过于求的现象，当然也可矫正求过于供的现象。譬如工业化所需要的机器，现在是求过于供。假如机器工业，有同业公会的组织，政府便可责成此业的领袖，设法加增生产。万一机器工业同业公会的人力财力，都不能达到这种目标，那么政府便可从旁协助，或直接加入经营，一定可挽救这种局面。所以从无计划的生产，到有计划的生产，一定要各种生产事业，都有组织，都有同业公会的组织。生产事业无组织的第二种弊端，便是无法实施统制。近来讲统制经济的人很多，他们所提出的办法，是想矫正放任经济所产生的弊病。经济现象，需要统制的地方很多，我们可以提出五点最重要的来说。第一是生产数量的统制。社会上所生产的东西，不问是原料，是生产工具，抑为消费货品，都有一个最合理想的数量。统制的目标，就是想使生产的数量，合乎这个理想。第二是市场分配的统制。凡是一种货物，都要经过市场，才能达到消费者的手里。假定一个社会里的生产，恰能满足全社会的需要，但如市场的分配未合理，也许某种货物，因各种原因，都集中于甲市场，甲地的人，方感此种货物之过剩，而乙地的人，又感此种货物之不足，因此生产者与消费者，交受其害。譬如前数年中国的煤业发生困难，主管的人研究这件事的原因，结论是市场分配的不合理，为产生困难的主要原素。如粤省江北所产之白煤，推销及于京沪；湖北白煤，又复南销汕头；河北烟煤，纡道销于汉口；而平绥烟煤，又复远道销于沪市。各矿不相为谋，以致支出许多运费与推销费。合理的办法，应当是每一个区域所需的煤，要由最近或最便利的煤矿供给，如此则各地的供给，可以稳定，而各煤矿间，也可不致互相倾轧，两败俱伤。后来前实业部召集煤业会议，决定就产煤地点、运输情形、分划销售区域，便是想实行市场分配的统制，来矫正不合理竞争所产生的弊病。第三是货价高低的统制，目的是要使物价不发生剧烈的变化，生产者与消费者都可计划将来。假如批发的物价时常上升或下降，那么从事生产事业的人，就不能预估成本，因而就不能与商家订立远期的契约，同样的，如零售物价时时发生变动，那么一切家庭预算都无所根据，各个家庭对于生活，只能作目前的打算，而不能顾及久远。所以货价如无统制，经济生活，无论是生产的，或消费的，都将趋于混乱。第四是货品标准的统制，目的在提高商业的信用，使交易的手续趋于简单，节省许多运输上的糜费。譬如汉口商人，在上海买进大量的河南小麦。如小麦已标准化，则看样便可做成交易，交易成功之后，上海卖主便可电知河南某仓库，令其将某号小麦直接运至汉口交与某买主。如小麦尚未标准化，则看样之后，将继之以对样，上海卖主势必将河南小麦一起运往上海，以待买主之审查，审查之后，又将此小麦由上海运往汉口。两种交易方法的比较，一简单而一繁琐，一经济而一浪费，不言而喻。五为劳资关系的统制，目的在使两阶级为国家的利益而合作，减少一切冲突与磨擦，使两阶级发生友谊与同情的关系，消灭彼此仇视的态度。实施这五种统制的主体，或为同业本身，或为政府，但均以同业有组织为先决条件。今以上面所说的货品标准的统制而论，如粮食业无同业组织，那么即使少数贤明的商人，鉴于标准化的重要，也无法使大家就范。甲商可将小麦分为三级，乙商可以分为二级，丙商可以一概不分，混合出售。即使甲的办法，最为合理，但乙丙可以各行其是，不受影响。假如没有同业公会，甲对于乙丙，是没有办法的。同时如无同业公会，政府也无法使小麦标准化。因为以中国之大，经营粮食业者之多，政府并不能家喻户晓。如只公布一种改良办法，结果一定是甲照行了，而乙丙未必照行；或甲地照行了，而乙丙二地未必照行。政府虽有良法好意，但因同业无组织，而终于办不通，成为纸上空谈。政治上的统制，与经济上的统制，都需要人民有组织。以前政治无组织，民众是一盘散沙，政府的一切法令，都推行不动。后来政府决定实施保甲的组织，人民与政府，才有联系的机构，许多政治上的统制，如征工、强迫教育等办法，才可以逐渐推行。经济方面，假如同业公会有普遍的组织，那么政府如欲施行上面所说的五种统制，便可以找到着力的所在，命令有个对象，说话有了听众，推动者找得到被动的。否则英雄无用武之地，无论什么好的统制办法，也不能产生一点成绩。生产事业无组织的第三种弊端，便是同行者无联络，不合作。许多事务，合办省钱，独办花费，如工厂之购进原料，即为一例，但无同业组织，便不能实行。又如对政府作一种要求，一家上呈文不易发生力量，联合同业一齐进言便易引起政府的注意。此外合作可以成功，而独办一定失败的事不胜枚举。今以农民为例。中国的农民，在各种职业中占最多数，假如一个一个的分开来看，是最没有力量的。可是他们如组织起来便可产生力量，举办许多事务。《农会法》第四条，规定农会可以担任的事有十二项：一为关于土地水利之改良，二为关于种子肥料及农具之改良，三为关于森林之培植及保护，四为关于水旱虫灾之预防及救济，五为关于农业教育及农村教育之推进，六为关于公共图书室阅报室之设置，七为关于公共娱乐之举办，八为关于生产消费信用仓库等合作事业之提倡，九为关于治疗所、托儿所及养老济贫事业之举办，十为关于粮食之储积及调剂，十一为关于荒地之开垦，十二为其他关于农业之发达改良。以上这十二项事务，有的是增加生产，有的是流通金融，还有的是推进教育，提倡卫生，举办福利事业，如要农夫单独的去办，永无成功的一日，但如组织同业公会，那么这些工作都可以担任。由此可见生产事业的无组织，对于生产者本身的损失如何了。

政府早已看到这种弊端，制定了许多法规来矫正他，其中最重要的，是十九年十二月三十日公布的三十六条《农会法》，及二十七年一月十三日公布的《商业同业公会法》五十九条，《工业同业公会法》六十条，《输出业同业公会法》六十二条，及《修正商会法》四十四条。中国的各种生产事业，都可根据这些法规组织。惟农会的组织原则，有几点与其余的同业公会不同。第一，农会共分四级，即乡农会、区农会、县市农会、省农会。其余的同业公会，只分二级，即同业公会及其联合会。级数的多寡，与生产事业本身的性质有关，农民的分散较广，所以分级较多，自有他的必要。第二，农会之组织是自由的，如《农会法》第十三条所规定，乡农会、市区农会之设立，应有该区域内会员资格者五十人以上之发起及全体三分之一以上之同意。上级农会之设立，应有直接下级农会过半数之同意。由此以观，假如某区域内，没有农会发起人，或有人发起，而得不到三分之一以上之同意，那么这个区域的农会，就无法成立。农会的组织，因而就缺乏普遍性。商业、工业及输出业的组织便不然。凡重要商业、工业及输出业，都应依法组织同业公会。此项重要商业、工业及输出业之种类，由政府的主管机关指定。前实业部在讨论这些同业公会法的草案时，曾列举重要商业77种，重要工业41种，重要输出业17种。商业与工业的定义，均从广义，所以金融业及运输业，包括于商业之内，矿业包括于工业之内，将来实行组织时，政府所指定必须组织同业公会的重要商业、工业及输出业，其数目也许与原拟的不相符合，但重要的一点就是在政府指定之后，重要的实业，便要组织同业公会，含有强制性，从事于此种生产事业的，并无自由选择的余地。我们赞成这种强制的办法,并希望把这种强制的原则,也施行于农业同业公会。就是在商业、工业及输出业中,在最近的数年,政府自然要集中精力,把认为重要的,先行加以组织,将来应当把这种强制的办法,推行于起初未经指定之各业。必如此,然后全国的各种生产事业,才都有组织。

同业公会中所规定之组织是纵的;横的组织便是商会。商会之设立,据《修正商会法》第六条之规定,须由该区域内工业、商业、或输出业合计三个以上之同业公会发起之。无同业公会或同业公会不满三个时,得联合无同业公会之公司行号,共同发起,每满十家,视同一公会。将来农会如强制的设立,我们希望在商会中,也有农会的代表。商会可有三级,据同法三十六条之规定,为图谋增进工商业公共之福利起见,同一省区内之商会,得联合组织全省商会联合会。各省商会联合会及隶属行政院之市商会,得联合组织中华民国商会联合会。

各种同业公会,在经济部中,虽然都有主管司管理,但以农会而言,在二十四年底,乡农会备案的只有10837,区农会1222,市农会4,县农会304,省农会3。别种同业公会,因新法颁布不久,还待改组或重新组织。为使这种组织的工作,迅速进行起见,我们以为在经济部中,应设一促进同业组织委员会,除各主管司派员参加之外,还要有专任的委员若干人,与各方面联络接洽,促进同业公会的组织。我们希望在最短的时期内,中国的各种生产事业,都是有组织的。

同业公会的任务,除农会的在上面已经提过外,其余各公会的,大致相同。今以工业同业公会为例。工业同业公会的任务,共有三项:(一)关于会员之设备、制品,及原料材料之检查取缔,并事业经营上必要之统制;(二)关于会员制品之共同加工或发售,原料材料之共同购入或处理,仓库运输之设备,及其他与会员事业有关之共同设施;(三)关于会员业务之指导、研究、调查及统计。由此可见有了同业公会,一可实施统制,二可使同业合作,三可使生产事业有统计,如欲计划生产,便有根据。关于业务统计一点,《农会法》第五条,也有农会应答复政府或自治机关之咨询,并受其委托之规定,所以有了农会,正确的农业统计,也有产生的可能与机构。至于实施统制,在各种同业公会法中,虽然注重同业的自动,但政府于必要时,也可相机推动。如《工业同业公会法》中,规定统制任务,非经全体会员代表表决权三分之二以上之同意,呈请实业部核准后,不得实施,但实业部得因必要,令其实施统制。

这些同业公会组织成功之后,不但政府与各同业,可有合作的机构,就是各同业的本身,也有合作的机构。在有组织的状况之下,中国才可谈三年建设计划,或五年建设计划。同业公会的组织,既如此重要,我们一方面固然希望政府要积极去推动,另一方面,更希望各业的贤明领袖,自动的努力,去完成此种组织的工作,以便更有效率的,参加中国工业化的大计。

吴景超先生学术年表*

1901 年(清光绪二十七年)

3 月 3 日,出生在安徽省歙县一个茶商家庭。

1915 年

考入清华学校,次年插班中等科二年级学习,接受系统的英文与西方人文社会科学和自然科学训练。据室友梁实秋描述,他"好读史迁,故大家称呼之为太史公"。在校后期对社会学发生浓厚的兴趣,在课本之外取阅各家著作,使自己获得比较开阔的视野。在校期间还积极参与文学创作活动,被誉为"当时清华校园的文艺领袖""与闻一多齐名的文艺干将"。

1917 年

开始参与《清华周刊》的编辑工作,前后共有 6 年,1922—1923 学年担任总编辑。

1923 年

清华学校毕业,插班进入美国明尼苏达大学学习社会学,于 1925 年获学士学位。

1925 年

进入美国芝加哥大学社会学与人类学系学习。

---

* 本年表由吕文浩撰写。

1926 年

12 月，硕士论文《太平洋地区的中国移民》通过答辩，获芝加哥大学社会学硕士学位。

1928 年

8 月，博士论文《唐人街：共生与同化》通过答辩，获芝加哥大学社会学博士学位。旋即回国任金陵大学社会学系教授兼系主任。

9 月，回国后至上海，孙本文为他洗尘，遍邀上海各大学社会学教授作陪，席间提议成立东南社会学会，编辑《社会学刊》作为会刊，吴景超当选为编辑。1930 年东南社会学会并入全国性的学会组织中国社会学社，先后担任多届理事，并于 1935 年担任正理事。

1929 年

《都市社会学》由世界书局出版，这是中国第一部都市社会学著作。同年《社会组织》也由世界书局出版。

1930 年

《社会的生物基础》由世界书局出版。

1931 年

本年秋季学期起改任清华大学社会学系教授。发表《两汉的人口移动与文化》上篇（《社会学刊》第 2 卷第 4 期），下篇于次年发表于《社会学刊》第 3 卷第 2 期。

1933 年

开始为《独立评论》撰稿并参与社员活动，后期胡适不在时曾短期代理编辑工作。

1934 年

9 月 9 日，在《大公报》上发表“星期论文”《发展都市以救济农村》，引起广泛讨论，先后有李炳寰、刘子华、万钟庆等学者发表文章与他展开讨论，他又发表《再论发展都市以救济农村》（《独立评论》第136号）以作答复。

1935年

2—4月，先后发表《建设问题与东西文化》（《独立评论》第139号）、《答陈序经先生的全盘西化论》（《独立评论》第147号）等文，表达他对于中西文化的折中立场，反对陈序经的全盘西化论。

11—12月，先后发表《论地主的负担》（《独立评论》第175号）、《再论地主的负担》（《独立评论》第180号），吴世昌、汪民桢与他有所讨论。

7月，发表《西汉的阶级制度》（《清华学报》第10卷第3期）。

9—12月，兼任清华大学教务长。

年底，随翁文灏赴南京，任国民政府行政院秘书、参事等职。抗日战争爆发后，他先后出任行政院经济部秘书、战时生产管理局主任秘书。

1937年

2月，《第四种国家的出路》由商务印书馆出版。

4月，在《社会科学》第2卷第1期发表《同业公会与统制经济》。

4—5月，在《独立评论》上发表《中国工业化问题的检讨》（第231、232、233号）。

1938年

7月，《中国工业化的途径》由艺文研究会出版，长沙商务印书馆印行。

11月16日，与蒋廷黻、翁文灏、陈之迈、何廉、陶希圣等在国民政府任职的"学者从政派"在重庆创办《新经济》半月刊，至1945年

10 月 1 日共出版 138 期。吴景超担任主要编辑工作,前后发表文章 69 篇。

1942 年

4 月 20 日,在《大公报》发表"星期论文"《官僚资本与中国政治》。

1943 年

10 月,《中国经济建设之路》由商务印书馆出版。

1944 年

2 月,《战时经济鳞爪》由中国文化服务社出版。

1946 年

5—8 月,以中国善后救济总署顾问的身份视察贵州、广西、湖南、广东、江西五省灾情及各区善后救济分署工作,行程 5000 多公里,调查实录整理成《劫后灾黎》一书由商务印书馆于 1947 年出版。

1947 年

3 月,重返清华大学社会学系任教授。

1948 年

与钱昌照等发起组织中国社会经济研究会,5 月 15 日创办《新路》周刊,负责主要编辑工作。

10 月,发表《论经济自由》(《新路》第 1 卷第 21 期)。

10 月,发表《计划经济与价格机构》(《社会科学》第 5 卷第 1 期)。

12 月 18 日,《新路》停刊。

1949 年

4 月,发表《马克思论危机》(《社会科学》第 5 卷第 2 期)。

1950 年

4 月,发表《苏联工业建设研究》(《社会科学》第 6 卷第 1 期)。

10 月,发表《苏联农业建设研究》(《社会科学》第 6 卷第 2 期)。

1951 年

3 月 28 日,在《光明日报》发表《参加土改工作的心得》,受到毛泽东的肯定,毛致胡乔木信中称"写得很好,请令《人民日报》予以转载,并令新华社广播各地"。

1952 年

高校院系调整,撤消社会学专业,各院校社会学系也随即撤消,调任中央财经大学教授,同年加入中国民主同盟,并当选为中央常委、全国政协委员。

1953 年

本年起任中国人民大学经济计划系教授。

1954 年

9 月,《有计划按比例的发展国民经济》由中国青年出版社出版。

1955 年

2 月 8 日,发表《我与胡适——从朋友到敌人》(原载《光明日报》,同年收入《胡适思想批判》第三辑)。

7 月,《苏联工业化时期的计划收购和计划供应》由通俗读物出版社出版。

7 月,发表《批判梁漱溟的乡村建设理论》(《新建设》1955 年第 7 期)。

10 月,发表《批判梁漱溟的中国文化论》(《教学与研究》1955 年第 10 期)。

1957 年

1 月，发表《社会学在中国还有地位吗？》（《新建设》1957 年第 1 期）。4 月参加《新建设》杂志展开的座谈会，就开展社会学研究的有关问题进行讨论。7 月被指责为帝国主义走狗的走卒，“章罗联盟”的谋士，错划为“右派”，受到多次批判。

1968 年

5 月 7 日，因肝癌病逝于北京，终年 67 岁。

应是鸿蒙借君手

——吴景超和他的《第四种国家的出路》

吕文浩

2000年夏，费孝通先生在一次出版座谈会上说，我们写文章其实不是自己写的，而是时代借我们的手来记录它所经历的变迁，所谓“应是鸿蒙借君手”；要理解20世纪前半期中国社会所发生的变迁，一定要读他上一辈社会学家的著述，在这个意义上说，陈达、潘光旦、吴景超等人的遗作都需要整理出版。说到吴景超时，费先生口气停顿了一下，说：“还有吴景超，他是有点东西的。”这句话很口语化，事后整理的发言记录并没有写进去。费先生停顿下来加重语气地提到吴景超，绝对不是偶然的，这里面有他对这位老师的敬重。

然而，令人遗憾的是，吴景超的全部著述至今还没有经过系统的整理出版。吴景超在世时出版过几本篇幅不大的专著或调查报告，如《都市社会学》(1929)、《社会组织》(1929)、《社会的生物基础》(1930)、《中国工业化的途径》(1938)、《劫后灾黎》(1947)、《有计划按比例的发展国民经济》(1954)、《苏联工业化时期的计划收购和计划供应》(1955)；将单篇文章辑录成主题相对集中的几本书，如《第四种国家的出路》(1937)、《中国经济建设之路》(1943)、《战时经济鳞爪》(1944)。但这些专书只是他著述中的一小半，更多的文章散落在各种报纸杂志上，有待整理。

吴景超生于1901年，1916至1923年在清华留美预备学校7年，受到良好的英文训练，系统学习了自然科学和人文社会科学的基本知识。从1917年起参与《清华周刊》的编辑工作，前后共有6年，1922至1923学年担任总编辑。在编辑和撰稿过程中锻炼了他的写作能力。后来他在回忆中写道："我做七年的学生，当了六年的编辑。这种写作的训练，对于我是很有益的。快毕业的一年，周刊有社论一栏，我们几个写社论的，总是在发稿的前一晚，大家想好题目，奋笔疾书，不起稿子，不计文章的工拙，只求清楚明白，辞能达意，写完之后就送到印刷所去付印。我们几个受过这种训练的人，都把写文章看作说话一样。话说出口之后，并不时加修改，我们对于作文，也养成这种习惯。这种办法，替我们节省了好多时间。"①另外，从他在《清华周刊》上所发表的部分文章，如《暑假期内我们对于家乡的贡献》、《人生蠡测》、《清华学生安身立命之路》等来看，他具有积极的人生态度，强烈的学术进取精神和改造社会的愿望，迥异于平庸之辈。1923年，他在出国前的学科选择上填上了明尼苏达大学的社会学和心理学。

1923至1928年，吴景超在美国明尼苏达大学和芝加哥大学学习社会学，先后获学士、硕士和博士学位。在此期间，正是以派克(Robert-E. Park)为首的社会学者致力于都市社会学研究取得重要成就，形成社会学芝加哥学派的时期，吴景超浸润其中，一生的学术路向深受影响。

1928年9月，吴景超学成回国。这时中国社会学的学科体制

① 吴景超:《回忆清华的学生生活》,《清华周刊》复第10期,1947年4月27日。

化建设进入最为蓬勃发展的时期，他和其他20年代中后期陆续回国的同道们一起，在这个学术阵地上开辟草莱，参与并推动了社会学学科化的历史进程。当时的中国社会学者中，年龄长他10岁上下的有陶孟和、陈达、孙本文、李景汉等人，和他年龄相仿的有潘光旦、吴泽霖、吴文藻、杨堃等人。前一批人基本上在40岁上下，后一批人基本上在30岁左右，正是可以奋发有为的年龄。他们参与一些重要大学（如燕京大学、清华大学、金陵大学、中央大学等）的社会学系和社会学研究机构（如中央研究院社会科学研究所和它的前身社会调查所）的创建与发展过程，先后成立专业性的社会学学会组织——东南社会学会和中国社会学社，出版专业性的学术刊物《社会学刊》、《社会学界》等。在研究旨趣上，他们不满足于引介西方社会学人类学的现成知识，而是试图综合各家之长，参以己意，提出一套独立的解释系统。在研究课题上，他们比较注重研究中国现实社会问题，经世致用，为中国的现代化进程提供学理上的解释和可以付诸实践的具体方案。可以说，社会学的学科发展是和时代赋予它的为中国寻找出路的使命紧密地联系在一起的。1928年9月回国后的两三年间，吴景超参与东南社会学会和后来的中国社会学社的创建工作，编辑《社会学刊》并撰写大量论文和书评，在金陵大学讲授社会学课程，出版《都市社会学》、《社会组织》、《社会的生物基础》等著作，为推动社会学的学科建设做出了重要的贡献。

20世纪30年代是中国社会学获得较快发展的时期。这时"社会学中国化"已经成为站在学术前沿的若干学者的共同追求。但是各个学者之间的学术路径仍然具有很大的差异，比如陈达搜集丰富的材料专门研究人口和劳工问题，李景汉致力于深入实际做社会调查，吴文藻希望借鉴人类学的方法开展社区研究，潘光旦侧重于优生学和社会思想史研究。吴景超的研究是宏观的，他特别熟悉资本主义的发展过程，注重搜集世界各国的统计材料，用全世界各国的材料来做比较，去寻找中国社会的出路，去理解中国社会。各位学者在学术上的差异并没有对他们之间的欣赏与合作造成多大的障碍，学术上的互相帮助、互相尊重造就了那个时期中国社会学的辉煌。

在中国社会的各种问题中，吴景超关注的面比较宽，但将焦点放在经济问题上。这可能与他在留学时期受芝加哥学派注重都市研究的影响有关。都市研究固然包含许多社会问题的层面，但都市社会与乡村社会比较起来，其最突出的特点无疑是它所具有的发达的工业、商业和金融业，以及都市与乡村之间在经济上的密切联系。吴景超留学时期曾熟读格来斯（N. S. B. Gras）教授的《经济史入门》一书，他称此书是研究都市与附庸之间关系的必读书，作者“对于经济发展史，别有见地；对于都市经济的解释，尤为清晰周密”，所以，“数年来所读的名著，令我反复数次而不厌的，这要算是一部”。① 在《都市社会学》、《社会组织》两本早期著作中，他都给予经济问题以相当的篇幅。但这时他的关注面还比较宽泛，经济焦点并不突出。甚至在关注现实社会问题的同时，他还钻进故纸堆，写了若干篇历史社会学论文。② 大约在30年代中期积极参与《独立评论》社的撰稿乃至编辑

① 吴景超：《都市社会学》，世界书局1929年版，第83页。

② 主要成果有：1.《两汉多妻的家庭》（《金陵学报》第1卷第1期，1931年5月）；2.《一个内乱的分析——汉楚之争》（《金陵学报》第1卷第2期，1931年11月）；3.《两汉的人口移动与文化》（上）（《社会学刊》第2卷第4期，1931年7月）；4.《两汉的人口移动与文化》（下）（《社会学刊》第3卷第2期，1932年10月）；5.《两汉寡妇再嫁之俗》（《清华周刊》第37卷第536-537号）；6.《西汉遗留下来的几条仕宦之路》（《生活周刊》第6卷第6-8期，1931年1月31日、2月7日、2月14日）；7.《西汉的阶级制度》（《清华学报》第10卷第3期，1935年7月）。

工作以后,他的研究成果的现实感越来越强,最后聚焦在都市化和工业化上。那时,吴景超针对当时风起云涌的各种农村运动,鲜明地提出自己的主张:“发展都市以救济农村”。在他看来,这些从事于农村运动的志士仁人在各地的努力,不能说对于农民的生计改善毫无影响,但是,“假如现在还有人迷信农村运动,可以解决中国农民的生计问题,将来一定会失望,会悲观”。理由很简单:运动所涉及的农民相对于农民全体,不过九牛一毛;最重要的是农民生计问题的性质太过复杂,涉及方面太多,不是几个私人团体所能解决的。他认为,中国问题最迫切的是完成统一,在此之后的主要问题是国防建设和经济建设,“所谓农民的生计问题,应当是经济建设这个大问题的一部分。他不能单独的解决,他只能与工业、矿业、运输业、交通业、商业等问题一同解决”。[①] 吴景超关于中国经济建设的基本思路是:发展都市,尤其是兴办工业、发展交通、扩充金融机关,以都市来带动农村的发展。他认为,都市工业的发展可以吸收农村剩余劳动力,使乡下争食者略为减少从而提高生活水平;发展交通可以使都市和附庸之间的关系更为密切,使农产品得到善价;扩充金融机关一方面可以吸收内地的现金做生产事业,另一方面可以使高利贷者无所施其技。[②] 吴景超这种注重城乡共同发展的思路早在写作《都市社会学》时就已经表述得很清楚了,那本书特别重视都市与附庸的关系,而不是就都市论都市。“发展都市以救济农村”这种主张里的城乡关系不是敌对的,而是互助的。换句话说,吴景超虽重视都市,但他所关心的是中国社会经济现代化的全局问题。

① 参见本书第 18 页。

② 详见本书第 93–95 页。

吴景超对农村经济问题也下了不少功夫研究,他关注农场的大小与农民生计的关系;关注农业技术与农民生计的关系;关注佃农如何转变为自耕农,实现"耕者有其田";关注农村的劳务输出和物资输出。但是,现代化的核心是工业化,农业的现代化也有赖于工业现代化的带动作用。所以,吴景超在工业和农业之间的关系上是有所偏重的,并不是将两者在现代化中的作用等量齐观。在30年代有关中国经济发展道路的论争中,吴景超始终坚定地站在发展都市、发展工业一边,对二三十年代"以农立国"论的各种论调都做了批判。《第四种国家的出路》一书所收的《都市教育与乡村教育》和《我们没有歧路》两文里便有最集中的论述。

30年代中期以前,吴景超在批判当时颇有声势的各种农村运动和"以农立国"论的各种论调中,确立了自己作为工业化、都市化的代表人物的地位。

30年代中期以后,论证工业化的必要性已经不是吴景超的论述重点,主要是由于这个问题已经解决了。历史发展已经证明了吴景超确实是站在时代前沿的弄潮儿。没有工业化,一个国家是没有前途的。工业化是不可阻挡的时代潮流,中国必须尽快实现工业化。吴景超此后要研究的是中国如何实现工业化,在工业化过程需要解决哪些具体问题。1936年吴景超有机会参观常州、无锡、上海等处的30多个工厂,并且与多年从事工业的人士就工业化过程中的几个重要问题,做了多次讨论,于12月写成《中国工业化问题的检讨》一文。在这篇文章里,他所讨论的问题是资本、技术、管理、外货竞争、政府与工业的关系等问题。同时发表的《同业公会与统制经济》一文也是对工业化中一个具体问题的探讨。这种对工业化中具体问题的独立探讨一直贯穿到40年代末期的主要论述里。40年代吴景超就美苏经济制度的比较写了大量文章,其主要目的在于为中国工业化的道路选择以及若干具体问题提供借鉴。

1937年上半年,吴景超随翁文灏在欧洲考察了半年,走了许多地方,其中德国和苏联给了他非常深刻的印象。他研究这两个国家工业化的工作,"发现他们想由工业化所达到的目标,并非人民生活程度的提高,而为国防力量的增进。因而回顾中国目前的处境,提高人民的生活程度,虽然是重要的,但增进国防的力量,则尤为迫切。"卢沟桥事变的发生,使得他对发展工业目标的这种新认识更加明确,即"中国需要工业化,还是不易的真理,但我们目前所急待建设的工业,应为国防工业及与国防工业有直接关系之重工业。民生工业的建设,应居于次要的地位"。[①] 在1938年出版的《中国工业化的途径》一书里,他在明确了这一前提之后,重点探讨的就是要达到这个目标需要在资本、人才和组织方面做哪些努力。

在《第四种国家的出路》一书中,吴景超力倡工业化,提出"发展都市以救济农村",其主要目的在于通过这些努力提高人民生活程度。而此时他的思想转变为节衣缩食,再过几十年苦日子,尽一切努力把重工业、国防工业建立起来。因为没有重工业就不可能有自己独立的工业体系;没有强大的国防工业,其他工业成就很容易被敌国摧毁。这是社会实践中血的教训所换来的认识。这个认识虽然因特殊的战争环境而引发,但并不是时过境迁就失去意义。战后中国仍然面临如何建立自己独立的工业体系、如何发展重工业为建立强大的国防工业创造条件的问题。1949年新中国成立后确立优先发展重工业的战略方针,可以说是具有历史的必然性。在探索中国工业化

① 参见本书第229页。

道路的问题上，吴景超始终密切联系实际，把他对现实社会需求的观察作为学术研究的对象，并以研究的结果来参与历史的进程。他不愧是一个与时俱进，始终站在时代潮头的先进人物。

1948 年，孙本文在总结中国社会学的各家各派时指出："国内社会学者之注重经济因素者，以吴景超、乔启明二氏为最著。吴氏倡导工业化运动，以为惟有工业化，始可提高人民的生活。"①孙本文指出吴景超是国内社会学者中最注重经济因素的学者之一，是有见地的；可惜的是孙只看到了吴景超截至《第四种国家的出路》一书时所提出的思想，没有看到他对工业化中具体问题的探讨，也没有看到他 1937 年后对工业化的两个目标之间关系的认识，因而还不是全面的认识。

还有必要指出的是，吴景超尽管对中国经济问题有非常深入的研究，他的根底还是社会学，他是以社会学家的眼光来研究经济问题的。

他很重视人口问题在经济发展中的作用。1930 年出版的《社会的生物基础》其实就是一本研究人口问题的书，而且是一本全面讨论人口问题的书。他在自序中说："这本书虽名为《社会的生物基础》，但也可以把它当作一本讨论人口问题的书看。除却第一章导言不算，第二章是讨论人口问题中的两性分配问题的，第三章讨论量的问题，其余的讨论质的问题。"②30 年代初他曾应某出版社之约，写了一本人口问题的书，后来因出版社倒闭，书未能出版，只有少数章节作为单篇文章发表。在《第四种国家的出路》一书中，"人口政策"尽管篇幅不大，但在他的心目中是作为重要的一个方面出现的，所以才单

① 孙本文：《当代中国社会学》，胜利出版公司 1948 年版，第 254 页。

② 吴景超：《社会的生物基础》"自序"，世界书局 1930 年版，第 1 页。

列一章。1948 年他在《论耕者有其田及有田之后》一文的"总答复"里,曾自我表白:"我在没有写这篇文章以前,脑海中原来另有一个题目,名为'三管齐下的经济建设',说明农业机械化、工业化及节制人口,应当同时办理,才可以收提高生活程度之效。后来觉得人口问题牵涉太广,有另外写文章说明之必要,所以在这篇文章中,便没有提。"①

《第四种国家的出路》一书在经济问题研究的基础上还讨论了分配问题。这一章充分体现了吴景超的社会关怀和社会理想。他所赞成的是用渐进的、和平的手段实现社会平等,不赞成用"急进、暴动、杀人流血等手段",推翻旧社会创造新社会。基于这样的改良主义的立场,他寄希望于调整所得税和遗产税的税率来实现经济平等。关于阶级的划分和阶级的前途,他也有独到的思考。他不赞成马克思等所主张的二分法,主张三分法,"就是除资本阶级、劳动阶级之外,还添一个中产阶级。这个阶级所包括的人,有小店主、小厂主、中上级的官吏,公司及工厂中的经理及重要职员,大部分在自由职业中谋生的人,如教员、医生、牧师、工程师、音乐家等等。这些人自从工业革命以来,不但没有减少,而且有随事业发展而加增的趋势。"中产阶级的经济地位和社会态度,介于资本家和劳动者之间。他主张通过所得税和遗产税来缩小阶级之间的距离,实现社会的公平。在他眼里,阶级在未来是不可能被消灭的,"社会上有组织的生活,以及人类在生物方面的不平等,乃是阶级社会的最后堡垒"。② 总体上看,吴景超的社会理想具有浓厚的改

① 参见本书第 194 页。

② 本段概述参见本书《新税制与新社会》、《阶级论》两文。

良主义色彩，与马克思主义颇有差距，未必为今人所认同，但他提出的思考多多少少总有些事实和学理的依据，对于我们观察资本主义的发展变化过程，以及在今天如何处理劳资关系，保持社会和谐发展，也可以提供一些借鉴价值。

吴景超一生勤于笔耕，著述涉及面很宽，数量也很可观。但影响最大的还是这本《第四种国家的出路》。这本书对于中国的经济社会问题提出了一种总体上的分析框架。他以人口密度和职业分派为标准，将世界上的各个国家划分为四种类型。中国属于第四种类型，即人口密度颇高，但在农业中谋生的人百分数也比较高，"所以中国人的问题最为艰难，而中国人对于改良的工作，也应当特别努力"。[①] 中国人要提高生活程度就必须开发资源，实现工业化，公平分配，控制人口数量。这本书的基本思路，已在第一章导言有充分的揭示，以下几章不过是具体的展开。吴景超也有其他有分量的著述，但因多为某一个方面的研究，没有对中国的经济社会问题做出总体上的论断，所以影响力都不及这本书。"第四种国家"已经成为对时代课题做出有力回应的标志性论断，《第四种国家的出路》也因之成为代表 20 世纪 30 年代中国社会学水准的经典著作。

2008 年 12 月，商务印书馆曾出版过《第四种国家的出路——吴景超文集》一书。该书除收录《第四种国家的出路》全书以外，还以"社会与制度评论补编"作为下篇，增收吴景超的 15 篇文章，试图比较全面展现他的学术思想风貌。2010 年商务印书馆决定出版总结百年中国学术成就的"中华现代学术名著丛书"，仍将《第四种

---

① 参见本书第 11 页。

国家的出路》列入书目。这次我们对《第四种国家的出路》一书在 2008 年版的基础上做了进一步的校订,并补充了相关的论文 5 篇,小册子 1 种。下篇选文突出论题的相关性和学术性,希望能够深化读者对吴景超学术思想的认识。